쪼가 있는 사람들의 결단

쪼가 있는
사람들의 결단

최원교, 유순호, 장예진, 김보은, 김미경, 오수빈, 김선미, 최서린, 장선영 공저

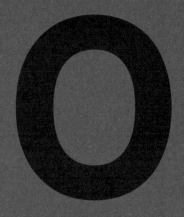

공감

쪼가 있는 사람들의 이야기입니다

"쪼가 있는 사람들의 이야기, 어때요?"
"쪼가 뭔데요?"

예비 작가들의 제목 회의가 후끈 달아올랐습니다.
"쪼는요, 자신만의 아이덴티티, 정체성, 자신만의 의지, 자신만의 아집, 고집! 또 조의 된발음 쪼라는 것으로 곡조, 리듬, 각자 삶의 리듬 뭐 그런 의미가 있는 거지요! 정체성은 다르지만 지금 모두가 모여서 하나의 하모니를 이뤄 힘든 상황을 이야기하는 우리인 거죠!

곧 5학년이 되는 젊은 작가의 의견이었습니다.
잠시 모두가 멍하더니 약속이나 한 듯이 함성을 질렀습니다!
"야! 그거 좋다!
"쪼! 이거 뭐지? 하니 더 좋네!"
"사람들이 궁금해서 볼 것 같아요! 관심을 가지겠어요!"

7학년 언니가 말했습니다.

모두 의외였습니다.

깔깔거리며 웃기 시작했습니다.

회의 분위기가 화기애애한 가운데 의견이 마구 쏟아져 나왔습니다.

'쪼가 있는 사람들'

의견을 낸 작가만이 웃지 않았습니다.

"그래, 그래 '쪼'가 있으니 뭘 해도 해내는 거지. 내가 인터넷도 안 되는 이 속리산에서 쪼가 있으니 버티는 거지. '쪼'가 없으면 버틸 수 있겠어?"

멀리 속리산에 계시는 민화 작가님이 큰 소리로 말했습니다.

"맞아요! 우리 유순호 박사님은 남편 반대에도 해내시는 것이, 그 '쪼' 정신 때문 아니겠어요?"

언어 장애를 극복하신 7학년 선배님에 관한 이야기가 나오자 '쪼'의 의견은 종결되었습니다. 기쁨과 흥분이 회의 내내 가시지 않았습니다. '쪼가 있는 사람들의 결단' 야무지게 마감되었습니다.

그렇습니다. 3학년부터 4학년, 5학년, 6학년, 7학년까지 일부러 구성하기도 힘든 근사한 우리 '쪼'팀입니다. '쪼'로 자신의 위기를 기회로 만들어 성공한 작가들의 이야기입니다. 독자님께서도 독자님만의 '쪼'로 성공하시길 바라는 마음으로 엮었습니다. 경험한 것을 그대로 담았습니다. 3학년 독자님은 4학년부터 7학년 교실로 타임머신을 타고 가보시길 바랍니다. 4학년은 5학년부터 7학년 반을, 5학년은 6학년과 7학년 삶의 모습을, 청춘이신

6학년 독자님은 7학년 선배님처럼 '쪼'를 다잡아 꿈을 이루시길 바랍니다. '100세까지 돈 버는 영향력 있는 명강사' 되시기 바랍니다.

'백디와 백친의 100세인생' 온라인 오픈 방에 모여서 나눈 이야기입니다. 어둠에 굴하지 않고 매일 새벽 5시 '부글새벽' 줌에 불을 켜고 글을 씁니다. 힘들었던 이야기를 서로 나눕니다. 위기를 극복한 아픔을 글로 쓰며 비대면 시대를 희망으로 이끌어 갑니다. 모두에게 불을 켜는 작가가 되고자, 떨리는 손가락 하나로 쓴 글입니다. 병실에서 잠 못 이루며 쓴 아픈 글입니다. 학교에서 꼭 가르치고 싶었던 이야기입니다. 딛고 일어난 그 힘으로 모두를 향하여 외치고 싶은 글입니다. 죽을 만큼 힘들었지만 꿈을 이룬 기적의 이야기입니다.

작가는 삶과 글이 같을 때, 빛이 납니다.
명강사는 사랑의 경험으로 사람을 변화시키는 강사입니다.
지식만을 전하지 않습니다.

우리는 '쪼가 있는 사람들의 결단'으로 세상에 선한 영향력을 나눕니다. 우리는 '100세까지 돈 버는 책 쓰기 브랜딩으로 영향력 있는 명강사 되기'를 함께 하는 길동무입니다.

여러분의 '쪼'는 무엇입니까?

100세 라이프디자이너 최원교

Chapter 6

시청 사업소 일용직에서
100세까지 돈버는 건강디자이너

오수빈

Chapter 7

초등부터 배우는
100세 부유하고 풍요로운 인생

김선미

Chapter 8

마음속에 숨은 희망을
이제야 보았습니다

최서린

Chapter 9

파산의 위기와
병의 시련을 극복한 내면치유자

장선영

Chapter 1

내 인생은 회생 중

최
원
교

Contents

최원교

· 이메일 주소   cmass7759@gmail.com

· 블로그 주소   https://blog.naver.com/cmass77

· 인스타 주소   https://www.instagram.com/well_aging_/

· 유튜브 주소   최원교TV
  https://bit.ly/3ol8hBh

· 오픈채팅방 주소   백디와 백친의 100세인생
  https://open.kakao.com/o/gHF0MEuc

100세 라이프디자이너 최원교는
1959년에 태어났습니다.

산과 나무
하늘과 바람
구름과 비를 좋아합니다.

'사랑한다는 말보다 더 사랑한다는 것은'
'미장이의 흙손으로'
'오래 산다는 것은 빚을 갚음입니다.'
시집 세 권을 엮었습니다.

'고맙습니다. 사랑합니다' 마음 씨앗 그림책을 써냈습니다.

'정리형 아이'
'힘들지만 공부해야 하는 이유'
'씨앗 비타민'
아이들을 위한 책을 지었습니다.

필명 '최 마주'를 접고
본명 '최원교'로 글쓰기 시작했습니다.

'1시간 만에 배우는 딱따라 글쓰기'를
2021년 10월에 펴내고
'거꾸로 원고출판'으로
출판계약과 동시에
글쓰기, 책 쓰기 수업을 하면서
작가들의 책 쓰기 브랜딩을 돕고 있습니다.
최근 3개월 동안 35명의 작가 탄생을 도왔습니다.

'100세까지 돈 버는 책 쓰기 브랜딩으로
영향력 있는 명강사'로 안내하고 있습니다.
'백디와 백친의 100세인생' 오픈채팅방 운영자이며
'큰나' '공감' 출판사 발행인입니다.
'킴스패밀리의원한의원' 운영 원장이기도 합니다.

삼재 라더니, 위기는 파도처럼

소송재해 너는 누구냐?

책을 출간한다는 것은 가장 가슴 뛰는 일이었습니다. 지금도 그렇지만, 한 사람의 인생을 한 권의 책으로 담는다는 것이 최고의 행복이었습니다. 작가로부터 '내용증명서'라는 편지를 받으면서 고난이 시작되었습니다. 출판한 지 6개월 만에 계약을 파기하자는 두 통의 편지를 받았습니다.

종합 베스트 2위, 출판 15년 동안 쌓아 올린 전부였습니다. 작가가 보낼 수 있는 편지가 아니었습니다. 잘못된 일임을 직감했습니다. 말도 안되는 상황에 억울했지만, 포기하는 것이 옳다고 생각했습니다. 원하는 대로 계약해지를 해줬습니다. 끝내려고 양보한 것입니다. 그러자 민사소송 2통 형사소송 2통이 날아왔습니다. 이렇게 시작된 재해로 6년 동안 민사 5

건 형사 3건의 소송공부를 하게 되었습니다. '훗날 손자 손녀가 할머니를 어떻게 생각할까?' 하는 상상을 하면 온몸이 저렸습니다. 오로지 바로 잡는 것에 집중하였습니다. 그리고 바로 잡았습니다. '대한민국 법원이 전 세계 1위'라고 말하는 지인의 말만 믿었습니다. 천신만고 끝에 받은 '무죄' '무혐의' 결과는 가지고 있던 집, 병원, 통장 모두를 가져가 버렸습니다. 긴 소송 재난이 모든 것을 날려버렸습니다. 가족은 물론 모두가 출판사는 그만두는 것이 좋겠다고 말렸지만, 출판사는 바로 저였습니다. 큰 나였습니다.

건강 재해, 너무한 거 아니야?

아내의 법원 출입이 몹시 힘들었나 봅니다. 큰일이 끝나자마자 남편이 위암 2기라는 진단을 받았습니다. 더 큰 파도가 밀려왔습니다. 눈앞이 캄캄했습니다.

40년 동안 병원을 운영하면서도 정작 우리 부부는 건강검진을 받지 못했습니다. 남편은 하루에 300명 이상 진료를 하는 개인병원의 원장이었습니다. 병원 운영을 맡은 저도 환자의 진료가 더 중요했습니다. 죽을 고생을 하고 살아난 우리는 서로에게 건강을 챙기자고 했습니다. 나란히 모교 병원으로 가서 종합검진을 하였습니다. 검사가 끝나고 밖으로 나오는데 모두 모여 앉아 컴퓨터 모니터를 보고 있었습니다. 감기도 한 번 걸리지 않은 건강한 남편이 '위암 2기'라는 것이었습니다. 하늘이 무너지는 것 같았지만 정신을 바짝 차렸습니다. 제게 다시 온 청천벽력의 더 큰 파도였습니다. 끔찍한 건강 재해와 마주 서게 되었습니다.

남편은 가정의학과 전문의이며 한의사로 대한민국 양한방 의사 1호 치매명의 김시효 원장입니다. 40년 동안 110만 다양한 환자를 진료한 의사한의사였습니다. 수술실로 들어가는 남편에게 말했습니다.

"이거 아무것도 아니야! 당신이 하도 치매 환자만 위해서 연구하고 진료하니까 하나님, 부처님, 우주의 모든 분이 모여서 회의를 한 거야! 이놈한테 암을 심어주자! 그래야 암 치료에 집중하지! 암도 잘 고치면서 왜 안 하는 거야! 하신 것뿐이야! 아무것도 아니야! 엄마를 위해 치매약을 만들었듯이 이번에는 당신 위해 암 치료 약을 만들자! 응?"

남편은 억지로 웃으며 수술실로 들어갔습니다. 한겨울이었습니다. 100m도 걸을 수 없어 우리는 손잡고 건강에 좋다는 월정사 전나무숲길을 걷기 시작했습니다. 피가 흘리도 의사는 복대를 두르고 환자를 진료해야 했습니다. 속에서는 피눈물이 나지만 왕진도 가고 모든 진료를 의연히 해냈습니다. 우리에게 무슨 일이 일어났는지 아무도 몰랐습니다. 의사라는 직업은 그런 것이었습니다. 암과 싸우면서 환자의 병을 고쳐야 했습니다. 매일 조금씩 더 늘려 걸었습니다. 1년 52주째, 우리는 1,300m 이상 되는 고지의 미륵암까지 걸어 올라갈 수 있었습니다. 매주 진부역에서 청량리역으로 역 출근하며 건강을 찾았습니다.

오대산에서 지리산으로 연락을 하셨는지, 우연히 한 지인의 권유로 지리산을 가게 되었습니다. 산에서 수련하신 스승님을 만났습니다. 얼굴이 일곱 번은 바뀌어야 살 수 있겠다 하시며 내일이라도 당장 내려오라 하셨습니다. 그리고 환자는 한 달에 두 명만 진료해야 한다고 하셨습니다. 위암 수술을 했다고도 말하지 않았고 의사라고도 말하지 않았는데 말입니다. 그렇게 시작한 물 수련을 1년 52주 동안 했습니다. 이번에는 남원역에서 용산역으로 매일 역 출근을 하였습니다. 3년 동안 수련하라고 하셨습니다. 모든 것을 내려놓고 오로지 물로 들어가는 일에 집중하였습니다. 새벽이든 밤이든 들어가라면 들어가고 나오라면 나오는 수련이었습니다. 남편과 물에서 마지막 삶을 다하게 된다면 그것처럼 좋은 일이 있을까 하는 생각에 처음부터 끝까지 함께 했습니다. 그러던 어느 날, 이제 다 되었으니 서울로 올라가라고 하셨습니다. 너무 열심히 해서 다 나았다는 것입니다. 그날로 짐 정리하고 올라왔습니다.

자연재해, 포기할 순 없잖아

희망에 찬 우리는 서울로 씩씩하게 올라왔습니다. 남편은 헬리코박터도 없게 된 자신을 칭찬하면서 새롭게 출발하였습니다. 그러나 위기는 파도처럼 계속된다고 했던가요! 감당할 수 없는 더 큰 파도가 우리를 덮쳤습니다. 2020년 1월 6일이었습니다. 병원에 입원해도 안 낫는다고 하는 독한 독감 환자가 몰려왔습니다. 코로나 19! 대구에서 난리가 났다는 뉴스가 종일 나왔습니다. 전 세계의 나쁜 소식이 몰려오면서 치료 중이던 대부분의 환자 가족의 전화가 빗발쳤습니다. 외출을 할 수 없으니 치료를 중단한다는 통보였습니다. 환불 요청이 이어졌습니다. 새로 오는 환자도 없었습니다. 예상치 못한 병원의 위기에 울면서 눈을 뜨고 울면서 잠을 청했습니다. 궁지에 몰린 저는 어떻게 해야 할지 몰랐습니다. 40년 동안 항상 열어났던 출입문에 잠금장치를 해야만 했습니다. 세상은 변했고 무서웠습니다.

그럼에도 불구하고, 직진

메르스 때도 명 활약했던 김시효 원장의 발명품 '온도 상승 특허 약 훈훈'을 누구나 마실 수 있는 면역차 '훈훈차'로 만들러 나갔습니다. 메르스 때도 그랬지만 코로나에도 맹활약할 것임을 알기에 상품화하기 위해 백방으로 뛰었습니다. 그때 당시 을지로에 있는 중부시장 풍경을 잊을 수 없습니다. 바람이 불고 거리에는 단 한 사람도 없었습니다. 점심시간인데도 상점은 모두 문이 닫혀있고 겨우 세 가게만 열려 있었습니다. 폐허의 도시가 어떤 것인지를 확연히 보았습니다. 망연자실하였습니다.

송사 재해 6년, 건강 재해 3년, 자연재해 2년째로 위기는 파도처럼 우리에게 오고 또 왔습니다.

나라가 있다는 것이
얼마나 고마운 일인가!

하루가 어떻게 가는지 말로 표현하기 어려웠습니다. 전 세계가 코로나로 난리이니 매일 전해지는 방송으로 안 그래도 어려웠던 제 세 회사의 상황은 절벽이었습니다. 이렇게 저렇게 애쓰면 애쓸수록 더 힘들어질 뿐이었습니다. 세상은 이미 다른 세상이 되어 있었습니다. 환경이 변화자 사회가 변하고 사회가 변하자 사람이 변했습니다. 그리고 관계가 변했습니다.

매일 공포 속에 지냈습니다. '노숙자'가 따로 있는 줄 알았던 저는 '노숙자'에 대한 정의를 다시 내려야만 했습니다. 같이 살진 않았지만, 평양이 고향인 아버지와 개성인 엄마 두 분이 저에게 주신 재산은 '끈기'라고 자부해 왔습니다. 별명도 '오뚜기'와 '두꺼비'입니다. 하지만 전 세계가 엉망인 자연재해 상황에서는 그 어떤 끈기도 무력했습니다. 어떻게 살아야 할지 답이 없었습니다. 그렇다고 방황만 할 수 없었습니다. 무엇이라도 해야 했습니다.

그날도 내일을 위해 자야 한다고 울며 잠들었던 날입니다. 아침 6시쯤 화들짝 놀라 일어났습니다. 오른쪽 귀에서 '회생해 회생! 회생해야 해!' 꿈인지 생신지 50대 초반인 듯한 여성의 목소리가 들렸습니다. 지금도 생생합니다. 벌떡 일어나 남편과 큰아이를 깨워 변호사 사무실로 가자고 했습니다. 오래전, 선배가 권했을 때 절대 나와는 상관없는 거라고 잘라 말했던 그 '회생'이었습니다.

제대로 알고 싶었습니다. 길도 없고 답도 없는 상황에 가족에게 못난 제안을 했습니다. "다 같이 죽자!"라고 했습니다. 세 김 씨는 싫다고 했습니다. 책임을 져야 하는 저는 도무지 답을 찾지 못해 모두 내려놓고 울고만 있었습니다. '내가 얼마나 열심히 살아왔는데, 어떻게 하지! 뭘 더 해야 하는 거지!' 종일 변호사 사무실 세 곳에 묻고 또 물었습니다. 최선이었습니다. 충분한 상담을 해서인지 죽음을 선택하는 어리석음을 적극적인 삶의 방향으로 돌리는 계기가 되었습니다. 길이 있었습니다. 다만 시간이 필요한 일이었습니다. 책임질 방법이 있었습니다. 결단을 내려야 했습니다.

다시 일어날 수 있는 희미한 희망의 불빛이 마음으로 천천히 들어왔습니다. 앞으로 절대 잊지 말아야 할 것을 가슴에 새겼습니다. '법 중에 가장 아름다운 법'이라고 말한 변호사님을 믿고 모르는 생면부지의 세계로 발을 디뎠습니다. 어쩔 도리 없고 어떤 방법도 없었기 때문이지만, 작은 희망이 보였습니다. 살 수 있다는 방향으로 이끌려졌습니다.

'그럼에도 불구하고 직진!'

문제는 또 돈! 돈이 있어야 변호사 사무실 도움을 받을 수 있었습니다. 변호사님께 말했습니다. "제가 회생할 수 있으면 곧 병원에 환자가 올 것이고 없으면 안 올 겁니다. 열흘 안으로 연락드리겠습니다." 저는 제 인생 모두를 국가에 맡겼습니다. 저는 제 삶의 관리인일 뿐이고 제 인생은 회생 중입니다.

대한민국 국민이면 누구나 다 아는 아파트 추첨도 못 하고, 안 한 저입니다. 초등학교 때부터 경기여고 이화여고를 가기 위해 코피 흘려가며 밤새워 공부했습니다. 초등학교 때 갑자기 문교부 방침이 바뀌어 뽑기로 중학교에 가게 되었습니다. 실망이 이만저만이 아니었습니다. 중학생이 되자 더 노력했습니다. 원서만 내면 합격이라는 전국 평가 고사에서도 인정을 받았습니다. 그러나 입시 전 고등학교도 뺑뺑이라는 통보를 받았습니다. 그때부터 국가에서 하는 일에는 참여하지 않겠다는 바보 같은 결심을 하게 되었습니다. 덕분으로 중학교 때 공부한 실력으로 대학교 예비고사를 충분히 볼 수 있었습니다. 바보처럼 고등학교 때는 공부하지 않았습니다.

시를 쓰고 노래를 부르고 그림을 그렸습니다. 크게 웃을 일입니다. 성악과를 가게 된 이유입니다.

국가에 대한 경례!
억울함을 벗어 준 법원 판사님 앞에서 진심으로 감사의 눈물을 흘렸습니다. 관례를 깨고 와주신 두 변호사님, 신문사 마감 시간에도 불구하고 와주신 아우님 그리고 우리 가족 모두 감사의 눈물을 흘렸습니다. 6년 동안 억울했던 응어리가 한꺼번에 풀리면서 목 놓아 펑펑 울었습니다. 법원에 대한 기억입니다.

다시, 국가에 대한 경례!
이번에는 죽음의 절벽에 서 있는 우리 가족을 맡아 주셨습니다. 감사하고 또 감사했습니다. 제 삶의 관리인으로 가슴에 손을 얹으며 생각했습니다.

'나라가 있다는 게 얼마나 감사한 일인가!'

최고의 나를 찾아주는 원교연혁표,
1세부터 100세까지

다시 시작해야 했습니다. 퍼즐 끼우기가 아무리 어려워도 끝까지 해 낼 수 있는 것은 이미 맞춰 놓은 퍼즐이 보이기 때문입니다. 사방이 캄캄했 습니다. 보이지 않는 현재의 나를 일으켜 세울 묘수가 필요했습니다. 이십 대부터 해외 출장을 다녔던 저는 일상을 놓을 수밖에 없는 밀폐된 비행기 공간을 무척 좋아했습니다. 비행시간에는 꼼짝할 수 없었으니까요. 홀연 히 나를 돌아보고 미래를 계획하기 딱 좋은 시간이었습니다. 작은 수첩을 준비했습니다. 한 장 한 장마다 일 년씩 넣어주는 재미가 있었습니다.

엑셀에 1살부터 100살까지 1년씩 칸칸이 넣었습니다. 회사에서 쓰는 연혁표 작성하듯 태어난 해부터 63세까지 그리고 살아갈 100세까지 펼쳤 습니다. 마음이 묘했습니다. 지나온 시간에 대한 복잡미묘한 마음과 미래 에 대한 살짝 두려움이 그리고 설렘이 마음을 흔들었습니다. 기억나지 않는 해도 있었습니다. 그냥 생각나는 대로 써봤습니다. 앨범을 뒤져 보기도 했고 추억 상자를 열어보기도 했습니다. 오랜 시간 왔다는 것을 알 수 있었습니다.

열심히 노력했던 나를 만났습니다. 행복했던 나, 힘들었던 나, 대견했던 나, 절망했던 나, 후회하는 나, 훌륭했던 나, 수많은 나를 만나게 되었습니다. 한 번에 다 만날 수 없어서 다시 만나러 가기도 했습니다. 많은 나를 만나는 시간은 고통스럽기도 했고 한심하기도 했습니다. 하지만 시간이 점점 갈수록 마음이 편하고 가벼워지면서 점점 새롭게 보이는 것이 있었습니다. 가슴 뛰는 나, 행복한 나였습니다. 새롭게 시작하는 길에 서서 두근거리는 나였습니다.

'맞아! 나 잘했었지! 뭐든지 해냈던 나였어!'
무릎을 치며 그런 저를 찾아낸 제가 너무 기특해서 자신에게 '잘했어, 잘했어' 연거푸 칭찬해주고 있었습니다. 남편을 도와 호전되는 환자를 보며 함께 한 시간 40년! 아무것도 모르고 시 한 편 좋아서 시작했던 발행인 20년! 아픈 사람만 보면 치료해주는 것을 좋아하고 같이 아파하는 나! 책이 나올 때마다 벅차했던 나! 두 사람을 만났습니다. 한결같은 마음으로 350여 종을 출간했던 나를 포기할 수 없었습니다. '맞아! 두 가지 키워드가 바로 나야!' 가슴 뛰게 하고 행복하게 하는 건강과 책 쓰기! 두 가지를 한 번에 모아 조화롭게 만들기로 했습니다.
100세까지 돈 버는 책 쓰기 브랜딩으로 영향력 있는 명강사 되기!

가슴 뛰는 일, 잘하는 일,
해야 하는 일의 교집합

뒤를 돌아보니 참으로 '많은 나'와 만났습니다. 잊고 있었던 나를 여럿 만났지만, '가장 가슴 뛰는 나'를 만난 건 기적이었습니다. 그것도 두 가지나 말입니다. '건강'과 '책 쓰기'입니다. 반생 이상을 살았으니 남은 시간도 꼭 남편과 함께 하는 것이 좋다고 생각했습니다. 더구나 100세 시대라니 무엇보다 '건강'이 우선이었습니다. 게다가 경제적으로 어려워 보니 무엇보다 돈 버는 것이 중요했습니다. 사실 나이가 들어도 활동하고 경제생활을 하는 것이 건강에 가장 좋다고 합니다. 6년 동안 약 1,500명의 치매 어르신을 치료하면서 알게 되었습니다. 경제력은 노후에 가장 강력한 필수 조건입니다. 누구나 공감하는 현실적인 문제입니다.

'어떻게 100세까지 돈을 벌 것이냐?' 제 인생에 가장 빛났던 일인 '책 쓰기'가 딱 맞다 는 확신이 들었습니다. 그래서 '100세까지 돈 버는 책 쓰기 브랜딩'에 대한 생각의 폭이 넓혀졌습니다. 100세 까지 책을 써서 돈까지 벌고, 그리고 책 내용으로 강연까지 한다면! 금상첨화로 '명강사'가 번쩍 떠올랐습니다. 이런 놀라운 것을 조합하면서 점점 더 가슴이 벅차 왔습니다.

'100세까지 돈 버는 책 쓰기 브랜딩으로 영향력 있는 명강사 되기'를 안내하는 100세 라이프디자이너 최원교!

멋지게 완성되었습니다. 다만 조건이 있었습니다. 100세 친구들을 위해 저희 부부가 우선 건강해야 했습니다. 건강과 경제력이 핵심이 되고 영향력 있는 명강사의 항상성이 관건이었습니다. '책 쓰기 브랜딩'은 1인기업가의 핵심입니다! '원교연혁표'로 자신의 인생을 정리해보고, 가슴 뛰는 주제로 콘텐츠를 만들어 실행할 수 있도록 비즈니스 모델을 만드는 작업이었습니다. 책을 써서 저자가 되니 자연히 강단에 서게 되는 것입니다. 힘들어도 강단에 선다는 것이 얼마나 큰 성장이고 안전한 것인지 누구나 다 아는 사실입니다.

생각만 해도 벅찬 일입니다. 더구나 요즘은 코로나로 여기저기 돌아다니며 강의를 하지 않습니다. 집안에서 인터넷 줌 같은 여러 가지 방식으로 전국은 물론 전 세계를 대상으로 강의합니다. 내용도 다양합니다. 어떤 분야든 자신이 아는 것을 다른 사람들에게 가르쳐 대가를 받습니다. 짧은 시간에 다양한 콘텐츠로 성과는 대단합니다. 카카오 오픈채팅방을 열어서 자신의 방향과 목적이 같은 분들이 모여 팀원이 됩니다. 각 방의 성향대로 호칭을 정하고 소통하게 됩니다. 하나의 목적으로 꿈이 같은 사람들에게 방장은 자신의 콘텐츠로 강의를 하고 실행 방식도 가르칩니다. 여기에 주목을 해주십시오! 저는 차별화에 대한 깊은 궁리 끝에 '책 쓰기 브랜딩'을 제안해서 '작가'로 안내하는 것이 제가 할 일이라고 결단한 것입니다. 진료하는 현장에서 의사와 환자 사이의 공감대를 형성하는 능력에는 남다른 자부심이 있습니다. 다양한 경험과 지혜를 나누고 있습니다. 18세부터 시작하여 45년 동안 여러 가지 사업을 하면서 성공한 경험을 나누는 것입니다. 얼마나 멋진 일입니까! 경험한 지식과 지혜를 나누고 대가를 받는다는 것!

그야말로 '배워서 남 주고, 최고로 몽땅 퍼주고, 최고의 가치를 받자!'라고 결단했습니다. 정말 멋진 시작이었습니다!

삶도 일도 나홀로 비즈니스,
1인기업 무자본 창업

삶도 나홀로 비즈니스이며 일도 나홀로 비즈니스입니다. 삶 자체가 홀로 서야 하는 인생 1인기업이며 많은 사람과 조직에서 일해도 결국 혼자 결정하고 만들어가야 하는 1인기업가, 모든 것이 나홀로 비즈니스입니다. 게다가 전 세계가 앓고 있는 코로나 시대에 '무자본 창업'이라는 신세계를 시작하게 되었습니다.

가진 것이 없다는 것이 무기가 되었습니다.

비대면, 온라인 시대에 빠르게 적응하지 않으면 안 된다는 위기의식을 갖게 되었습니다. 오프라인 세계에서의 모든 생활 방식을 온라인 방식으로 바꿨습니다. 그것도 아주 빠르게! 빛의 속도로 말입니다. 어떻게든 젊은이들의 대열에 합류해야 했습니다. 정신 바짝 차리고 따라가야 했습니다. 아직 온라인에 익숙지 못한 30대 주부들의 대열에 끼는 것이 좋다고 판단했습니다. 매일 눈 뜨자마자 유튜브에서 종일 여기저기 다니며 관찰했습니다. 현실적으로 돌아가는 상황을 재빠르게 파악해야 했습니다. 그리곤 피눈물 나는 노력을 시작했습니다.

대학교 3학년 때였습니다. 전 학년이 컴퓨터실에서 수업했습니다. 커다란 괴물 같은 컴퓨터 20대가 전부였습니다. 고작 벽돌 깨기 게임만 하였던 때입니다. 문자 좌판 치기도 엉터리 타법으로 내 맘대로인 데다 도무지 용어를 알아들을 수 없었습니다. 59년생인 저에게는 외계인의 언어였습니다. 밤 12시 될 때까지 무료수업을 닥치는 대로 듣고 또 들었습니다. 온라인 지하세계로 어떻게 타고 들어갔는지 기억나지 않지만, 단톡방의 어느 30대 주부의 링크 주소를 따라 들어간 것이 아닌가 싶습니다. '장이지의 하이업 에듀' 였습니다. 신기한 나라, 카카오의 오픈채팅방 이었습니다. 고등학교 졸업 전, 예비고사를 마친 날 여고 친구들과 모두 화장하고 나갔던 명동의 밤거리를 잊을 수 없습니다. 설레고 겁났던 그 날의 충격처럼 온라인 세계도 그랬습니다. 휘황찬란했고 흥미진진했습니다. 줌으로 하는 온라인 강의는 신기하고 충분히 황홀했습니다. 처음 줌을 타고 들어가는 경험은 마치 우주로 떠나는 여행의 시작 같았습니다.

처음으로 '실행 독서'라는 유료수업에 동승하였습니다. 20년 동안 350여종 책을 출간한 발행인이지만 '독서를 모여서 한다니!'라는 편견으로 독서 모임을 좋아하지 않았습니다. 그러나 좋고 싫고를 따질 형편이 아니었습니다. 무조건 살피고 경험하고 올라타야 했습니다. 온라인 세상에 적응하지 않으면 영원히 낙오자가 될 것이 뻔했습니다. 마지막 기회라는 간절한 상황이었습니다. 그런데 이게 웬일입니까! 무지한 제 뒤통수를 쇠망치로 두들기는 '명서'의 가르침! 하루에 한 권씩 미친 듯이 줄 긋고 읽으며 책에 쓰기도 하고 접기도 했습니다. 닥치는 대로 실행해야 할 것을 보면 사정없이 책을 접었습니다. 책 읽는 시간만큼은 힘들고 두렵고 외롭지 않았습니다. 창피한 것도 모르고 첫 수업시간에 펑펑 울었습니다. 솔직한 것이 장점이고 단점인 저는 평생을 다한 회사 세 개를 나라에 맡겼다고 고백했습니다. 속이 후련하고 시원했습니다. 모두 책임을 지겠다는 결단이었습니다.

강연하는 것을 배웠습니다. 강사는 강단에 서서 지식을 전하는 것을 넘어서 사랑으로 사람들을 변화시키는 사람이라고 배웠습니다. DID 송수용 선생님께서는 '아픔의 크기가 사명의 크기다'라고 가르쳐 주셨습니다. 주저앉았던 자존감은 20대의 나로 돌아왔습니다. 때마침 독한 PD 이승용 대표의 작품 '독한 사람들' 다큐멘터리 유튜브 영상을 보았습니다. 주인공은 오픈채팅방을 가장 힘차게 운영하는 '천재 억대연봉 메신저 박현근 코치'였습니다. 활발한 저의 팬덤도 오픈채팅방으로 초대하고 싶은 강한 희망이 솟구쳤습니다. 무조건 달려가 '평생 회원' 대열에 꼈습니다. 바로 만나자고 청하자 기다리라 했습니다. 나이가 있고 어려운 사정 때문에 하루를 일 년처럼 보내니 시간이 없다고 말했습니다. 그러자, 바로 오라 했습니다. 다음날 '백디와 백친의 100세인생' 제 모든 것을 건 제 방을 오픈했습니다. 그리고 그 주, 수원에서 '2시간 만에 배우는 딱따라 책쓰기 비법'을 강의하게 되었습니다. 비바람이 몰아치는 날, 저는 그렇게 온라인 세상으로 완전히 이주하게 되었습니다. 그리고 지금은 모든 꿈을 이루고 있는 '행복한 시니어 N잡러'가 되었습니다.

원하는 삶으로 성공하는 나홀로 비즈니스, 1인기업 무자본 창업자가 되었습니다.

집중과 몰입

오픈한 지 100일이 되자 백일잔치를 했습니다. 가장 책을 많이 읽고 프로그램마다 적극적으로 참가하는 우수회원들께 감사의 뜻으로 원교 벗서점의 '도서구매 마일리지'를 선물했습니다. 최고의 기쁨이었습니다. 100세 친구, 백친과 함께 하는 삶이란 여간 희망적이고 보람이 아닐 수 없었습니다. 우주에서 주는 선물이 확실했습니다. 삼재(소송재해 건강재해 자연재해)를 겪으며 깨닫고 터득한 모든 경험을 나눴습니다. 동시에 온라인에서 살아갈 개념과 도구를 익히는 일에도 게을리하지 않았습니다. 이방 저방을 다니며 모르고 낯선 것은 알 때까지 유 무료강의 가리지 않고 달려갔습니다. 마음대로 할 수 없어 어렵고 힘들었지만, 가슴에 새긴 가르침으로 앞으로만 달렸습니다.

세상에 거저도 없고 비밀도 없다 –대산 신용호

그럼에도 불구하고, 직진! –어느 드라마 대사에서

삶은 고가 아니다 –대행 스님

될 일은 다 된다 –마이클 A 싱어

우선 시작하고, 나중에 완벽해져라! –롭 무어

삶이 언젠가 끝나는 것이라면, 삶을 사랑과 희망의 색으로 칠해야 한다 –샤갈

우리는 반드시 사전에 얼마나 철저하게 제대로 된 준비를 거친 후에 경험했는가! –박세니

인생의 다른 문을 열려면 반드시 참가비를 내야 한다, 여윳돈이 생길 때까지 기다리는 사람에게 그 문이 좀처럼 열리지 않는다 –팀 페리스

내 아픔의 크기는 사명의 크기다 –송수용

나는 반드시 성공한다, 될 때까지 할 거니까 –송수용

집중과 몰입을 하는 동안 힘들어도 어금니를 악물었습니다. 치과에 수시로 가야 했을 정도였고 1달에 한 번이라도 교정관에 가야 했습니다. 갈 때마다 등골이 빠지고 있으니 제발 일 좀 그만하라고 하셨습니다. 건강을 최우선으로 달리고 달렸습니다. 닥치는 대로 다 먹어버렸습니다. 오로지 '100세까지 돈 버는 책 쓰기 브랜딩으로 영향력 있는 명강사'만 되뇌고 되새겼습니다. 만나는 사람마다 제 사명을 설명했습니다. '100세 라이프디자이너'라고 저를 소개했습니다. 100일이 되자 성과가 완연하게 나타났습니다. 저의 베이스캠프인 남편의 병원도 달라지기 시작했습니다. 모든 것에 감사하면서 뛰었습니다.

1인기업가를 위한 '하우투 클라스'

1인기업가의 마음과 꿈을 실행하게 하는 '하우투 클라스'에서 기수마다 성과가 나오기 시작했습니다. '내 마음 독서 하우투 클라스'에서는 나홀로 비즈니스의 삶과 일을 위한 자유로운 영혼의 마음 성장을, '꿈꾸는 독서 하우투 클라스'에서는 성장 된 마음 꿈으로 기적을 이루는 방법을, '나비성 독서 하우투 클라스'에서는 1인기업으로 자유롭게 성공하는 방법을 책을 읽고 토론하며 익혔습니다. 그리고 실행하게 했습니다. 백디와 함께 변화하고 성장하는 백친들과 벅차게 행복합니다.

백개EG

'1인기업가를 위한 독서 모임 하우투 클라스'를 마치면 1박 2일로 빡센 나홀로 비즈니스 세미나를 시작합니다. 월 천 매출 목표를 달성하는 1인기업가로 창업합니다. 세미나 후 매주 일요일 새벽 5시 피드백으로 함께 발전해갑니다. 백개EG는 '100세까지 개인상인 정신으로 E Business Group'이라는 뜻입니다. 어린아이에게 "너 몇 개 가지고 있어?" 하고 물으면 "백개이지~"라고 대답합니다. 풍요와 행복을 담았습니다.

1시간 만에 배우는 딱따라 책쓰기 비법

'2시간 만에 배우는 딱따라 책쓰기 비법'이 고도의 집중과 몰입으로 '1시간 만에 배우는 딱따라 책쓰기 비법'으로 성장했습니다. 20년간 350여 종의 다양한 분야의 책을 내면서 스스로 깨달은 글 쓰는 비법을 세상에 전하고 있습니다. 100세까지 맘껏 훌륭한 글쓰기, 책 쓰기를 할 수 있는 비법입니다.

매일 아침 5시, 기적이 일어나는 부글새벽

99명의 수강생이 함께한 '딱따라 책쓰기 비법' 강의가 88명의 가슴 찡한 후기를 남겼습니다. 많은 분의 가슴에 불을 켠 책임을 지고자 새벽 5시에 줌에 불을 켰습니다. 2021년 6월 6일 새벽 5시에 시작했습니다. '부글새벽'은 '부자들의 글 쓰는 새벽'이라는 뜻입니다. 하늘이 열리는 새벽에 글을 쓰면 부자가 된다는 염원을 담았습니다. 만원의 기적입니다. 벅찬 참여 시간입니다.

원교 벗서점

책을 읽다가 추천하는 책을 발견하면 바로 구매할 수 있는 '원교 벗 서점' 오픈채팅방 서점을 세계 최초로 개발했습니다. 방마다 독서 모임을 운영하고 있어 돕고 싶은 마음에 '방장 추천도서'를 전시하는 서점을 만들었습니다. 인터넷서점과 같은 유익을 주고 활발하게 운영하고 있습니다. 분점을 내고 있어 무척 감사한 마음입니다. 세상에 없는 서점을 하고 있다니! 꿈만 같습니다.

거꾸로 원교출판

20년 동안 기획 종합출판만 고집한 덕에 가난해졌습니다. 어렵다고 해서 작가의 도움을 받아 책을 출간하고 싶지는 않았습니다. 궁리 끝에 '책쓰기를 가르치는 하우투 클라스'를 열었습니다. 출판계약과 동시에 수강 신청을 하고 함께 책을 씁니다. 원고를 쓰고나서 출판사에 투고하는 것과는 다르게 출판계약을 하고 원고를 쓰는 형식입니다. 책 쓰기 수업의 방법은 '1시간 만에 배우는 딱따라 책쓰기 비법'입니다. 선교사 강은영 작가의 '트라우마 그까이껏'이 첫 책입니다. 두 번째로 메신저 작가 12인의 공저로 '땡큐 코로나, 억대 연봉 메신저'는 베스트셀러 배지를 달았습니다. 메신저 작가2기 열 두 명의 작가와 백친 작가 3기의 아홉 명의 작가, 수업으로 두 권의 책이 출간되었습니다. 그동안 35명의 작가가 탄생하였습니다. 새벽 5시 부글 수업을 마치면 새벽 6시, 6시 반 이어 시작합니다. 날마다 기적입니다.

공부하는 금요일, 공금

불타는 금요일에서 공부하는 금요일로 성장시켰습니다. 매주 저녁 7시부터 8시까지 공부합니다. 명강사를 초빙하기도 하고 백친 강사의 첫 무대가 되기도 합니다. 지금까지 여러 명의 강사가 첫 출발을 하였고 외부 명강사의 초빙이 잘 운영되고 있습니다. '1인기업가'를 주제로 매주 1인기업가의 시작, 행복, 성공, 도구, 주제로 알차게 성장하고 있습니다.

크다야, 크고 다른 야망의자

작가가 되면서 명강사의 길로 새 출발 합니다. 위기를 극복하고 자신의 콘텐츠로 세상에 선한 영향력을 나누며 명강사가 되는 길입니다. 야망의 뜻은 '크게 무엇을 이루어 보겠다는 희망'입니다. 평범한 이가 위기를 극복하는 것을 보고 자신의 막막한 삶의 벽을 뚫고! 용기를 갖게 됩니다. 새로운 길을 나서며 야망의자에 앉아, '결단'을 하고 '시작'하는 시간입니다. 누구에게도 말하지 못하고 힘들어하는 모든 사람에게 희망을 주는 '크다야는 2021년 10월 9일 오전 11시 유튜브 TV에서 1인 방송국으로 개국합니다. 위기에서 만난 숨어있었던 운을 찾은 이야기, 나눔 합니다.

'100세까지 돈 버는 책 쓰기 브랜딩으로 영향력 있는 명강사'로 안내하는 100세 라이프디자이너 최원교입니다.

집중과 몰입으로
사전에 얼마나 철저하게
제대로 된 준비를 거친 후에 경험하기 위해

항상 깨어있는
내 인생은 회생 중입니다.

대운이 오는 징조 9가지

아침에 눈을 뜨면 바로 핸드폰을 잡는 것이 일상입니다. 일부러 그러는 것도 아닌데 유튜브에 새로 올라온 방송을 클릭하게 됩니다. AI가 최원교의 기호에 맞게 꼭 읽어야 할, 읽을 수밖에 없는 영상들을 줄 세워주고 있습니다. 기쁘고, 감사하게 받습니다. 아마도 이런 것이 현대판 '주역'이 아닐까 생각해봅니다.

그날도 그랬습니다. '대운이 오는 징조 9가지'는 제 눈에 확 띄는 타이틀이었습니다. 안 열고는 못 배기게 하는 그런 거죠. 하봉길 감독님의 방송이었습니다.

나도 모르게 오는 대운 9가지

1. 자의든 타의든 환경이 완전히 바뀐다.
2. 인연이 모두 깨진다. 주변이 산산조각나고 완전 다르게 리셋된다.
3. 사소한 것에도 깊은 깨달음을 얻는다. 새로운 시야로 보게 된다.
4. 안 해본 것들, 낯선 것들을 시도해 본다.
5. 좋은 습관을 들이려고 나쁜 습관을 버리려고 한다.
6. 성격과 말투가 바뀐다.
7. 마음의 여유가 생기고 잔걱정이 사라진다. 마음이 든든해진다.
8. 얼굴빛이 좋아지고 표정이 좋아진다.
9. 자신감이 생기고 사고가 긍정적으로 바뀐다.

소름이 돋았습니다. 어떻게 이렇게 정확하게 아홉 가지가 제게 일어나고 있는 일과 딱 들어맞을 수 있는지 읽고 또 읽었습니다. 백친과 함께 나눴습니다. 그것도 모르고 갑자기 바뀐 환경에 남 탓하며 한숨 쉬고 아프고 포기까지 합니다. 자의든 타의든 환경이 바뀐 것에 좌절합니다. 친구나 지인이 떠난 것에 실망합니다. 그리고 비관하고 많은 것을 잃었다며 원망합니다. 여기까지가 보이는 것에 대한 함정입니다.

저 역시 예상치 못한 일로 죽을 만큼 힘들었습니다. 하지만 긍정의 자세로 뚫고 뛰어넘으려 안간힘을 썼습니다. 종일 걸려오는 전화에 옛 친구는 없습니다. 새로운 인연들과 새로운 일을 하고 있습니다. 사실은 오늘 일도 알 수 없습니다. 곧 어떤 일로 어떻게 변할지 말입니다. 사소한 것에 감동하고 감사하며 많은 것을 깨닫고 있습니다. 전과 달라진 자신에 감사합니다. 전혀 해보지 않은 일도 겁먹지 않고 잘합니다. 컴퓨터와 종일 내내 일합니다. 이젠 컴퓨터와 싸우지 않습니다. 저를 쪼개고 쪼개며 버려야 할 습관을 찾고 있습니다. '화'와 '편견'과 이별했으며 느긋하게 말하고 있는 저를 보게 됩니다. 줌으로 강의하면서부터 프레임에 보이는 제 못난 표정을 수정했습니다. 부단히 웃는 것을 연습했습니다. 맘에 안 드는 제 모습은 지웠습니다. 새로 만난 백친과 많은 경험을 나누고 있습니다. 마음의 어두운 부정은 찾아볼 수 없습니다. 긍정의 마음으로 가득합니다. 무엇이든 안 되는 것이 없는 행복한 창조 제조기로 살고 있습니다.

운은 만들어가는 것입니다. 대운이 온 징조 하나라도 경험하고 있다면 더 크고 강하게 경험하시기 바랍니다. 나머지도 창조하고 채워 보시길 바랍니다.

선생님이 되어봐야 진짜 우등생이네

강단에 선 첫날이 생각납니다. 얼떨결에 강의 요청을 수락하고 부랴부랴 PPT를 만들었습니다. 먼저 시작하고 나중에 완벽해지자는 생각입니다. 직원 동료에게만 맡겼던 일을 스스로 하니 불안했지만 뿌듯했습니다. 마음대로 할 수 있을 만큼 성장해 있어 대견했습니다. 기회가 왔으니 반드시 성공해야 했습니다. '진실을 그대로 전하자, 경험한 것만을 이야기 해주자!' 강의 원칙을 세웠습니다. 나의 이야기만 하고 전달하고 싶은 핵심을 말했습니다. 성공적이었습니다. 열강했던 그 날이 오늘까지 견디고 노력하는 힘이 되었습니다.

많은 무료 공개강의를 거듭하며 한 번도 같은 강의는 하지 않았습니다. 똑같이 반복하는 것이 어려운 저입니다. 덕분에 매번 다른 강의를 하면서 자신이 붙었습니다. 강의하기 전에 매번 PPT를 바꿨습니다. 공부하는 선생님이 되었습니다. 실력이 나날이 늘면서 힘이 생겼습니다. 성장하는 자신에게 감사하며 항상 맘껏 나누는 자리에 앉아 있었습니다. '선생님'을 해봐야 우등생이 되는 것을 알았습니다. 가르치면서 제대로 배워지는 것을 깨달았습니다.

가르치면서 더 많이 배운다는 것을 알았습니다. 주면 받는 게 있지요. 가르친다는 것은 주는 것인데 오히려 받은 것에서 더 큰 깨달음을 얻습니다. 깊이 깨닫게 되어 제 것에서 제외하기도 합니다. 제대로 배우는 계기가 됩니다. '저렇게는 하지 말아야지' 하는 것도 배우고 '그럴 수도 있구나' 하는 것도 배우게 됩니다. 강의하면서 더욱 성장하였습니다. '고정된 그것은 없다.'라는 진리를 항상 잊지 않았습니다. 이런저런 경험을 통해서 더 깊이 알게 되었습니다.

선생님 자리에 앉게 된 저는 매일 매일 새롭게 성장했습니다. 같은 생각을 한다는 것이 얼마나 행복한 것인가를 깊이 알게 되었습니다. 아는 것을 함께 나눈다는 것은 무한한 성장과 창조였습니다. 경험한 것을 나눈다는 것이 얼마나 큰 성장인지 알았습니다. 나날이 발전해나가는 저를 스스로 칭찬하고 칭찬했습니다.

오감을 열고 새로운 것을 받아들여야 한다는 책임감으로 종일 생산자로 일했습니다. 경험한 것을 배우고자 하는 분께 잘 전해야 한다는 일념으로 하루가 분주했습니다. 힘들었던 마음은 가고 잔잔하기도 하고 때로는 벅차기도 한 행복함이 밀려왔습니다.

내 인생은 회생 중

　　지난 시간이 오늘이고, 오늘이 내일입니다. 아프고 힘들었던 지난 시간을 잘 견뎠습니다. 오늘은 희망과 사랑으로 온통 칠해야 하는 날입니다. 그러니 내일은 꿈이 실현되는 날입니다. 오늘에 집중하기 위해 지난 것을 버리고 새로 시작했습니다. 오래된 노트북도 서비스센터에 가서 깔끔하게 밀었습니다. 한글을 다시 깔고 새롭게 시작했습니다. 어쩌면 '다시 부자' 행 기차를 탔는지 모릅니다. 자신에게 수없이 이야기했습니다. 다시 만들자고!

　　'원래 없었잖아! 마이너스 700만 원으로 시작했어도 행복했던 23살, 그때로 가자!'

　　그리고 보니 너무 많이 가지고 있었습니다. 가장 먼저 자동차를 버렸습니다. 걸어서 출근하고 퇴근하니 건강에 좋았습니다. 소비에 해당하는 모든 것을 멈췄습니다. 자동이체 납세를 고지서 납부 방법으로 바꿨습니다. '미니멀 라이프' 책을 읽고 그대로 따라 했습니다. 모든 면에서 가벼워졌습니다. 상쾌했습니다. 온통 버리고도 오랫동안 사용할 것이 많았습니다. 화장품, 비누, 장갑, 부엌 용품, 세탁, 청소 용품, 냉장고 속 먹거리……. 옷, 신발, 문구류, 책 등 쓸모없는 것을 버리고 남길 것에 대한 정리를 철저하게 했습니다.

한 달이 지나자 전화가 뚝 끊겼습니다. 세상이 고요해졌습니다. 다시 시작하기 좋은 날이었습니다. 종일 책에 파묻혔습니다. 책만 읽었습니다. 위기는 무지에서 왔다는 자책감이었습니다. 위로도 되고 용기도 나는 책을 만났습니다. 책을 읽는 동안에는 힘들지 않았습니다. '어떻게 하면 다시 더 크게 성장할 수 있을까?' 하는 방법을 찾고 또 찾았습니다. 유튜브도 크게 도움이 되었습니다. '겸손함'에 답이 있었습니다. 오만이 눈을 멀게 했다는 것을 깨닫게 되었습니다. '아무것도 모르는 나'로부터 다시 출발했습니다.

온라인 세상으로 뚝 떨어진 저는 정말 암담했었습니다. 겨우 어깨너머로 '내 맘대로 타자 치기'가 제 실력 다였습니다. 하지만 용감해야 했습니다. 닥치는 대로 배우기 시작했습니다. 온몸의 세포를 모두 열었습니다. 그럴 수밖에 없었습니다. 그냥 모든 것을 삼켜 먹고 넘겼습니다. 몽땅 다 외워버리고 익혔습니다. 오로지 실행이었습니다. 나이를 지워버렸습니다. '나 못해'를 '30대 40대도 하는데 왜 못해!'로 바꿨습니다. 원하는 것을 하다 탁! 걸리면 이렇게 말합니다. "할 수 있어! 하면 되지! 잘할 수 있어! 해야만 살 수 있어! 닥치고 하자!"

　노안으로 눈이 안 보이면 한 손으로 한눈을 가리고 외눈으로 집중했습니다. 피나는 노력이 아니곤 벗어날 수 없다는 것을 알고 있었습니다. 오랜 터널을 지나온 저는 뼈저리게 알고 있었습니다.

　'백디와 백친의 100세 인생' 오픈방의 주제를 정하고는 오로지 100세까지, 책 쓰기 브랜딩, 명강사, 이 세 단어만 생각했습니다. 가족의 얼굴도 보이지 않았습니다. 같이 달리다 보니 서로 의견이 다르고 아팠습니다. 같이 달리는 것은 나중에도 할 수 있는 일! 저 혼자라도 달려야 했습니다. 새벽 4시에 불을 켰고 밤 12시 넘어야 불을 껐습니다. 오로지 100세 친구, 백친 만 생각했습니다. 무엇을 나눠야 하나, 무엇을 나눠야 좋은 대가를 받을 수 있을까! 무엇을 도와야 함께 성장할 수 있을까! 생각하고 또 생각했습니다. 밥 먹는 것도 잊어버리고 가족들 밥 해주는 것도 놓았습니다. 자는 시간 빼고는 오로지 백친 생각뿐이었습니다. 무료 강의하면서 나누고 반응이 좋으면 유료 프로그램으로 바로 만들었습니다. 미쳐 있었습니다. 수익 나기 시작하면서 제 이야기를 들으러 오는 분들이 더욱 늘어나기 시작했습니다. 이런 생각을 하는 분이 저를 만나러 왔습니다.

　- 100세까지 돈 벌고 싶은 분
　- 100세까지 건강하고 싶은 분
　- 100세까지 강의, 강연하고 싶은 분
　- 100세까지 영향력 있는 생활을 하고 싶은 분

- 작가가 되고 싶은 분

- 책 쓰기가 궁금한 분

- 글쓰기를 좋아하는 분

- 1인기업가가 되고 싶은 분

- 1인기업가를 해야 하는 분

- 1인기업가인 분

- 은퇴를 준비하는 분

- 은퇴하신 분

- 생활에 변화를 두고 싶은 분

- 새로운 길을 가고 싶은 분

- 모든 면에서 성장하고 싶은 분

- 최원교가 궁금한 분

먼저 시작하고 나중에 완벽해져라

　　생각이 떠오르면 집중과 몰입을 하여 결정합니다. 결정하면 바로 시작합니다. 시작하면서 채워나갑니다. 채워나가면서 발전시키고 완벽해지려고 노력합니다. 100세 라이프디자이너 최원교가 일하는 방식입니다. 이 과정은 정말 신이 납니다. 제 강점 다섯 가지가 박차고 나가게 합니다. 강점을 활용해서 제 인생에 페달을 힘껏 밟고 있습니다.

　　'책임' '전략' '성취' '집중' '미래지향' 너무나 맘에 드는 제 강점입니다. 지난날의 저를 자랑스럽고 맘에 들게 한 다섯 가지 강점입니다. 저 자신을 이해하게 되었고 남은 인생에 더욱더 강력한 강점으로 활용하기로 했습니다. 여러분도 강점 코칭 프로그램을 참여해보세요. 자신의 강점을 안다는 것은 자신의 삶에 무기를 잡는 것과 같습니다. 일을 추진해 나갈 때 나의 강점을 활용하고 단점을 보강하는 것은 정말 근사한 전략입니다. 저는

DID 송수용 스승님의 강점코칭으로 바닥 친 제 자존감을 찾았습니다. 마음에 힘이 솟고 자신이 생겼습니다. 제 강점이 저를 뜨겁게 재활시켰습니다. 저는 제 강점이 맘에 들었습니다. 사랑하게 되었습니다. 누구보다 저 자신을 인정하고 믿게 되었습니다.

저를 아는 백친님은 이야기합니다. "뚝딱 만들어 바로 시작하고 나중에 채워 가는 거죠!" "그렇습니다! 일단 시작하고 배우고 익히면서 채워 가는 겁니다. 그것이 나를 세우고 실행하게 하는 힘입니다."

모든 것에 앞세우시기 바랍니다.
'먼저 시작하고, 나중에 완벽해져라!'

이래서 안 되면 어떻게 하지? 이러면 어떻게! 실수하면 안 되잖아! 좀 더 준비해서 시작하자! 모든 것을 완벽하게 짚고 가자! 우리 냉정하게 판단한 것일까?

모두 삭제!
그럼에도 불구하고 직진!

행복에 주파수를 맞추고

모든 것은 내가 태어났기에 일어난 일이라는 것을 깨달았습니다. '삶의 법칙'으로 삶은 고가 아니라는 진리를 깨달았습니다. 20년 엎어지고 일어나 공부하고 공부했습니다. 상처 없는 영혼으로 살고자 공부하고 공부했습니다. 때로는 스스로 터득한 분의 책을 가슴에 안고 잔 날도 있었습니다. 감사했기 때문입니다. 삶이 고가 아니게 살고 싶었습니다. 간절하게 행복해지고 싶었습니다. 유쾌한 창조자로 살기 위해 항상 행복에 주파수를 맞추고 살아야 한다는 것을 배웠습니다. 삶에 기적이 필요했습니다.

더는 물러설 수 없는 절벽에서 무릎을 꿇고서야 삶의 공식을 알게 되었습니다. 온전히 제 삶에 적용할 수 있게 되었습니다. 제 마음의 결단에 달렸던 것입니다. 어렵고 힘든 것은 밖에 있는 것이 아니라 제 마음에 있다는 것을 알았습니다.

더는 아파지고 싶지 않았습니다. 끝까지 가보는 것을 상상했습니다. 더는 무서울 것이 없었습니다. 바닥은 단단했습니다. 제 삶에 핸들을 나버렸습니다. 내 맘대로 가지지 않는 잘못된 핸들은 이미 제 것이 아니었습니다. 바다에 누워 하늘을 볼 때, 거센 파도가 밀려와도 바다에 빠지지 않습니다. 해변으로 밀려 육지로 오게 됩니다. 핸들을 놓고 가는 대로 맡겼습니다. 바로 지금 이곳은 안전합니다. 열심히 앞을 향해 함께 달리고 있습니다. 집중과 몰입으로 책임을 다하고 있습니다. 끝난 것이 아닙니다. 시작입니다.

매일 아침 백친들께 제 이야기를 들려드립니다. 삶은 고가 아니며 상처 없는 영혼으로 행복에 주파수를 맞추고 기적을 만나는 하루에 관하여 이야기합니다. 방문을 걸어 잠그고 방 안에 있어도 될 일을 된다고 말하고 있습니다. 열정을 가지고 집중과 몰입을 하면 생각하는 대로 모두 이룬다고 전합니다. 함께 이루고 싶은 마음으로 안내하고 있습니다.

행복하게 살고 싶으신가요? 그러면 행복하겠다고 결단하세요. 지금 바로! 그리고 시작하세요! 원하는 대로! 행복에 주파수를 맞추고 오로지 집중하세요! 기적이 일어나는 것을 온전히 받아들이세요! 그리고 감사하는 거예요!

매일 일어나는 축복에 감사하면서 나누고 삽니다. 우리는 우리에게 온 모든 고통과 시련이 축복을 주기 위한 테스트란 것을 알아차려야 합니다. 위기 속에 운이 숨어있다는 것을 알고 하고 싶은 가슴 뛰는 일에 집중해보세요! 꿈은 이루어집니다. 위기 속에 기회를 잡으세요. 어렵다면 될 때까지 더 집중하는 것입니다! 풍요는 창조하는 에너지가 턱없이 부족합니다. 결핍에서 우리는 창조하지요! '무엇을 해야 이 고통을 벗어날까?' 고민하고 또 고민하면서 한 걸음 한 걸음 앞으로 나아갑니다. 그것이 창조이고 성장입니다.

던져지는 문제를 의연하게 풀어보세요. 그리고 내 인생 주인공을 굳게 믿으세요. 모두 맡기고 나의 드라마를 근사하게 펼쳐 보세요. 내 뿌리만이 나를 살립니다. 굳게 믿고 사랑하고 스스로 응원하며 승리하세요! 어떠한 일에도 행복에 주파수를 꼭 맞추어야 합니다! 될 때까지 하는 겁니다!

백디와 백친의 100세 인생

100세 라이프디자이너와 100세 친구의 100세 인생입니다. 건강백세와 똘똘백세로 치매 명의 김시효 원장의 건강법을 따릅니다. '치매 없는 세상'을 꿈꾸며 한 걸음씩 나아가고 있습니다. 가정의학과 전문의이며 한의사인 김시효 원장은 전문의로서 대한민국 1호 양한방 의사입니다. 의학적 지식과 한의학적 지혜로 인식 저편까지도 연구하며 노후의 질 높은 삶을 추구합니다.

백디, 100세 라이프디자이너 최원교는 18세부터 자립적 1인기업가로 경제활동을 해왔습니다. 고등학교 음악 선생님, 테너 조원삼 선생님의 지도로 성악과에 입학하였습니다. 피아노가 없어서 금성 녹음기에 지정곡과 자유곡 반주를 녹음하고 무한 반복 연습하여 입시를 준비하였습니다. 항상 지지해주는 오빠, 최용주 교수 덕분으로 상업고등학교에 가지 않고 음악대학 성악과를 입학 할 수 있었습니다. 기적적으로 입학에 성공하였지만, 경제력 없이는 힘들다는 것을 일찍이 알아차린 백디는 성악을 포기하고 1인기업가로 나섭니다. 과외 선생, 피아노 교실, 남성 맞춤복 사업, 호텔 유니폼 회사, 병원 경영, 출판 발행인, 주식회사 운영 등 45년간 다양한 경험을 하였습니다.

삶도 일도 나홀로 비즈니스, 1인기업가라는 것을 깨달은 백디는 '1인기업가'가 되기 위한 이론과 실행에 대하여 정리했습니다. 백친과 함께 공부하고 연구하며 실행하고 있습니다. 오픈채팅방 '백디와 백친의 100세인생'에서 '100세까지 돈 버는 책 쓰기 브랜딩으로 영향력 있는 명강사 되기'를 안내합니다.

100세까지 돈 버는 책 쓰기 브랜딩으로 영향력 있는 명강사 되기

백디와 백친의 소명입니다. 나이에 상관없이 성공하려는 열정 에너지를 가동할 때 우리는 행복합니다. 꿈과 열정은 나이를 뛰어넘게 합니다. 사람들은 어떻게 제 나이에 그리 열정적일 수 있냐고 묻습니다. 저는 말합니다.

"절박하면 그래요!"
종일 눈물이 나는 날이었습니다. 마음을 달래려고 유튜브를 보는데 '김형석 교수님'의 '백 살을 살아보니'라는 방송을 보게 되었습니다. 차분하게 말씀하시는 것을 끝까지 보면서 교수님처럼 살아야겠다고 결심했습니다. 그리고 혼자 가는 것보다 함께 하면 더 잘할 수 있다고 생각했습니다.

어떤 때는 조금 느슨해질 때가 있습니다. 불량식품도 생각나고 슬쩍 '한 번만'이라는 마음도 들어 옵니다. 290명(2021년 9월 15일)의 백친을 생각하면 정신이 번쩍 듭니다. 저희를 믿고 따라오는 백친을 생각해서라도 '100세까지 돈 버는 영향력 있는 명강사'로 살아내야 한다고 정신이 번쩍 듭니다. 또 한 분의 명강사 '이근후 박사님'의 유튜브를 만났습니다. 두 분의 유튜브가 저희 두 사람, 백디와 백친의 인생을 바꿨습니다. 정신과 의사로서 강연도 많이 하시지만, 칼럼을 많이 쓰셨습니다. 점점 잃어가는 시력으로 여간 걱정이 아니셨습니다. 그런 와중에 유튜브는 말을 하는 것이니 뜻을 전하는 데는 칼럼과 다를 바가 아닌 것을 아셨답니다. 마침 손자의 도움으로 유튜브를 하시게 되었는데 정말 표현이 멋지십니다. 손자는 회사를 만들어 대표가 되고 할아버님이신 박사님은 출연자로 뜻을 펼칠 수 있어 서로 윈윈하는 사이가 되었다고 말씀하셨습니다. 정말 멋진 청춘이셨습니다.

'김형석 교수님'과 '이근후 박사님' 의 모습처럼 우리는 100세 영향력 있는 명강사 만 명을 안내하기로 약속하였습니다.

100세까지, 야~ 크다야

오메! 크다야~

왔다! 크다야~

대박! 크다야~

크고 다른 야망의자를 '크다야'로 부르기로 했습니다. 조금 다른 것은 유명한 주인공이 아니라는 것입니다. 자신에게 찾아온 위기를 뚫고! 넘어서서 기회로 만들고 새로운 것을 향하여 크게 무엇을 이루어 보겠다는 희망찬 주인공! 야망의자의 주인공 이야기입니다.

주 1회, 한 분의 주인공을 모십니다. 매일 모실 수 있는 그 날을 기대합니다. 첫 회에 유명하신 주인공으로 모시자는 견해차가 컸습니다. 하지만 가지 않은 길, 어려운 길을 선택했습니다. 보통사람들의 이야기로 시작합

니다. 평범한 사람들의 이야기이므로 어떤 사람이라도 위로가 되고 용기가 될 것입니다. 주인공은 자신의 어려운 이야기를 같은 처지에 있는 분을 위해 모두 내놓습니다. 작가의 이야기가 될 수 있습니다. 작가가 되고 싶은 주인공의 이야기도 될 수 있습니다. 자신의 경험을 널리 알리는 것입니다. 아픈 크기가 사명의 크기라는 것을 깨달은 주인공의 이야기를 만나는 시간입니다.

모두가 자신만 아프다고 생각합니다. 우리, 모두가 다 아픕니다. 다른 사람의 아픔은 내 아픔의 치료가 됩니다. 일어설 용기가 생깁니다. 남의 이야기를 들으며 함께 아파하면서 치유가 됩니다. 나만 아픈 것이 아니라는 것을 알게 됩니다. '크다야'의 역할입니다.

주인공은 '크 다 야' 야망의자를 평생 잊지 못할 것입니다. 새길 가면서 겪는 더 큰 고통은 깨달음이 됩니다. 무쏘의 뿔처럼 앞만 보고 가게 될 것입니다. 우리 모두의 박수를 받으며 그 힘으로 성장해 나갈 것입니다.

베개에 눈물 적시며 아침을 맞던 그 날,
잠을 청하며 눈물 흘렸던 그 밤을 잊지 않겠습니다.

아침이 눈물이고 밤이 눈물인 백친님!
당신의 야망의자에 앉으세요!
그리고 야망의자의 주인공이 되세요
야망의자는 항상 비어 있습니다.

약속을 지키기 위해 멈췄습니다.

최원교의 쪼 결단 9가지

1. 나는 할 수 있다!

2. 무조건 행복에 주파수를 맞춘다.!

3. 오로지 목표에 집중한다!

4. 먼저 시작하고 나중에 완벽해진다!

5. 고도의 집중과 몰입으로 뚫고 나간다!

6. 실행과 배움을 멈추지 않는다!

7. 부정을 차단하고 오로지 긍정!

8. 남에게는 후하고 나에게는 박하다!

9. 강점에 집중한다!

JJº

Chapter 2

배움은 은퇴가 없다

유 순 호

Contents

유순호

• 이메일 주소   ysh7078@naver.com

• 블로그 주소   blog.naver.com/ysh7078

• 유튜브 주소
  https://www.youtube.com/channel/UCtKghsQQnd6W9_ZyStTP6gA

- 심리상담사 2급 자격증 사단법인(한국심성교육개발원) 2015.04.24.
- 사회복지사 2급 자격증(보건복지부 장관) 2018.10.10.
- 노인 심리상담사 1급 자격증(한국 직업능률협회) 2018.08.31.
- 웃음코칭상담사 1급 (재단법인 국제평생교육개발원) 2019.09.04.
- 방과후아동지도자 2급 (재단법인 국제평생교육개발원) 2019.11.13.
- 『내 나이 일흔 줄, 배움에서 찾은 행복』(도담 유순호 지음) 월간출판
  2019.12.19.
- 예명대학원대학교 사회복지학 석사 졸업 (2020.02.)
- 에그드람 원주기업도시점 & 정원부동산 중개법인 대표 2020.
- 예명대학원대학교박사과정 4학기 수료 중 2021.09.

배움의 씨앗 찾은 날

　육십 대 중반의 나이 (2011, 3, 월) 출근길 버스에 거대하고 화려한 "경복고등학교 부설 (경복 방송 통신 고등학교) 학생모집(나이 제한 없음)" 이란 글자가 금빛을 품어내고 있었다. 몇 년 동안 같은 길을 왕래하는 동안 금빛을 발산하는 글자가 나의 가슴에 깊숙이 꽂힌 건 처음이었다. 가슴속의 금빛을 찾아 지금까지 어디에 꼭꼭 숨어 있다. 이제야 나타났는지 묻고 또 물었다. 대답은 간단했다. 언제나 같은 자리에 있었다고 했다. 그런데 나는 왜 오늘에야 받았을까? 의심할 여지없이 온종일 일손이 잡히지 않고 학교 책상에 앉아 공부하는 내 모습만 멋지게 그리고 있었다. 그래 꿈은 이루어진다고 했으니 나도 배움의 꿈을 꾸자! '나는 할 수 있다' 실행하자! 퇴근 후 남편에게 건의했다. '헛된 꿈 꾸지 말라며 쓸데없는 소리 하고 있네'라며 꾸중만 듣고 밤새워 고민했다.

　다음날 나는 남편에게 한번 마음먹은 일은 해내는 성격인 나를 알면서 왜 반대하냐 하며, 남편 앞에서 연락처에 문의했었다.

중학교 졸업확인서, 주민등록등본을 지참하고 직접 학교에 접수하라 했다.

고입 검정고시 확인증이 어디 있는지조차 알 수 없어 교육청에 부탁하여 발급받고 서류를 준비하여 접수했다. 며칠 후 부끄럽고 창피하다는 생각에 가슴이 두근거렸지만, '경복고등학교 부설 (경복 방송 통신 고등학교)' 입학식에 참석했다.

학교에 도착하니 '배움' 고픈 사람들이 많이 모였다. 주중에 일하고 일요일을 이용해 배움의 전당에 모여든 사람들로 운동장을 가득 메웠다. 화창한 봄의 문턱에서 길 잃은 찬바람이 우리를 스쳐 가지만, 배움터에 모인 학생들의 열기로 운동장은 후끈 달아오른 듯했다.

모두 단상을 향해 교장 선생님의 축사에 주목했다. '경복고등학교 부설 (경복 방송 통신 고등학교)'를 찾아주신 제38회 신입생 여러분의 입학을 진심으로 환영합니다.' 1973년에 설립하여 남녀가 공존하는 배움터에 세대를 초월한 역사의 뒤안길을 간직한 자랑스러운 우리 학교 (경복고등학교 부설 경복 방송 통신 고등학교)에 입학하셔서 여러분들의 꿈을 이루시는 데 최선을 다하여 우리 학교의 자랑스러운 학생으로 거듭나셔서 졸업 후에 사회의 모범이 되시기를 바랍니다"라고 말씀하셨다.

꿈에 그리던 배움의 교정에 우뚝 서 있는 순간, 내 가슴은 무거운 한의 응어리가 녹아내려 눈물로 흐르고 있었다.

나도 오늘부터 자랑스러운 '고등학생이다!

1학년 2반이 되었다. 짝꿍은 청소년이었다.

단짝은 만화를 잘 그리는 학생으로 정규고등학교를 마다하고 유학을

66

준비하기 위해 학습시간을 줄이려고 선택했다고 했다. 모범적인 학생으로 나에게 많은 것을 가르쳐준 고마운 단짝이었다.

여러 가지 사연으로 전국의 만학도들이 많이 모였다. 학생들의 표정에서 배움의 열정은 누구에게나 공통이라는 것을 읽었다. 학생들은 나만이 아닌 거의 모두가 배움의 기회를 박탈당하고 삶의 전쟁을 겪은 사람들이 많았다. 늦어도 배워야 한다는 절박한 심정을 풀기 위해 나이와 관계없이 모르는 것은 배워야 한다는 의지가 강했다. 격주 일요일 3년의 출석으로, 배움 씨앗을 받아들고 기름진 옥토를 찾기 위해 경복고등학교 부설(경복 방송 통신 고등학교) 교문을 나왔다.

마음 밭에 심은 배움 꽃씨

방송통신고등학교 3년의 열매를 펼쳐놓고 배움의 씨를 거두어 마음 밭에 거름을 주어 옥토를 만들고 정성을 다해 배움 꽃씨를 심었다.

배움 꽃이 화려하고 탐스러운 예쁜 꽃을 피우기 위해 신경하 선배님의 안내를 받았다. 선배님은 저에게 말씀하셨다.

"후배님! 멈추지 마시고, 계속하셔야 합니다. 우리는 '100세 시대' 선에 승선했습니다. 시대에 맞추어 태평양을 향해 노를 저어야 합니다." 하시며, 나의 배움 열정을 배움 선에 태워 주셨다. 나는 꿈에 그리던 대학 문을 열고 조경훈 학과장님을 찾아갔다. "신경하 선배님 추천으로 왔습니다." 저도 대학생이 될 수 있나요?

"선생님 염려 마세요. 충분히 하실 수 있습니다. 선생님의 열정이시면 잘하실 수 있습니다." 학과장님의 격려 말씀을 듣고 마음이 기뻤다.

하지만 고등학교 졸업장 하나로 대학을 다닐 수 있을까 하는 불안감이 찾아오기 시작했다. 3년의 고등학교 생활은 졸업장이 목표였고 삶의 현장이 상업이라 고등교육의 지식은 한마디로 바람 빠진 풍선이었다.

대학을 다시 찾아 학과장님께 아무리 생각해도 저는 대학생 자격이 안 될 거라 말씀드리고 포기하겠다고 했다. 학과장님께서 "유 선생님 염려 마시고 저를 믿으세요. 충분히 하실 수 있습니다" 하시며 말씀하셨다. 그대로 따르기로 마음먹고 집에 왔다.

며칠이 지나 불안은 또 시작되었다. 또다시 학과장님을 대면하고 상담하는 날이 반복되었다. 그때마다 용기를 주셨던 학과장님은 매년 입학식에서 "처음 입학을 두려워하시고 네 번을 찾아오신 14학번 유순호 선생님께서도 고령이신데도 학업에 잘 적응하시며 모범을 보여주십니다. 여러분도 학교생활에 잘 적응하셔서 꿈을 이루시기를 바랍니다."라고 말씀하셔서, 배움을 망설이고 네 번 상담 끝에 결정한 인물로 학우들과 선후배들에게 인식되었다. '실버문화예술대학'이다. 학습에서 실버문화경영학, 복수전공으로 사회복지학의 배움에 빠졌다.

대학에서의 배움은 온라인 수업으로 출석하고 오프라인 강의는 매월 마지막 주에 열렸다. 어느새 중간고사 시험 창이 열렸다. 과목마다 일정이 엇갈리고 시험 방식도 달랐다. 교수님들의 출제 범위도 제각각이다.

가슴에 채워진 배움 씨앗을 찾아 조심조심 정성으로 시험지에 심었다. 중간고사의 태풍이 쓸고 가면 기말고사가 기다렸다. 어려운 것은 그것만이 아니었다. 온라인 강의도 마음 놓고 할 수 없었다. 남편의 병원 수발에 감당하기 힘든 세월을 보내며 남아 있는 한 올의 배움 줄에 매달렸다. 조금만 더 버텨다오! 하느님, 부처님, 조상님, 도와주세요! 배움 줄의 한 올이 끊어지지 않도록! 매일 기도했다. 수 차려 휴학 위기에도 끈기로 배움 줄을 엮어 동아줄을 굵게 만들어 디지털서울문화예술대학에서 실버문화경영학, 사회복지학, 두 개의 학사 열매를 수확했다. 아래는 대학 주소이다

(03645) 서울특별시 서대문구 통일로37길 60(홍제동, 디지털서울문화예술대학교)[구] (120-090) 서울특별시 서대문구 홍제동 318-18 디지털서울문화예술대학교

"모든 학문은 서로 통한다.

학습을 중시하고 학습에 도가 있는 사람은 책을 읽을 줄 알 뿐만 아니라 생활에서의 실천 중에 깨우침을 얻는다. 즉, 책의 지식을 학습할 뿐만 아니라 다른 지식도 배운다. 외재적인 지식을 배워 내재적인 지식을 쌓아가는 것이다.

각종 학문은 따지고 보면 모두 관련이 있다. 언어와 논리와 심리학과 인문지리, 자연지리와 역사, 정치와 문예와 인류학과 철학, 자연과학과 인문과학과 사회과학은 모두 서로 영향을 주고 교류하는 관계에 있다. 물론 단순히 사유를 위해 훈련하고 지식을 증가시키고 지적 호기심을 만족하기 위해서라도 늙을 때까지 배우고 또 배워야 한다" 『나는 학생이다』 왕멍 지음.

이 책에서 이 글을 좋아하고 학문의 깊이를 생각하며 마음 밭에 심은 배움 꽃씨를 잘 키워 아름답게 꽃을 피우고 인생 후배들의 모범으로 100세까지 배움 꽃을 키우고 싶다.

배움의 도전

내가 누구인지? 나를 찾아가는 방법은 무엇인지? 앞으로 남은 인생 어떻게 살아야 보람 있는 삶을 영위할 수 있는지? 어느 방향을 선택해야 하는지? 변화하는 인공지능 사회에 어떻게 대응해야 하는지?

나만의 장단점은 무엇인지? 어떠한 고난이 와도 이겨낼 수 있는지? 타인이 나에게 불쾌감을 줘도 이해할 수 있는지? 등등, 수없이 많은 의문을 찾기 위해 배움에 도전했다. '나는 할 수 없다'라는 고정관념의 틀에서 탈출하자! 내면의 또 다른 나를 찾아내자. 궁금증은 꼬리에 꼬리를 물고 줄줄이 엮여 나의 가슴을 흔들어 깨웠다. 꿈속에 빠진 영혼이 흔들렸고 배움줄을 꼭 잡고 떨고 있는 나의 모습은 너무도 처량했다. 꿈을 깨워 '배움에 도전할 수 있다'라는 긍정의 배움 꽃을 화려하게 피워내고 굵직하고 커다란 새 동아줄에 촘촘히 꽃수를 놓고 또 다른 나를 찾기 위한 새로운 꿈을 꾸었다.

내 나이 일흔을 넘긴 나이다. '배움에 은퇴가 없다.'라는 신념을 가슴에 안고 직진이 아닌 굽은 길을 택했다. 주변의 아름다운 환경을 감상하고 자연의 순리에 감사하며, 배움의 시간을 소중히 간직했다. '시간은 금이다.' '시간은 후퇴가 없다.' '시간은 직진이다.' '시간은 잡히지 않는다.' 등등 아무리 강조해도 나만의 소중한 시간은 배움 도전의 시간이었다. "오늘의 태양은 내일 다시 뜨지 않는다"라는 사실을 알게 해준 배움 도전은 남녀노소 구분이 없다. 나는 은퇴가 없는 배움 마당에 남녀노소 함께 하고 싶다. "배우기를 멈춘 사람은 스무 살이든 여든 살이든 늙은이다. 계속 배우는 사람은 언제나 젊다. 인생에서 가장 멋진 일은 마음을 계속 젊게 유지하는 것이다." 헨리 포드의 말을 곱씹었다. 배움은 누구나 도전할 수 있다. 누구나 환영한다. 배움 도전은 '인생 디자인학'이다. 나는 일흔을 넘어 인생 디자인학에 빠졌다. 배움 도전으로, 무지(無智)의 갈증은 더 심해졌다. 배움에 빠질수록 모르는 것이 더 많아지는 나를 사랑했다. 배움에 도전했기에 가능했다. 배움 도전은 목마름을 적셔주는 독서 마당으로 끌어주었다. 배움의 두려움을 극복하는데, 독서의 힘이 컸다.

"두려움은 또한 자기의 지식이 부족한 것을 아는 것이며, 아직도 너무 많은 블랙박스가 자기 앞에 놓여 있다는 것을 아는 것이다. 그러므로 당신은 언제 어느 때에 독단적인 행동을 하지 않으며, 유아독존의 아집을 부리지 않으며 자기 무덤을 파는 행동을 하지 않는 것이다.

두려움은 당신이 인생을 아무리 긍정적으로 예찬해도 지고무상하지는 않다고 인식하는 데서 기인한다."『나는 학생이다. 왕멍 지음 236p』독서에는 많은 글이 나의 오감을 열어주었다.

망설이고 미루던 배움의 두려웠던 과거는 망각(忘却)에 먹여주자! 도전의 힘, 배움이 답이다! "알고 있다고 생각하는 것이 모르는 것" "늦었다고 생각할 때가 가장 빠르다는 것."도 배움 도전에서 발견했다. 하나를 알면, 모르는 그것은 더 많아졌다. 궁금증은 배움 도전의 문을 계속 열어준다. "배우고 때때로 익히니 어찌 기쁘지 않은가, 벗이 멀리서 방문하니 어찌 즐겁지 않은가, 사람들이 몰라준다고 해서 화내지 않으니 어찌 군자가 아니겠는가." 때때로 배우고 익히며, "배움이 많으면 많을수록 나를 알아주지 않아도 부끄럽지 않다."라는 공자의 말을 되새기며, 사람들이 나를 알아주지 않아도, 배움을 멈추지 않고 배움 도전에 승차하여. 삶의 종착역에서 부끄럽지 않도록 배움 도전의 독서 계단을 꾸준히 오르고 있다.

배움의 실천

    삶의 고비마다 배움의 한이 나의 마음을 무겁게 했다. 자녀들을 키우며 나 자신이 배움이 부족한 것에 부끄럽고 아이들에게도 미안한 생각이 들었다. 첫 아이 초등학교에서 '가정환경조사서' 부모 학력란에 중학교 졸업이라 기재하고 양심의 가책이 나의 마음을 아프게 했다. 둘째 아이 때도, 학년이 바뀌고 상급학교 진학해도 같은 상황이 되풀이되었다. 10년 후 늦둥이 막내에게도 똑같은 처지였다. 아이들을 키우며 사람은 거짓말하면 안 된다, 신용을 지켜야 한다는 것을 강조했는데, 나 자신의 학력을 속이고 있다는 죄책감에 시달렸다.

    배워야 한다. 배움을 실천해야 한다. 자신을 속인다는 것은 더 많은 죄를 짓는 행위이다. 나의 귀중하고 어여쁜 자녀들에게 똑같은 실수를 더는 저지르지 말고 배움을 실천하자고 다짐했다. 새벽 6시부터 가게 문을 열면 자정까지 하루 18시간의 중 노동으로 시간 내어 공부하는 게 쉽지 않았다.

하지만 실천했다.

중학교 졸업장을 취득하기 위해 동대문구 신설동에 있는 검정고시 학원에서 수료를 마치고 시험에 합격했다. 전체과목 60점 이상이면 합격이다.

생업에 매달려 마음 놓고 공부도 못하고 학원에서 공부하는 동안은 나의 지친 몸을 휴식하는 시간으로 졸음으로 채웠다. 선생님 말씀도 들리지 않고, 영어도 대문자, 소문자, 필기체, 인쇄체, 졸음에 빠진 나에게는 이해할 수 없었다. 수학도 어렵고 배우고 집에 와도 숙제도 못 하고 삶에 지쳐 공부가 제대로 되지 않아 고민하던 중 시험이 돌아왔다. 시험 응시 접수 후 어떻게든 합격해야 한다는 결심으로 밀린 공부를 열심히 하고 시험을 치렀다. 합격 소식을 듣고 그동안 가슴을 무겁게 짓누르던 한의 응어리가 터져 나와 중학교 졸업이라고 거짓으로 기록했던 죄의식에서 벗어났다. 그렇게 중학교 졸업장은 나의 구세주였으나 거기에 멈추고 삶의 현장에서 헤어나지 못해 오랫동안 갇혀 있었다.

무지의 세계를 탈출하던 기회는 출근길 버스 안에서 우연히 만났다. "경복고등학교부설(경복방송통신고등학교 학생모집)나이 제한 없음"의 광고를 보고 망설임 없이 신청했다. 마음속에 가득 찬 열등감을 털어내는 배움을 시작하자 사람은 죽을 때까지 배워야 한다는 생각이 가슴에 꽂혔다.

배우지 못한 과거를 후회하지 말고 실천하자! 배워야 자존감을 높일 수 있다. 행복의 지름길은 배움실천이다. 배움 마당의 문은 열려 있다. 배움을 실천하자. 어제는 없다. 내일은 아직 오지 않았다. 오늘 지금 실천하자. 오늘의 찬란한 태양은 다시 뜨지 않는다. 어제의 '태양'을 가져올 수도 없다. 오늘 지금이다. "시작이 반이다."라는 속담을 믿고 배움을 실천하자.

어떤 일을 할 때 첫 시작이 어렵다. 해야지 해야지 하고 생각은 쉽지만 망설이고, 또 망설이고, 미루다 보면 시계는 돌아간다. 내일은 또 다른 내일의 태양이 떠오른다. 생각하는 즉시 실천하지 않으면 시간은 벌써 멀리 달아난다. 꾸준한 배움은 실천이 답이다. "모르는 것을 알면서 배우지 않는 것은 죄를 짓는 것이다."라는 글귀를 가슴에 가득 채워놓고 죄를 짓지 않으려 배움을 실천하고 있다. 배움을 습관화하고 실천해야 삶의 행복한 변화가 생긴다. 실천하지 않고 생각만 하는 것은 "장님 코끼리 만지기다. 건강하고 꾸준한 습관을 유지하는 것은 배움의 실천이 답이다.

배움의 행동

행동하지 않으면, 배울 수 없다. 어떤 생각도 행동하지 않으면, 무익하다. 배움은 행동으로 나를 이끌어 준다. 왜 배워야 하는지? 배우기 위해 어떻게 행동해야 하는지? 행동하지 않으면 배움의 문이 닫힌다. 배움 문을 여는 행동은 너무나 쉽다. 실행만이 배움 행동이다.

배움이 있어야 몸이 행동하고, 몸이 행동해야 마음 밭을 넓힌다. 마음 밭이 넓어야 좋은 씨를 많이 뿌릴 수 있다. 마음 밭을 잘 가꾸려면, 배움을 부지런히 행동으로 가꾸어야 한다. 마음 밭에 배움 씨를 정성껏 심고, 명상 기도로 밑거름 주고, 부정잡초 뽑아주며, 뇌 운동, 신체 운동, 정신과 육체에 생명수 공급하는 행동은 무한하다.

배움이 행동을, 행동이 습관을, 습관이 성공을 끌어낸다. '습관'은 일시적으로 만들어질 수 없다. 행동의 '꾸준함'으로 습관이 되어야 한다. 행동하지 않으면, 성공의 열매를 거둘 수 없다. 배움을 행동으로 실천하지 않으면 무지는 행동을 멈추게 한다.

배움만이 행동의 열쇠다. 배움으로 행동의 문을 열자. 나의 배움 행동은 성공의 길 행복의 문을 동서남북에서 활짝 열어주었다. 배움 행동은 건강과 행복의 연결 통로다. 통로를 선택하고 배움으로 따라가는 것이 나의 배움 행동이다. 배움 행동을 위해 매일 새벽 눈으로 읽고 또 읽고, 보고 또 보며, 큰 소리로 아랫글을 확언한다.

배움 자세를 유지하는 7가지 비결 & 배움 명언 10선.

1. "나이와 상관없이 통하는 인생의 지혜는 〈죽을 때까지 공부를 계속하라〉는 것이다. 일생 배움의 자세를 잊지 않고 지속해서 공부하는 사람은 영원한 젊은이다."
2. "〈만나는 모든 사람, 마주치는 모든 것이 나의 스승〉이다. 순수한 배움의 자세로 다른 사람들로부터 배워 인간의 분모를 크게 하라."
3. "아랫사람에게 묻는 것을 부끄러워하지 마라. 자기보다 나이 어린 사람, 지위가 낮은 사람, 능력이 모자란 사람, 그들의 의견에 겸허하게 귀 기울이고 항상 배움의 자세를 유지하라. ─공자
4. 창조력과 변화 적응력은 감성에 의해 길러지고, 감성은 본질을 꿰뚫어 보는 능력을 통해 키워진다.
5. 고민과 방황을 겪어본 사람에게서는 인생의 깊은 향기가 풍겨 나온다.
6. 책을 읽을 때 우리의 정신은 활발하게 움직인다. 독서습관을 들여라.

7. 크고 다양한 힘을 지니고 있으면서도 끊임없이 낮은 곳으로 흐르고, 형태를 바꿔가면서 잠시도 고이지 않는 〈물처럼 살면서 발전하는 사람이 되어라〉.

8. 인생은 끊임없이 올라가는 것, "사람의 일생은 무거운 짐을 지고 언덕을 오르는 것과 같다. 서두르면 안 된다. -도쿠가와 이에야스

배움 명언 10선

1. 나는 스승에게서 많은 것을 배웠고, 친구에게서 많이 배웠고, 심지어 제자들에게서도 많이 배웠다. -탈무드

2. 배움은 우연히 얻을 수 없다 그것은 타는 열정으로 구해야 하며, 부지런함으로 참여해야 한다. -아비가일 애덤스

3. 배움을 멈추는 사람은 20대건 80대건 누구나 늙은 것이다. 배움을 지속하는 사람은 누구나 젊음을 유지한다. -헨리 포드

4. 배움에서 가장 어려운 것은 배워야 한다는 것을 배우는 것이다. -칸트

5. 많이 보고, 많이 겪고, 많이 공부하는 것은 배움의 세 기둥이다. -벤저민 디즈레일리

6. 살아있는 동안에 배워라. 늙음이 현명함을 가져다주리라고 기대하지 마라. -솔로

7. 배우는 길에는 이제 그만하자고 끝맺을 때가 없다. 사람은 일생을 통해 배워야 하고 배우지 않으면 어두운 밤에 길을 걷는 사람처럼 길을 잃고 말 것이다. -태자

8. 평생 배우기에 힘써야 한다. 정신에 담고 머리에 집어넣는 것, 그것

이 우리가 가질 수 있는 최고의 자산이다. -브라이언 트레이시

9. 배움을 멈추지 말아야 한다. 날마다 한 가지씩 새로운 것을 배우면 경쟁자의 99%를 극복할 수 있다. -조 카를롯

10. 청춘은 다시 오지 않고 하루해는 다시 밝기 어렵다. 좋은 시절에 부지런히 힘쓸지니 세월은 사람을 기다려주지 않는다. 도연명(네이버 지식백과)

독서의 시작

　산촌에서 태어난 나의 어린 시절은 부모님의 말씀대로 "여자는 가사 일을 잘 배워야 한다"라는 것에 동의하고 부모님이 시키는 대로 동생들 잘 돌보며 가사일 돕는 것이 배움이었다. 겨울이면 아버지는 가축을 키우시며 주먹밥을 챙겨 높은 산까지 나무하러 다니셨고 어머니는 길쌈을 하시는 모습으로 입춘이 오기가 무섭게 논밭에 나가 한 해 농사의 밑거름 주는 것을 시작으로 계절에 맞춰 각기 다른 씨앗을 뿌리고 정성으로 가꾸어 수확하는 일을 동생 넷을 돌보며 자연스럽게 배웠다.

　초등학교에 입학하여 교과서를 받은 게 나의 첫 책이었다. 공부는 열심히 하고 싶었지만, 모심고 김매고 추수하는 농번기의 큰일이 있는 날은 학교를 결석하고 동생들을 돌봐야 했다. 그렇게 가사와 동생들을 돌보는 일이 우선이 되었고 공부는 차선이 되어 책을 읽을 기회도 없었다.

　배움의 기회를 잃은 나의 인생은 책을 읽을 시간이 없다고 핑계 아닌 핑계를 대며 독서의 필요성조차 알지 못했다.

늦은 나이(2018, 무술년) 배움의 과정에 위기가 닥쳐왔다. 예명대학원 대학교 석사과정에 입문하여 배움의 날개를 활짝 펴고 싶었는데 생각처럼 쉽지 않았다. 무엇이든 '마음먹기에 달려 있다.' '나는 할 수 있다'라는 자부심으로 입문했지만, 나의 목소리와 수전증은 발표도 못 하고 메모도 할 수 없는 처지로 배움을 멈추게 가로막았다. 그동안 배운 지식도 수박 겉핥기식으로 배웠던 것이 밝혀졌다. 그동안 수료증이 목표였던 것이 후회되었다.

아무리 머리를 쥐어짜도 따라갈 수 없다는 생각으로 자퇴하려 생각하니 등록금이 아깝고 주변 사람들의 시선도 두려웠다, 며칠을 고민하다 이번 학기까지만 버티겠다고 마음먹고 방법을 찾아야 했다. 그러던 중 유튜브에서 김효석 박사님의 '말 잘하는 법' 강의를 시청하고 곧바로 강남구 신사동에 있는 〈김효석, 송희영 아카데미〉를 찾았다. 김효석 박사님께 상담하니 박사님께서 "말을 못 하는 것이 아니라 안 했을 뿐이니 앞으로 절대 못 한다는 생각을 말고 마음 놓고 말을 많이 하고 매일 매일 하루 30분씩 꾸준히 큰 소리로 책을 읽으면 잘할 수 있다"라고 위로해 주셨다. 또 "메모를 못 해도 음성으로 녹음하는 방법도 있으니 포기하지 마시고 계속하세요"라고 하셔서 음성치유를 목적으로 소리 내 읽기 시작하고 배움을 계속했다.

중간고사를 마치고 과제발표 차례가 되었다. 얼굴이 달아오르고 몸과 마음도 떨렸지만, 김효석 박사님의 말씀을 되새기며 용기를 내서 발표했다. 교수님과 원우들이 잘했다고 했지만 나 자신은 만족할 수 없었다.

배움의 고난을 마감하는 한 학기 종강식 이 다가왔다. 노인 상담론 강응섭 교수님께서『시인과 철학자의 유쾌한 만남』(고영수, 강응섭 저) 책에 "함께하신 유순호 선생님 고마워요. 2018-6-16일 강응섭"이라고 직접 사인해 주신 책을 선물로 받고 하루에 완독했다. 책 한 권을 하루에 완독할 수 있다는 자신감과 책 내용이 소중함을 처음 실감했다.

"시인은 시를 한 편 쓰기 위해 기다릴 줄 알아야 하고 예술의 세계에서도 농부는 과일이 완전히 익을 때까지 시장에 내지 않고 기다려야 한다. 우리가 하는 말에도 참말과 빈말이 있다." 책을 읽고 시인, 철학자, 심리학자, 정신분석, 등등 여러 분야에서 수많은 연구를 하신 박사님의 책에서 다양하고 수많은 지식을 얻을 수 있다는 것을 배웠다. 교수님의 책에 감동되어 반복해서 읽고 또 읽으며 앞으로 독서를 해야 한다는 것을 알고 책을 읽기 시작했다. 방학 동안 독서를 많이 해야겠다는 생각으로 교수님의 저서를 찾기 시작하여『한국에 온 라캉과 4차 산업혁명』,『꿈의 해석』,『어떻게 읽을 것인가?』,『심리학 입문』,『1%만 바꿔도 인생이 달라진다.』,『이기는 대화』,『인간 모세와 유일신교』,『사람들 앞에서 기죽지 않고 말 잘하는 법』,『성공하는 CEO의 습관』등 다수의 책을 읽었다. 독서를 한다는 나 자신이 너무나 행복하고 자랑스러웠다. 나 자신에게 수고했다는 말이 저절로 나왔다. 우리가 배워야 하는 지식이 책 속에 모두 있다는 사실을 왜 이제야 알았는지 무능했던 과거의 허송세월이 아까웠다. 독서를 잘하는 것은 타고나는 그것으로 생각했다. 그동안 나는 책을 보면 졸음이 오고, 눈이 아프고, 지루하다는 생각에 독서는 나에게 인연이 없다는 생각으로, 아예 책 읽을 생각이 없었다. 핑계 아닌 핑계로 늘 거부했으니 지금 생각해 보면 부끄럽기 짝이 없다. 평생 배워야 한다고 생각하면서도 독서할 생각을 안 했으니 그게 무식함이었다. "알고 있다는 착각은 모르는 것이 훨씬 더 많다"라는 사실을, 책을 통해 배웠다.

"모든 예술은 눈에 보이지 않는 세계를 눈에 보이게 드러내 보여주는 것이 아닐까요? 음악은 소리로, 미술은 색깔로, 무용은 몸짓으로, 그리고 문학은 언어로 그 일을 하지요. 문학이란 결국, 언어도 '삶이란 이런 것이다'라고 뭔가를 보여줍니다. 소설이 꾸며 낸 이야기를 통해서 그것을 보여준다면, 시는 마음속 깊은 곳에서 솟아오르는 '참말'을 자기만의 암호체계로 말합니다." 문학은 언어로 일을 한다. 우리가 잃어버렸던 생활과 정신의 자유를 되찾아 주는 일이 시를 쓰는 일이고, 이러한 일을 하는 이가 곧 시인일 것입니다. "공자는 시를 모르는 자와 마주하는 것은 마치 꽉 막힌 담장을 마주하는 그것과 같다."라고 했습니다. (출처 시인과 철학자의 만남)' 라는 저자의 뜻을 새기며, 독서는 계속해서 해야 했다. 이렇게 교수님의 책을 선물 받고, 나의 독서를 시작한 계기가 되었다. 또 독서의 시작이 습관으로 실천되어 독서의 습관은 배움 선을 타고 태평양을 향해 전진하고 있다. 독서의 시작을 일깨워주신 강응섭 심리학 교수님께 진심으로 감사드립니다.

배움의 자신감

나는 배움을 선택하고 '나도 할 수 있다'라는 자신감이 배움터에 싹트기 시작했다. 과거는 없다. 이 순간 시작하자! 내일을 위해 지금 배움터에 '글' 씨를 심어 잘 가꾸고 키워 태양처럼 빛나는 배움 꽃을 피우자! "생각은 꿈이 아니고 현실이다" 나는 배움을 실천하고 자신감이 앞선다. 배움 꽃을 피울 수 있다는 자신감을 내 마음 깊숙이 가득 채웠다. 배울 수 있다는 자신감이 마음 밭에서 싹틔우고 튼튼하게 잘 자라고 있었다.

'배울 수 있다'라는 나만의 자신감은 목표가 또렷했다. 대뇌가 살아나 움직였다. 자신감을 키우면, 나의 '대뇌'는 목표 지점 앞에서 손잡고 끌어주며 미소로 반겨주었다. 나도 크게 웃었다. 웃으니까 행복했다. "행복해서 웃는 것이 아니라, 웃으니까 행복하다."라는 말이 사실이었다.

나의 뇌가 항상 웃을 수 있도록 자신감을 꼭꼭 채우자! 웃을 수 있는 자신감은 배움이다. 나의 행복을 표현하는 자신감이 넘치는 웃음으로 채우고 배움을 저축했다. 언제라도 찾아 쓸 수 있는 '배움의 자신감 통장'을 만들었다. '배움의 자신감 통장은 지식연금통장'이었다. '지식연금통장은 건강도 지켜준다. 지식연금통장을 배움의 자신감으로 가득 채우자!

나는 할 수 있다! 는 자신감은 배움의 성과였다. '학력이 짧아서 할 수 없다'라는 고정관념의 터널을 뚫고 나올 수 있었던 것도 배움의 자신감이었다. 배움의 자신감은 오늘을 행복하게 한다. 어제는 없다, 내일은 아직 오지 않았다. '오늘이 제일 행복하다.'라는 배움의 자신감은 무엇이든 망설임 없이할 수 있다. "시작이 반이다." 사람은 누구나 어떤 일을 할 때 망설이고, 미루다 보면, 때를 놓친다. '오늘의 태양'은 다시 뜨지 않는다. 내일 뜨는 태양은 내일의 태양이다. "같은 강물에 두 번 발을 담글 수 없다." 이 순간, 자신감을 품어, 배움 줄을 잡고 따라가자.!

배우면, 겸손해진다. "벼는 익을수록 고개를 숙인다."라고 했다. 배움의 자신감은 겸손을 잉태한다. 생각만 하고 실천하지 않으면 배울 필요가 없다. 배우고, 겸손한 자세로 나누고 베푸는 사회, 나는 배움에서 배움의 자신감을 찾아 나누며 살아갈 자신감이 있다.

배움은 준비된 자의 기회

배움을 시작하고 행복은 멀리 있는 것이 아니라 가까이에 있다는 사실을 알게 되었다. 그렇다면 배움도 같은 맥락이라 생각하고 배움을 가까이서 찾기로 했다. 수년 동안 배움의 기회를 찾아다니며, 자격증을 취득하기 위해 투자했다.

한식조리기능사, 요양보호사, 심리상담사, 실버레크레이션 지도자, 노인체육지도자, 사회복지사, 노인 심리상담사, 레크리에이션지도자, 웃음코칭상담사, 푸드아트심리상담사, 건강 가정사, 인지행동 심리상담사, 노인여가지도자, 칭찬박사, 베비시터, 영재놀이지도자, 등의 자격증을 취득했다.

'배움은 준비된자의 기회'라는 나의 철학은 자격증만이 배움의 준비가 아니라는 생각이 들었다. 발길 닿는 곳마다, 배움의 장소이고 기회였다. 김효석 박사님, 민진홍 대표님과의 인연으로 'B.C. GLOBAL' 조찬모임

정회원이 되었고, 독서 모임, 책 쓰기를 배우며 작가의 꿈을 키웠던 것도 기회였다.

나도 작가가 되고 싶어 책 쓰기 시작하고 열심히 쓰면서 독서에 매달렸다. 훌륭하신 작가님의 책을 읽으며 나의 책 쓰기는 준비가 부족하다는 것을 느끼며 더 배우고 익힌 후에 출판해야 한다는 생각으로 멈춘 상태였다. 민진홍 대표님께서 빨리 책을 출판하라고 하시며 월간출판전자책에 도전하라고 하셨다.

마지못해 전자책(내 나이 일흔 줄, 배움에서 찾은 행복)을 출간하고 틈틈이 집필하던 중 대한문학세계 시 부문 등단(2020.5)에 올라 (사)창작문학예술인협의회 회원이 되었다. 초등학교 졸업의 학력으로 배움을 멈추고 다시 배움을 실천하지 않았으면 '작가 & 시인'의 삶을 누릴 수 없었다.

세상과 이별해도 작가와 시인의 이름은 영원히 숨 쉬고 있다는 생각에 세상을 다 얻은 기분이다. 나는 생의 마지막 가는 길에 후회가 없으리라 믿는다. 죽는 날까지 배움을 잃지 않으려고 준비한 결과로 작가와 시인의 기회를 잡은 것이다. 앞으로도 꾸준히 성공의 기회를 잡기 위해 배움 줄을 잡고 준비하는 자세로 임한다.

배움은 준비된 자의 기회이고 특권이다. 성공을 목표로 준비하는 배움의 자세는 나만의 철학이다.

건강의 비결은 배움이다

"건강은 생리적 건강과 심리적 건강을 포괄한다."

"100세 시대 효자는 돈도, 자녀도, 친구도 아니다"라는 말을 나는 믿고 있다. 건강이 돈이고, 친구이고, 효자다. 건강 하려면, 배워야 한다. 배움은 뇌를 활성화해, 생각을 미루지 않고 실행하게 한다. "우리의 뇌는 우리가 하는 것에 영향을 받는다." 쓰고, 읽고, 상상하고, 움직이고, 배우려는 노력으로 부지런한 생활을 해야 몸이 건강하다. 배움은 몸을 움직이게 한다. 배움을 멈추면 질병에 노예가 된다. 건강한 배움은 마음을 안정시킨다. 마음의 안정은 정신을 건강하게 하고 정신이 건강하면, 육체도 건강하다.

나는 배움으로 건강을 찾는다. 독서는 나의 유일한 휴식시간이다. 휴식시간이 행복한 마음을 유지하는 최상의 시간이다. 휴식시간을 잠시 빌려서 단전호흡에 주파수를 맞추고 독서에서 찾은 나만의 건강법으로 명상에 잠기면 어느덧 배움의 날개가 하늘을 날고 있다. 배움으로 행복한 나

의 날개는 정신이 건강한 휴식을 취하고 있을 때 활짝 펼치고 가볍게 날고
있다.

나는 하루 만 보 걷기를 실천하며, 긍정의 씨를 심고 건강한 몸을 키우
고 있다.

운동도 배워서 하면, 효력이 상승한다. 지난 세월은 운동에 비용을 지
급하지 않았다. 배움을 실천하며, 일부의 운동은 비용투자가 필요하다는
것을 배웠다. 전문가에게 배워서 하는 운동과 방법을 모르고 하는 운동은
시간과 효과에 비례 된다. 운동은 보약이다. 운동과 독서는 우리 몸에 꼭
필요한 비타민이다. 배움이 건강이고, 건강하면 행복이다. 건강하면 돈이
고, 친구이며, 효자다. 건강한 삶이 배움이고, 행복이다. 몸과 정신이 건강
하면 마음도 건강하다. "나이를 먹는다고 다 늙는 것은 아니다." 열심히 운
동하고 배움을 실천하면, 정신과 육체가 건강하고 젊어진다. 나의 육체와
정신이 건강한 것도 배움의 결실이다. 배움으로 찾은 나의 건강한 육체와
정신에 감사한다. 건강해서 행복하다. 나의 건강한 정신을 나누기 위해 배
움은 진행형이다.

배움은 행복이다

행복이 무엇인지? 나에게 묻는다면 배움이라고 당당히 말할 수 있다.

강산이 일곱 번 변하는 동안 나는 행복의 정의를 알지 못했다. 신체가 건강하고, 경제적으로 풍요롭고, 가족과 이웃이 화목하고, 사회적 지위가 높고, 등등, 한마디로 "등 따숩고 배부르면 된다"는 어른들의 말만 믿었다.

하지만 의식주 해결만이 행복을 주는 것이 아니라는 사실을 배움에서 찾았다. 행복은 '웃음'이었다. "행복해서 웃는 것이 아니라 웃어야 행복하다."라고 했다. 나는 평생 배워야 한다는 상상만 해도 웃음이 터져 난다. "행복해서 웃는 것이 아니라 웃으니까 행복하다"를 나는 '웃으니까 행복하다'라는 것과 '행복해서 웃는 것'은 같은 맥락이라 생각한다.

배움을 선택하고 웃어야 행복하다는 사실을 실천하며 웃고 또 웃으며, 행복의 정의를 배웠다. "행복이란 사람이 생활 속에서 기쁘고 즐겁고 만족을 느끼는 상태에 있는 것이라 정의되어 있다." 기쁘고 즐거우면 웃음이 절로 나고 웃으면 만사형통으로 웃음이 절로 난다. 웃음은 신비한 힘을 갖고 있다. 웃음과 함께 배움의 길에 들어선 나에게 웃음 치유 프로그램의 문을 활짝 열어주며 행복이 반겨주었다.

"웃음은 마음의 평안을 주고, 즐거움을 선물한다. 웃음은 행복 항체이다. 웃음은 스트레스를 한순간에 해결하는 명약이며, 모든 고통으로부터 해방하는 마취제로 모든 질병을 치료하는 만병통치약이다.

웃음은 긍정적이며, 적극적이고 자신감이 넘치는 사람으로 변화시킨다. 행복을 위해 웃음도 배워야 한다. 배움으로 웃음을 키워 항상 웃는 얼굴은 당신을 기적의 주인공으로 만들어 줄 것이다. 많이 웃으려면 웃는 사람과 늘 함께하라. 웃음은 바이러스처럼 강한 전염성을 가지고 주변에 급속도로 전파되기 때문에 웃음 지으면 지을수록 웃을 일이 자주 만들어진다" 등등 웃음 치유에 대한 많은 것을 배우고 '웃음 치유 1급 자격증'을 취득했다. 그 후 웃음에 대한 속담도 나의 눈에 들어왔다. 중국인들은 "웃는 얼굴이 아니라면 가게를 열지 말라"라는 속담도 있었다. 이 속담을 새기며 항상 웃으려면 수면 전에도 웃음의 감사함을 가득 채워 잠을 청하고 수면 중에도 행복의 미소를 지어야 한다고 결심하던 중 다음은 책에서 찾은 문구이다.

크리스마스에 보내는 미소의 가치

미소는 돈이 들지 않지만, 많은 일을 합니다. 미소는 받아서 부유해지지만, 준다고 가난해지지 않습니다. 미소는 순식간의 일이지만, 영원히 기억에 남습니다, 미소가 없어도 될 만큼 부유한 사람도 없고, 그 혜택을 누리지 못할 만큼 가난한 사람도 없습니다. 미소는 가정에서는 행복을 만들어내고, 사업에서는 호의를 불러일으키며, 친구 간에는 우정의 징표가 됩니다. 미소는 피곤한 사람에게는 안식이고, 실망한 사람에게는 새날이며, 슬픈 사람에게는 햇살이며, 곤경에 처한 사람에게는 자연이 주는 최상의 처방입니다.

하지만 미소는 살 수도 없고, 구걸할 수도 없으며, 빌릴 수도 없고 훔칠 수도 없습니다. 왜냐하면, 미소는 주기 전까지는 아무런 쓸모도 없는 것이기 때문입니다. 그러므로 만일 크리스마스 선물을 사시다가 저희 직원이 너무 지쳐 미소조차 짓지 않는다면 여러분께서 먼저 미소를 지어주지 않으시겠습니까?

왜냐하면, 이제는 더 이상 지을 미소가 남아 있지 않은 사람이야말로 미소가 가장 필요한 사람이기 때문입니다. -데일 카네기 〈인간관계론 12p〉 오펜하임 콜린스사 광고

행복은 멀리 있는 것이 아니라 아주 가까이 나의 마음에 있다는 것을 배움에서 찾아내고, 웃고 또 웃으며 행복했다. 에이브러햄 링컨은 "대부분의 사람들은 자신이 행복 하고자 마음먹은 만큼 행복하다"라고 했다. 나도 늘 웃음으로 행복을 지키고 행복해서 웃는다.

아주 가까운 내 마음에 잠재의식이 있다는 사실, 즉 배움이 행복이다.

잠재의식에 행복의 씨앗을 심고 기쁨과 행복의 미소로 가꾸고 있다. 오늘의 삶에 만족하며 감사하는 마음에서 행복의 씨앗이 꽃 필 때 배움의 행복이다.

배움은 나눔이다

우리가 살아가는 현실은 4차 산업혁명이 이루어지는 21세기, 100세 시대를 인공지능 로봇과 함께하는 시대다. 나에게도 나이 줄은 길지만, 시대의 변화에 따라, 다양한 문화를 접하며, 배울 기회를 잡았다. 배움 줄을 잡은 것도 행운이다. 행운으로 얻어진 배움을 나누고 싶어 차곡차곡 채워 튼튼한 배움의 주춧돌을 세우는 중이다. 행복하고 포근한 배움 집을 크게 지어 배움에 목마른 자들을 따뜻한 집으로 초대해 마음의 양식을 채워주고 싶다. 나눌 수 있다는 자신감이 배움이다. 나는 경자년에 '사회복지학 석사'를 취득하고 현재 사회복지학 연구 중이다. '사회복지학'은 "다양한 환경에서 생활하는 사회구성원들의 안녕을 위한 사회적 지지가 무엇인지를 아는 학문이다. 또한, 인간의 사회적 욕구와 사회문제를 해결하기 위해 국가 또는 민간이 제공하는 정책 및 서비스를 연구하는 학문이라고 할 수 있다."(출처 : 해피캠퍼스)

연구를 마치면, 배움을 나누는 봉사에 참여할 생각이다. "생각하면, 생각하는 대로 이루어진다."라는 말을 되새기며, 그동안 배웠던 것을 나눌 수 있다는 자신감이 넘친다. 배움을 나누고, 웃음, 행복, 나의 장점 모두 나누자. "물은 퍼낼수록 맑아진다."라는 진리를 실천하자! "이 세상 아무것도 내 것은 없다."(법륜스님 강의에서) 라는 사실도 배움에서 찾았다. 내 것이 아닌 것을 쥐는 것은 허욕이다.

"돈이 없는 것은 슬픈 일이다. 하지만 남아도는 것은 그 두 배나 슬픈 일이다" (톨스토이)

배움으로 베풀고 나누며, 다시 채울 수 있다는 자신감에 나는 오늘도 행복하다. 배움을 나눔으로 승화하자.

일흔 줄 삶의 여정

    나는 '말과 행동'이 느리기로 이름난 충청남도 보령군 미산면 풍산리 찬 샘골에서 3남 3녀의 장녀로 태어났다. 찬 샘골은 보령군, 부여군, 서천군, 의 경계로 잿말 능선을 중심으로 3개 군의 중심 산골 마을이다.

    백부님이 도시 생활하셔서 우리 부모님이 조부모님을 모시고 삼대가 같이 살았다. 덕분에 우리는 조부모님의 사랑도 많이 받았고. 부모님의 효심을 몸소 체험하며 온 가족이 화목하게 어린 시절을 보냈다. 그러던 중 백부님께서 7남매의 사촌들을 데리고 낙향하셔서 우리 부모님은 아랫마을로 분가하시고 농사일에 전념하셨다.

    부모님은 자상하시고 인자하셔서 부모님의 사랑을 많이 받고 언제나 행복했다. 하지만 어머님이 늘 병고에 시달리시다 내 나이 스무 살, 막냇동생이 아홉 살 되던 만물이 소생하는 봄날 사십 사 세의 젊은 나이에 하늘나라로 가셨다. 장례식에 모인 많은 사람이 하늘나라도 착한 사람이 필요해서 데려가셨다며 아쉬움에 모두 울고 있었지만 나는 앞으로 닥쳐올 삶의 무게가 나를 강하고 침착하게 이끌며 눈물은커녕 콧물도 메말라 울음이 나오지 않았다. 오히려 나에게 무거운 짐을 지워주고 홀연히 떠나시는 어머니가 더 원망스러웠다. 3개월 후 새어머니가 오셨고 그때부터 우리 남매들은 '이사 온 집 착한 아이들'에서 '이사 온 집 나쁜 아이들'로 소문이 퍼졌다. 결국, 새어머니와 헤어지고 두 번째 새어머니가 오셨다. 어머니는 우리를 사랑해주셨고 우리도 새어머니를 친 어머니처럼 따랐다. 새어머니의 헌신으로 가정이 안정되고 나는 서울에 거주하시는 숙모님의 중매로 결혼하여 상업에 종사하며 2남 1녀의 자녀를 성장시켰다.

남은 인생은 내 삶의 행복을 찾아야 한다는 생각에 취미생활로 자전거동호회, 산악회 친구와의 만남으로 전국을 누비고 다녔지만, 삶의 행복은 찾을 수 없었다.

허공에 뜬 행복은 잡힐 듯 잡힐 듯 끝내 잡히지 않고 세월만 흘러 갔다.

결국 '삶의 행복'을 찾는 길은, 배움의 한을 풀어야 한다고 생각했다. 그 생각으로 고민하던 중 출근길 버스에서 "경복방송통신고등학교 학생모집 나이 제한없음"이라는 안내를 발견하고 곧바로 신청하고 배움 줄을 잡았다.

고등학교를 마치고 디지털서울문화예술대학에 입학하여 배움 줄을 하나 더 엮었고, 칠십 줄에 예명대학원대학교 사회복지학석사 과정에 입문했다. 석사과정의 고난을 겪을 때 강응섭 교수님께서 지으신 『시인과 철학자의 유쾌한 만남』(고영수, 강응섭 저) 책을 선물로 받아 완독하고 그 후 독서에 빠졌다. 책을 사랑하던 중 이시형 박사님 저서『배짱으로 삽시다』를 읽고 박사님을 내 마음의 멘토로 정했다. 박사님의 책들을 가슴에 차곡차곡 쌓아놓고 차례차례 꺼내어 박사님과 대화하며 배움을 실천한다. 나이에 밀리지 않고, 배움의 끈을 잡으면, 이시형 박사님처럼 건강하고 보람된 삶을 찾을 수 있다는 확신을 얻었다. 나의 마음 깊은 곳에 박사님을 멘토로 결정하고 훌륭하신 박사님께 누가 되지 않을까? 망설였다. 하지만 나의 결정은 변함이 없었고, 박사님이 나의 내면에 계신다는 믿음으로 언제나 대화하고, 박사님의 책과 강의 말씀대로 보고 듣고 따르며 실천하는 삶이 너무나 즐겁고 행복했다.

박사님의 많은 책을 읽으며 몸도, 마음도, 정신도 모두 건강해졌다. 내면의 박사님은 잠든 나를 깨워놓고 "뇌를 쓰지 않으면 녹이 슬어 우리 몸의 균형을 잃고 병이 된다." '사람은 죽는 날까지 배우고 뇌를 써야 건강하다,' '둔하게 살아야 뇌가 활성화된다."모든 걸 완벽하게란, 스트레스다." "완벽함을 완화하고 80점 인생으로 살아라" 수많은 좋은 글들로 나를 배움의 길을 열어주셨다.

나의 생활습관을 개선하고 박사님의 생활습관을 따르기로 했다. 일찍 자고 일찍 일어나 새벽에 독서하고, 효율적 시간 활용, 식생활개선 등 모든 것을 내면의 멘토를 따르며 꾸준히 실천하고 있다. 힐리언스선마을을 다녀와 우리 마을 뒷산(강원도 원주시 기업도시 둘레길)이 선 마을이라 상상하며 매일 걷기를 실천했다.

현재는 동 대학원에서 사회복지학 연구 과정에 몰두하고 있으며 삶의 종말까지 배움의 자세를 잃지 않으려고 노력하고 있다. 배움과 일을 사랑하며 샌드위치 체인점 EGG DROP 원주기업도시점 & 정원부동산 중개법인 대표로 장남의 도움을 받아, 몸과 마음, 정신도 건강하여 행복한 사업가로 활동 중이다. 사업 성공을 위해 배움 줄을 잡고 사회복지학을 연구 중이며, 끝나는 대로 사회복지실천과 정책의 자원봉사활동에 앞장서고 싶다.

Chapter 3

아. 나. 기.
아픔은나에게 온 기회

장
예
진

Contents

장예진

• 이매일 주소   cosmos9377@hanmail.net

• 블로그 주소   https://m.blog.naver.com/jso0426/222466689265

내 삶의 터닝 포인트

부글 새벽에 들어오게 된 것도 내가 한 것이 아니었다.

2021년 8월 22일 주일날 일찍 교회 가서 기도하는데 이제부터 선장은 주님이시다. 나는 지금의 환경에서는 책을 쓸 수 없는 환경이다.

아무것도 할 수 없는 환경이다.

아. 나. 기 (아픔은 나에게 온 기회다.)

첫 날의 이 메세지가 내 마음을 사로잡았다.

지금 나의 현실이 가장 힘들고 어려운 환경이 결핍이라면, 이 어려운 실패와 좌절의 걸림돌을 디딤돌 삼고 '아픔이 나에게 기회다'라는 타이틀 속에 들어가야지.

책을 쓰겠다고? 그 나이에 그 몸으로?

나의 실패와 결핍이 생각에 씨앗이 생기려면?

종이 위에 쓰면 기적이 이루어진다 했지?

위기 때 빛을 발한다. 처음 쓰는 글이지만 마음을 정돈하고 매일 한 장씩 쓰기 시작했다. 나도 쓸 수 있다. 나 자신을 부정 속에 가두지 말고 긍정의 에너지로 나 자신에게 용기를 준다. 내 나이가 많으니까 나를 가두지 말자. 스스로 내 한계를 잠그지 말아야지!

건강이 따라주지 않아도, 내 힘으로 잠겨 있던 브레이크를 풀어야겠다. 나의 콤플렉스를 콘텐츠로 도전한다.

긍정의 힘을 이루는 3가지 배웠지?

1. 긍정적인 생각

2. 긍정의 말

3. 긍정의 행동

빨리 가려면 혼자 가고 멀리 가려면 함께 가고, 혼자 가면 꿈이지만 함께 가면 현실이 된다.

나를 내가 가로막지는 말아야겠다.

뒤돌아보니 나는 내 인생을 살지 않았다.

나의 삶을 누리지 못했구나라는 생각이 들었다. 나는 어려서부터 남을 위해 살아왔다.

100세까지 돈 버는 책쓰기 브랜딩 최원교 대표님을 만났으니, 70부터 내 삶을 살아 보리라. 이루고 싶은 꿈을 이루고 마음껏 펼쳐 보리라.

눈물이 나도 모르게 흐른다. 이 눈물은 어떤 눈물이지? 처음으로 나만의 자유로움일까? 나만의 책 쓰기 잘 쓸 줄 모르지만, 마음이 행복해진다. 지금 상황과 건강 상태는 아니지만 아픔을 책으로 남기면 누군가에게 도움이 된다고 박현근 코치가 이야기를 했었는데 자신이 없어서 실행하지 못했다.

누가 나를 울타리에 가두었을까?
남을 위해 등불을 밝히다 보면 내 앞이 보이겠지?
나이? 건강? 지금 환경?

박현근 코치의 책 읽고 책 쓰기 강의에서 많은 것을 배웠다. 결핍은 기회다. 실패는 기회다. 어려움은 기회다. 힘들고 어려운 것이 결핍이다. 생각의 씨앗이 생기려면 말씨, 글씨가 필요하다. 종이의 기적 쓰면 이루어진다.

솜씨? 아주 작은 일에도 정성을 다하라.
가슴 설레게 하는 명확한 목표를 쓰면, 그 목표가 내게로 끌어들어온다. 내가 끌어들이는 것 같지만 우주가 나에게로 끌어다준다.

생생하게 꿈꾸면 이루어진다고 배웠지?
산을 태우려면 성냥불 하나면 된다. 이 문장들이 싹이 터서 나를 책 쓰기에 도전하게 했다. 절대 긍정, 꿈, 작은 일에 정성을 다해야 한다. 어려운 환경 속에서도 남매를 지키면서 여기까지 왔는데, 언제나 아들, 딸에게 고맙고 감사한다.

나 혼자서는 책을 쓸 수 없지만, 함께 쓸 수 있는 나에게 찾아온 1시간 만에 책쓰기 브랜딩 100세까지가 마음이 끌렸다.

환경도 만들어졌다. 결단하고 실행하기 시작했다. 몰입하게 되니 잡념이 사라진다. 성공하는 습관을 만들고 실천을 멈추지 마라. 나쁜 습관을 바꿔 가는 것 실천한다.

아무리 해도 안 될 때 마음과 생각 바꾸자. '위기 속에 기회가 있다'라는 말이 힘이 된다.

삶이라는 소풍이 이제야 마음이 행복해진다. 진짜 행복해지는 것은 내가 하고 싶은 것을 하는 것이다. 예진이는 70부터 이제야 나를 위한 삶을 살아 볼 거야!

시골에서 오던 길 차 속에서 핸드폰을 열어서 최원교 대표님의 강의를 듣게 되었다. 딸이 "엄마, 차 속에서 엄마 핸드폰 보시면 안 되시는데 눈 감고 푹 쉬세요. 오랜만에 외출하셨잖아요."라고 이야기를 했다. 그래도 이어폰으로 듣기 시작했고 도착하면서 화면에서 얼굴 본 것뿐인데, 최원교 대표님이 나이를 물으셨다.

"저 칠순이 지났는데요."

"제게 찾아오세요. 선배님 살려 드려야 많은 사람 살리실 수 있는 분이셔요."

그 인연으로 2021년 8월 17일 예약해 주셨고, 김시효 원장님을 만나게 되었다.

김시효 원장님은 정성스러운 진맥으로 긴 세월동안 병원과 한의원에서 찍은 MRI, CT가 못 잡아내는 부분들을 찾아내셨다. 김시효 원장님의 말씀, "머리끝에서 발끝까지 어떻게 이렇게 아프고 사셨어요?"

그 한마디에 마스크 속으로 눈물이 주르륵 흘러내렸다. 병원에 가서 어떤 고통도 참아왔는데 울어 물어본 적 처음이다. 가장 신비한 진맥을 받아보았고 가장 귀한 선물인 치료약을 받게 되었다.

70세까지 내게 찾아온 마음이 아픈 자, 소외된 자, 나쁜 병이 걸린 자를 단 한 번도 외면하지 않고 보살폈는데, 심은 대로 거두었다는 생각이 들었다. 이제야 상처투성이의 몸을 치료해 주신 최원교 대표님과 킴스패밀리의원 김시효 원장님 한약은 명약이었다.

무엇으로 보답드려야 할까?

나는 2주 만에 밥을 먹기 시작했고 건강해지기 시작했다. 남편이 얼굴색이 바뀌어졌다고 생기가 있어 보인다고, 만남의 복이란 이런 것이구나 라고 이야기를 했다. 재능과 열정이 있어도 마음, 육체, 정신이 마비가 오면 아무 것도 할 수도 없는 일생생활에서 이제 예진이의 하고 싶은 일, 최고의 나의 삶을 살아보고 싶다.

2021년 9월 6일, 딱책을 결정했고 9명의 공저로 책 쓰기에 도전하는 것은 나의 생애에 터닝포인트가 되었다.

당신의 마음은 안녕하신가요?

내 마음을 탐색해본다.

놓쳐버린 나의 마음은 무엇이 있었는지요?

억울하게 누명쓰고 기가 막혀 본 적 있나요?

보금자리를 억울하게 부동산을 빼앗겨 본 적 있나요?

어처구니없는 시나리오로 억울한 일을 겪어 본 적 있나요?

사실 설명 불통을 겪어 본 적 있나요?

군 공무원이면서 가장 믿었던 사람에게 믿을 수 없는 사건을 당하면서 모든것이 사라졌다. 해마다 11월 1일부터 21일 다니엘 기도회, 이용훈 성악가의 간증을 들었다. 이해할 수 없는 환경의 곤고함, 하나님이 하신 것이다.

우거쌈을 당하고 수치와 모욕을 당해도 "침묵하라." 화가 났을 때 나는 침묵한다. 억울한 일을 당할 때 나는 침묵하게 되었다. "예진아! 침묵하자."

처음에는 어찌할 줄 몰랐다. 결벽증이 있는 나는 견디기 힘든 과정이었다. 부모님들은 떠나셨지만, 자녀들이 남아 있어서 남편한테 말도 못 하고 혼자 삼켜야 했다

사람에 대한 공포를 느껴 본 적 있나요?
그 상황을 만든 본인은 아무렇지도 않았고 죄송하다는 말도 누명도 벗기지 못한 채 매일 만나고 생활해야 했다. 이 스트레스로 뇌졸중으로 병원 침상에 누워있게 되었다. 전신 마비로 생각만 있지 식물인간이 되어버린 현실 앞에서 다 헛된 것들을 왜 씻어버리지 못했을까?

5년이 지나고 10년이 지나도 억울한 사건의 누명은 벗겨지지 않았다. 사모라는 이름은 이런 현실에도 어떤 말도 할 수 없었다. 10여년 넘게 제자훈련으로 양육한 집사님들과 행복한 교회였는데 우리 교회를 모두 떠난 사건들, 긴 세월 이런 아픔을 삼켜야 했었다. 하나님은 알고 계셨기에 마지막 호흡이 멈추었을 때 나를 정상으로 치료해 주셨고 새 삶을 허락해 주셨다. 모든 아픔을 깨끗이 씻겨 주셨다. 마음 속의 쓰레기를 잠자기 전에 비우는 삶이 되었다.

삶에 지쳐 있을 때, 나에게 해주고 싶은 말 '마음의 청소하고 생각까지 정리하자'.

1. 눌렸던 마음이 가벼워진다.

2. 분노와 미움이 제거된다.

3. 내가 스트레스를 청소하면 병이 안 된다.

4. 답답한 가슴이 시원해진다. (마음의 환기)

눈으로 바라보면서 짓는 죄를 지을 수밖에 없는 것들... 정리할 때는 어렵게 느껴지지만 마음의 청소, 생각의 청소, 정리되면 행복해진다.

마음의 청소

1. 하루만 쓸지 않아도 먼지가 쌓이는데

2. 하루만 씻지 않아도 더러워지는데

3. 하루만 비우지 않아도 쓰레기가 넘치는데

4. 우리 마음은 얼마나 자주 청소하고 있나요?

(미움, 다툼, 시기, 질투, 분노, 원망들)

"인생에서 가장 슬픈 3가지"

1. 베풀고 살 걸

2. 용서하고 살 걸

3. 재미있게 살 걸

몇 번이나 죽었으나 다시 살려 주신 하나님이 나와 동행하고 계시는데 즐겁게 후회 없는 삶을 재미있게 베푸는 삶을 살아야겠다.

후회 없는 삶을 누리려면?

지쳐 있는 나에게 자신감을 주는 말의 선물은?

내가 나에게 인정의 말로 도닥여 준다.

1. 예진아 참 애썼어요.

2. 예진아 마음이 아팠겠구나.

3. 그럴 수도 있는 거야.

4. 힘들겠지만 마음 청소로 털어 버리자.

5. 예진아! 받은 상처에 나를 가두면 안 되지?

　　세상에 태어나서 내가 주인공인데 나는 소중하고 보배롭고 존귀하게 살기를 바라시는 주님이 계시는데 내 삶의 회복과 무너진 건강을 회복하고 만남의 복 부글 새벽 방에서 책쓰기하면서 더 행복한 삶을 보람 있게 100세까지 누리며 살게 되는 삶의 환경으로 변화게 되었다.

마음속에 상처 없는 사람 있을까요?

용각산은 소리가 나지 않는다 했다. 돌을 깊은 호수에 던져도 소리 없는 돌이 있다. 돌이 많은 곳에 돌 하나가 던져진다면 소리가 시끄럽겠지?

나의 마음 속은 어떠할까?

별로 안녕하지 못한 느낌이 든다. 내가 왜 이렇게 살았을까? 다른 방법으로 살았더라면 지금 이런 상처 속에 살지 않아도 되었을텐데.

시편 147편 3절

상심한 자를 고치시며 그들의 상처를 싸매시는 도다.

세상에 쉬운 것은 없다. 그러나 못할 것도 없다.

씻지 못할 마음의 상처 질병의 통증과 어지럼증으로 지친 상황에서 자유함을 얻게 되었다.

생각을 바꾸고 강의도 듣고 책 쓰기에 몰입하면서 정신이 맑아지기 시작했다. 내가 습관처럼 어떤 생각에 잠겨 있지? 이 환경이 내 탓이 아닌데, 아들과 딸에게 짐이 되는 삶은 싫은데, 죽는 날까지 베푸는 삶 살고자 했던 예진인데, 사랑은 베푸는 것 받을 만큼 하고 살았는데, 받는 게 익숙하지 못한 성격에 어떤 습관을 바꿀까?

나는 마음이 힘들면 견딜 수 없는 상처를 받으면 일을 찾아서 밤새도록 하는 습관 때문에 내 몸이 이렇게 망가진 것을 이제야 깨닫는다. 마음을 소통해보고자 내가 상대에게 한 말들이 화살로 박히지 않았는지 나를 뒤돌아보는 시간도 가져본다.

최원교 대표님께서 부글새벽 마치면서, "내가 좀 참으면 되지? 내가 좀 애쓰면 되지? 중요한 것 외에도 애쓰지 말고 내 몸을 아끼세요. 힘든 일 하지 마세요. 선배님 이제 하지 마세요."라고 말씀하셨다. 마음이 울컥했다. 내가 가장 소중한데 내 몸을 아끼며 살지 못했다. 이제야 병들어 있어보니 바보처럼 살아왔구나. 참고 배려하다 보면 내 마음을 이해해 주는 날도 오겠지?

엄마가 중학교 때부터 "누구와도 다투지 말아야 한다. 시집가도 남편하고 험한 말로 싸우고 한 이불 속에 들어가는 거 아니란다. 누구든 도와주는 사람이 되어야 한다. 참고 살다 보면 좋은 날도 온단다."라고 말씀하셨다. 그때는 잘 몰랐는데 지금 돌이켜 보니 뇌리 속에 박혀 있었나 보다. 모든 것을 인내하는 것이 사랑이라는 말씀도 내 마음 속에 박혀서 어떤 일도 혼자 참고 살아왔다. 교통사고 때 내 생명을 구해준 천사가 있어서 살다 보니 이렇게 감격의 만남도 오게 되는구나!

내가 복이 많은 사람이구나.

엄마가 나에게 인복은 타고나는 거란다 하셨는데 엄마가 보고 싶어진다. 마음의 평강이오니 더 감격의 눈물이 흐른다. 내가 인내했더니 가장 힘겨울 때 기쁨으로 웃게 해주시는구나. 백디와 백친방에서 100점짜리 인생 살 수 있게 돼서 모든 상처를 씻게 되었다. 위기 속에 핀 꽃의 주인공이 예진이다.

억압된 감정 동굴속에
누가 나를 가두었나요?

상한 감정을 마음속에 억누르고 있나요?

상대방으로부터 억압받은 감정과 모든 환경과 말들과 혈기?

내가 억압받고 상한 감정을 표현하지 못하고 눌러서 고통 속에 머물러 살 수밖에 없었다. 말로 상한 감정을 말하지 않고 내가 참으면 가정이 편안할 텐데라고 생각한 것이 사랑인 줄 알았다. 사랑은 인내하는 것이다. 싸우면 내가 더 마음 아프니까, 엄마의 말씀이 답습이 돼서 이렇게 사는 건 줄 알았다.

그래서 모진 시어머니의 욕설과 횡포에 어린 아들과 딸이 운 적이 많았다. 아들이 중학생이 되어서 "엄마, 어떻게 저렇게 거짓말로 고모할머니들까지 오셔서 혼내시는데 엄마는 그대로 당하고 계셔요?"라고 이야기를 한다.

또 알지 못하는 연극을 하신 것이다.

"아빠한테 말할 거예요!"

어린 남매를 방으로 데리고 들어와서 "아들, 딸아, 너희 둘이 학교에서 늦게 끝나서 1시간 늦게 왔는데, 너희 게임방 가서 게임을 하고 이제 오니? 하고 야단치면 엄마한테 덤비고 반항 할수 있니?"

"아뇨~" 하면서 남매가 울었다.

"엄마! 그런데 할머니는 너무 거짓말로 이제는 고모할머니들까지?"

엉엉 우는 아들, 딸을 안아 주고 달래고 "절대로 아빠한테 말하면 안되는 거야!"라고 이야기했다.

엄마에게 마음을 표현하는 아들, 딸에게 감사했다.

몇 달이 지났다.

신랑과 시동생이 쉬는 날인데 다 나간 줄 알고, 아침부터 어머님이 또 시작하셨다. 소리소리 지르면서 발작이 시작되었다. 남편과 시동생이 자는 줄 알았다. 잠잠하게 있었는데 두 아들이 동시에 뛰어나오더니 "엄마!" 하고 두 아들이 어머님을 붙잡고 들어가더니 '우리 엄마가 이런 엄마인 줄 몰랐다.'고 소동이 났다. 무서워서 내 방으로 들어갔다.

"이래서 당신이 살도 안 찌고 말랐었구나!"라고 남편이 말했다.

시누한테 전화해서 "누나, 우리 엄마가 이런 엄마였어~".

"어쩌면 좋겠니?"라고 하면서 큰 시누가 모시고 가셨다.

시누가 결혼식 끝나고 한 주간 지나고 내 방에 오더니 "우리 엄마가 올

케한테 못 견디게 하면 말해야 해! 내가 바로 해결해 줄게!"라고 이야기를 했다.

그때는 그 말이 무슨 말이지라고 생각했는데, 그 상황에 그 대화가 생각났다.

막내 시누의 감정 기복이 심할 때 남편한테 맞고 시누네로 쫓겨 가서 2년 넘도록 데리고 있었던 사건이 있어서 더 말을 못 하고 침묵하고 살았다. 아버님이 육사 특 8기생이셨고 내가 결혼할 때는 행정고시로 시청 국장님이셨다.

장남이 어떤 행동을 해도 맡기셨고 수용하는 군대식 분위기로 장남의 기강이 있는 가정이었다. 그래서 모진 어머니의 거짓말과 횡포 속에서 말 없이 참고 살았다. 아버님이 살아 계실 때도 많은 사건들이 있었다. 아버님은 어머니의 성품과 나의 성품을 알고 계셨었다. 때로는 내가 몸살을 앓으면 "아가야! 많이 아프니?"라고 물으시는 아버님의 표정과 눈빛을 보게 되었다. 그 말씀 한마디에 "아버님, 아니에요." 그 위로의 말 한마디가 치료제였고, 아버님과 어머님 생의 마감하시는 그 시간까지 마무리할 수가 있었다.

이 가정에 복음을 심고자 결단하고 왔기에 나는 내가 없어야 했다. 복음의 씨앗을 뿌렸고 거두게 되었다. 아버님과 어머님은 천국에 가셨고 남편은 목사님, 막내 시누는 보스턴 목사님의 사모가 되고 천사 사모가 되었다. 아들은 목사님과 딸은 전도사가 되었다. 이 모두가 예진 전도사의 열매다.

공감해주는 한 사람이 있었다. 큰 시누였다. 큰 시누는 내가 맏며느리라서인지 배려와 사랑으로 힘든 일은 도와주셨고 언제나 반듯한 성품이셨다.

이제는 억압된 동굴에서 내가 나를 가두지 말고 자유롭고 건강하게 100세까지 누리며 살아가는 백디와 백친방에서 행복하게 하고 싶은 일을 하게 되었다.

코로나 땡큐!
코로나 덕분에 만남의 복을 만끽하며 행복한 일상이 되었다.

어머니는 가정의 희망이다

딸은 중학교 1학년, 아들은 중학교 3학년 때 남편의 부도 사건으로 남매를 데리고 사랑의 집 3층 월세로 들어갔다. 상위층 저택에 살다가 충격적인 사건이었다. 아들은 버스표 아끼느라 한 정거장을 뛰어 다녔고, 딸은 걸어 다닐 수 있는 거리라 걸어 다녔다.

나는 사고로 1달 넘게 입원하게 되었다.

어린 남매를 두고 병원에 있는 나는 엄마로서 어떤 마음이었을까? 내 마음은 벼랑 끝이었다. 잠도 잘 수 없었고 밥도 넘어가지 않았다. 내 입술은 나무껍질처럼 되었다. 밤마다 울었다. 퇴원하고 집으로 왔는데 갑작스러운 사건의 환경인데 어린 딸과 아들이 잘 극복하고 있어 줘서 너무 미안하고 감사하고 마음 아프고 어떻게 말로 표현할 수 없었다.

어떤 청년에게 참지 못할 멸시를 받았다. 이게 세상이구나. 상위층 공무원 집 정원이 아름다운 집 접근하지 못하던 청년에게 등록금을 빌리다가 씻지 못할 모진 소리를 들었다. 그토록 잘해줬던 청년인데 어찌 내게 이렇게 당돌하게 말할 수 있을까? 이게 세상인심이구나.

박현근 코치에게 베트콩 같은 새끼라고 욕한 담임선생님의 말. 어린 나이인데~ 담임선생님 언어폭력은 화살로 박혔을 텐데. 얼마나 상처가 되었을까?

나는 지하 성전으로 내려가서 문을 잠그고 하나님 내가 어떡해야 사랑하는 아들, 딸하고 살수 있을까요? 내게 돕는 천사 만나게 해달라고 통곡하고 울었다. 통곡하고 울어 본 적 있나요? 몇 시간이 흘렀을까?

지쳐서 잠이 들었는데 꿈을 꾸었다. 예수님의 음성이 들렸다. 이 보자기를 풀어 보아라! 하얀 보자기에 싸여 있는 큰 상자였다. 나에게 살 수 있는 돈 보따리 주셨겠지? 조심스럽게 풀어 보았다. 커다란 검정 성경책이었다.

"하나님! 큰 성경책은 제게 있잖아요?"

아무런 말씀 없이 사라지셨다. 내 입에서 찬양이 나오기 시작했다.

하나님 한 번도 나를 실망하게 한 적 없으시고, 언제나 공평과 은혜로 나를 지키셨네!

오, 신실하신 주! 오, 신실하신 주!

내 너를 떠나지도 않으리라.

내 너를 버리지도 않으리라.

약속하셨던 주님 그 약속을 지키사, 이후로도 영원토록 나를 지키시리라 확신하네.

아직도 나의 주제곡 찬양이다.

아침 일찍 목사님께서 찾아오셨다.

"장 집사님 욥을 생각해봐요. 욥도 순간에 모든 것을 다 잃고 혼자 남았지요? 예전보다 갑절로 더 좋은 환경으로 다시 주셨어요. 집사님 아프지만 이런 훈련 하나님의 뜻이 있어요. 남편 살아있고 이렇게 사랑스러운 아들, 딸이 있고 가장 귀한 것을 남겨 주셨어요."

"네~ 목사님 맞아요. 가장 소중한 보물을 남겨 주셨어요. 목사님! 하나님이 기도 가운데 논산 훈련소 가게 될 거라고 하셨어요. 하나님의 시간표 속에 행하심을 순종하고 살 거예요."

목사님은 거의 매일 찾아오셨다. 내가 많이 염려되셨나보다. 3일이 지났다. 그동안 베풀었던 한 사람씩 내가 부담 갖지 않게 문고리에 고기도 야채 상자도 생선도 손질 못하는걸 알고 손질해서 갖다 놓았고, 시청 직원 미스 김이 전화도 연결해주었다.

시간은 멈추지 않고 지나갔다. 딸의 고등학교 입학식을 이틀 앞둔 어느 날, 내가 전도했던 집사님에게 밤 11시에 전화가 왔다. 남편이 암 투병 중인데 쌀도 없고 반찬도 살 돈이 없다라는 이야기를 했다. 전화를 끊었는데 딸이 이렇게 말했다.

"엄마, 내일 제 교복값 20만 원 갖다 드리세요."

"너는 입학식에 교복은 어찌 할려고 하니?"

"엄마, 그냥 사복입고 가면 돼요."

그 이야기를 들은 나는 그 밤으로 바로 집사님에게 교복값 20만원을 갖다 주었다.

딸의 입학식날 새벽, 목사님이 오셨다.

"목사님이 새벽의 웬일이세요? 새벽기도를 하는데 어제 어떤 분이 양복을 사라고 감사헌금을 주셨어요. 하나님께 감사기도를 하는데, 집사님 집에 지금 그 감사헌금을 가져다 주라는 마음을 주셔서 새벽에 오게 되었어요. 저도 하나님이 왜 이런 마음을 주셨는지 궁금해요."

딸이 행한 것을 설명했더니 "역시 우리 하나님은 멋지신 분이네요."라고 말씀하시며, 기쁨으로 기도해 주셨다. 이 훈련 일어나기 전에 5년 동안 하루도 쉬지 않고 오셨던 목사님 사모님 점심을 대접했었다.

91년도에 성경책 꿈을 순종하고 주간에 일하고 야간 신학교를 등록하고 공부하기 시작했다. 인천에 밤 11시가 넘어 도착하면 고등학생 아들이 마을버스 정류장에 기다리고 있었다. 아들을 만나면 내 책가방을 들어주고 손잡고 집에 들어올 때는 모든 피로가 다 풀린다.

장하고 차분하고 사랑스러운 딸은 아무것도 안 했던 공주가 집안의 모든 살림도 고3 오빠의 뒷바라지 해주었고, 딸 고3 때는 오빠가 도와주고 생활했다.

나는 전도사 사역으로 매일 늦은 밤에 집에 왔는데, 아들과 딸이 이렇게 말했다.

"엄마! 하나님이 내일부터는 우리 금식하라고 하시네요."

쌀통을 보니 없었다. 나도 이렇게 말했다. "그래 우리 금식하자!"

이튿날 아침 나는 알지 못하는 분이 20kg 쌀을 들고 오셨다. 시청 아무개 직원 친구인데 통화 중에 바보같이 사는 자부님이 계신다라는 이야기를 듣고, 쌀을 갖고 가라는 마음이 들어서 들고 왔노라고 하셨다. 그분은 훗날 목사님이 되셨고 우리 교회는 목회하면서 쌀 선교로 하게 하셨다. 그분은 아직도 친구로 자주 만나고 있다.

이틀 후 남편 교회 담임 목사님이 쌀 한 가마니를 들고 오셨다. 또 아들 고3 담임목사님이 퇴근길에 쌀 한 가마니를 메고 오셨다. 교회 감사절 떡하라고 한 가마니를 보냈다. 그 분이 말씀하셨다.

"드릴 말씀이 있습니다. 제가 고3 담임을 하고 있는데 1년에 한 명씩 신학교를 보내고 있습니다. 그런데 올해에는 전도사님 아들입니다. 아들이 원한다면요."

아들은 허락했고 담임선생님은 아들을 신학교 원서를 써 주셨고 합격통지서 나오고 아들이 대학 합격하니, 나를 만나지 않고 김윤자 권사님이 아들에게 첫 등록금을 보내왔다. 내가 신경 쓸까 봐 미리 보내왔다.

남편과 나는 서로 다른 교회 사역하고 있었고 우리 온 가족이 다녔던 교회에서 아들, 딸은 다니고 있어서 목사님은 아들, 딸을 믿음으로 양육하셨고 아들도 행복한 담임목사로 활동하고 있다.

먹구름이 하늘을 덮으면 어두워지나 밝은 햇살이 오면 떠나가듯이 살아가는 인생의 소풍 길 도 마찬가지라는 것을 배우게 되었다. 예기치 못한 극한 상황이 내 앞에 다가왔을 때 나의 말이 중요 하다. 내가 말한대로 환경이 만들어진다.

하나님도 내 귀에 들린 대로 행하신다. 쌀이 떨어졌을 때 고등학생인데 아들, 딸은 "엄마, 쌀 떨어졌는데 어떡해요?"라고 말하지 않았다.

"엄마! 하나님이 우리 금식하라고 하시네요."

"응 그래? 그럼 금식해야지!"

그날부터 지금까지 쌀 떨어진 적 없이 살고 있다. 가족의 소중함! 가족의 힘! 어머니의 자리가 남매에겐 희망이었다. 슬퍼하지도 않았고 파도타기 하면서 우리는 사람 공부, 세상 공부를 하면서 우리 가족은 성숙해졌다.

사고 때 죽었다고 버려졌을 때 찾아온 첫 번째 천사

두 번째 찾아온 천사,

"부사장님 집이 넓으니까 이곳에서 그동안 인맥을 자원으로 판매해보세요. 그리고 다시 회복하세요."

밍크코트 300만 원부터 1000만 원짜리까지 30벌, 정장 투피스 100벌을 실어 오셔서 정리까지 해주셨다. 내게 어떻게 4억이 넘는 금액을 믿고 주실 수 있는 걸까? 아무것도 없는 부도난 나에게 이 모든 일은 하나님이 주관하고 계심을 깨달았다. 인천시청 여직원들 구청 여직원들 학교 선생님들 꽃꽂이 협회 회원들 시간 예약으로 판매가 이루어졌다.

내가 삶을 잘못 산 것은 아니었구나.

내가 할 수 없는 일은 내 이웃이 모두 해주었다. 내 이웃을 내 몸같이 사랑하라. 행함으로 뿌린 씨앗들이 이렇게 풍성하게 거두게 될 줄이야. 내가 심은 것 나의 것으로 돌아오는구나.

어떤 환경 속에서도 어린 아들, 딸인데 불평불만 한 적이 단 한 번도 없었다.

"엄마, 우리는 엄마, 아빠가 계시고 하나님이 함께 하셔서 아무런 욕구 없어요."라고 이야기했다.

대학 가면서 곱게 자란 아들, 딸이 알바를 하면서 지금까지 부모한테 의지한 적 없었다. 방학 때는 돈 되는 알바를 했고 글을 쓰다 보니 잊었던 지나간 예전 일들이 하나하나 생각이 난다. 나는 정말 행복한 사람이었구나. 내가 이런 아들, 딸을 하나님이 주셔서 감사하며 살았지만, 이제는 나만 건강하면 되겠구나.

내가 아픈 것이 아들 며느리 딸한테 가장 힘든 일이었구나. 남매를 키우면서 큰소리 내지 않고 야단친 적 없었고 첫돌부터 어릴 때부터 모든 일상생활에 대화하며 살았고 정서적으로 안정감으로 키웠다. 어떤 일이 와도 설명을 해주었고 강요한 적이 없었다.

한 알의 밀알이 썩어져 죽지 아니하면 많은 열매를 거둘 수 없듯이 수용하고 살았고 나는 없었다. 그렇게 살았기에 불교 토박이 가정에 매일 새벽 불공드리는 시어머님, 나를 괴롭히던 시어머님이 권사님이 되셨고 고된 훈련이 불교 가정에서 목사가 몇 명이 되었고 어머니이기에 그 상황 속에서 가족 구원을 이루게 되었다. 자식을 출산한 어머니이기에 아들, 딸이 보배롭고 존귀한 하나님이 내게 주셨으니까 그 무엇과도 비교할 수 없는 자녀이고 엄마라고 불러줄 때 내게 자녀 주신 하나님께 늘 감사하며 살고 있다. 금식도 많이 했다. 철야 기도도 많이 했다.

우리 가족은 이제 엄마가 건강하면 된다. 어머니라는 이름이 이 세상에 가장 아름답고 귀하고 소중한 이름이라고 생각한다. 내가 여자로 태어나서 행복하다. 그래서 나는 가정의 희망인 어머니의 자리를 지키게 되었다.

아픔의 걸림돌이 디딤돌이 되었다

코로나 땡큐!

누워서 걷지도 못할 때 열두 번 깁스에 발은 통통 부어 있고 손가락은 류머티즘성 관절염과 다발성 뇌경색의 병이 어지럼증으로 계속 발은 다치고 깁스 상태로 21일 다니엘 기도회를 마치고 보니 아직도 발가락뼈는 벌어진 채로 아프다. 걷지 못해서 면역 저하로 대상포진이 시작되었다. 한 달에 한 번씩 포진이 오더니 눈까지 와서 눈을 뜰 수가 없었다. 눈의 수포가 세 번이 오게 돼서 안과에 5월 23일부터 세 번을 다녀왔다. 어떤 바람도 선풍기도 틀 수가 없었다.

마음속에 아픔 없는 사람 있을까요?

나는 아직도 가슴 아픈 누명을 벗기지 못했고 변명도 못 했고 모든 사건들을 말 한마디 못했다. 어떤 누명도 억울한 말을 들어도 변명도 하지 말

고 함묵하라. 때가 되면 하나님이 더 좋은 것으로 해결해 주신다. 남편 목
사님의 설교는 함묵하라. 나의 스트레스는 결벽증 있는 나로서는 견디기
힘든 과정이었다. 모든 사건들을 남편한테 말 안 하고 긴 세월을 침묵하고
인내하는 것이 사모의 사명이라 생각했다.

글쓰기를 시작했다. 삶은 고가 아니다. 책을 읽어 주시다가 대표님은
어머님의 치매가 된 사연의 말씀을 하시면서 울면서 들려주셨다. 내가 염
려되시는구나라는 생각이 들었다.

세상에서 가장 아름다운 이름 어머니라고 생각한다. 그래서 참아야 했
고, 그래서 살아야 했고, 그래서 모든 어려움을 극복하게 되는 어머니의 자
리, 하나님은 힘든 삶을 포기하게 될까 봐 여자는 아이를 출산하게 만드셨
구나라고 생각이 든다. 출산의 고통을 남자는 모른다. 그때의 아픔은 지금
의 고통과 비교할 수가 없지? 그리고 새 생명이 내 뱃속에서 아들, 딸이 태
어났지?
어떤 아픔도 참을 수 있는 거야!

김시효 원장님은 머리끝부터 발가락까지 나의 아픔을 어떻게 알고 말
씀하시는 걸까? 이런 진단을 받아본 적이 없었다.

최원교 대표님은 내가 말 못 하고 참고 사는 걸 어떻게 화면을 보면서
말씀하시지? 하나님께서 대표님의 입술을 통해서 나를 위로해주시는 것을
깨닫게 되었다. 나를 책을 쓰게 만드시는 기회를 만들고 계시는구나.

김시효 원장님은 아픔은 나에게 온 기회, 부글 새벽에 대표님이 말씀하실 때, 이 제목이 나의 책 쓰기 제목으로 결정하게 되었다.

100세까지 돈 버는 브랜딩!
1시간 만에 책 쓰기 부글새벽

우경하 대표님의 하루 만에 전자책 쓰기 모든 걸 쓸 수 있도록 해 주셨고, 박현근 코치님과 청소력 독서 모임 할 때 많은 깨우침과 수많은 책을 읽고 꼭 필요한 문장들을 깔끔하게 정리해서 남겨 준 글 모음이 도배가 되었다. 하지만 눈의 아픔과 어지럼증과 두통과 류머티즘성의 뼈마디의 통증으로 아무것도 하지 못했었는데, 실행이 답이다. 실천하지 않는 지식은 쓰레기다. 내 마음을 두드려 주셨는데 쓸 수가 없었다.

2021년 9월 10일 다시 진맥하고 보내주신 사랑의 선물, 최원교 대표님은 나를 본 적도 안 적도 없는 분이 화면에서 얼굴만 보고 백세 브랜딩 1호 모델이라고 말씀하셨다. 최원교 대표님은 내 얼굴만 보았는데 나를 선택하시고 나의 아픔과 고통을 치료해 주시고 책 쓰게 하신 분이시다.

"이 사랑과 은혜를 나는 무엇으로 보답해야 할까?"

"최원교 대표님의 상황이 지금 베푸실 때가 아니신데, 내가 이런 사랑을 어떻게 받아야 하는 걸까?"

"변함없는 미소로 아낌없이 나를 살리시는데 나는 어떻게 해야 될까?"

예수님의 마음으로 나를 살릴 때가 지금 현실로 만드셨다. 누구도 모르는 나의 아픔과 고통을 주님이 더 이상 보실 수가 없으셨구나. 21일단새 새벽기도회 마치기 전날 2021년 7월 17일, 하나님께서 내가 네가 원하는 것 다 들어 주리라. 내 마음의 감동을 주셔서 감격의 눈물을 흘렸었다.

꿈을 이루기 위해서 성취하기 위해서 포기하지 않는다면 가슴 설레게 하는 목표를 설정한다면 내게로 끌어들이는 원칙, 내가 끌어들이는 것 같지만 우주가 나에게로 끌어다 준다. 생생하게 꿈꾸면 이루어진다. 할 수 있는 능력 만들라. 노력보다 중요한 것은 꿈꾸는 능력이다. 성공을 꿈꾸면 기회가 제 발로 찾아온다. 진심으로 느끼고 말하고 행동하면 말하는 대로 현실이 된다.다른 삶을 살고 싶으면 방향을 틀어라. 지혜는 내가 만드는 것이다. 아픈 경험일지라도 경험이 최고의 스승이다.

박현근 코치님 강의 듣고 냉장고에 가득 써 붙이고 매일 읽었는데, 나의 아픔과 고통을 치료해 주시는 천사 최원교 대표님을 하나님이 다른 삶을 살게 하시려고 만나게 하심에 감격하게 되었다. 나의 최고의 아픔의 걸림돌이 디딤돌이 되었다.

나는 이제 시간 관리부터 70세부터 내 인생을 사랑할 것이다. 마음의 환경을 준비한다. 처음 쓰는 글이지만 결단할 수 있도록 치료해 주셨고 시작하게 되었다. 될 때까지 도전한다. 내가 현재 어려움 속에서 나를 가로막는 문제들 많지만, 최고의 한 해가 되리라 믿는다. 나의 부족한 모습 엉성한 모습 그래도 나는 도전한다.

단 한 번뿐인 소중한 내 인생인데 너 언제까지 그렇게 아파하고 주저 앉아 있을 거니? 예수의 이름으로 나는 일어서리라. 나는 최고의 삶을 누릴 권리가 있다. 왜 내가 이렇게 살고 있었지? 내 인생이 어디서부터 잘못된 거지? 쉬지 않고 일하고 최선을 다하고 살아왔는데~ 성공한 사람들 한 번 쫄딱 망한 다음에 다시 성공한다는 말이 위로가 된다.

나는 스스로 어떤 삶을 살아온 걸까? 되돌아보았다. 이제부터 스스로 누구에게 얽매여서 포로의 삶이 아니라 프로의 삶으로 남은 생애를 살아갈 것이다. 코로나 덕분에 나는 온라인 Zoom을 통해 많은 사람들을 만나게 된 해였다.

나를 가장 힘들게 스트레스 주는 환경일지라도 다른 삶을 살아봐야 하겠다. 아직은 무엇부터 해야 할지 모르지만, 천천히 실행에 나가야겠다. 내 인생에 가장 중요한 날, 바로 오늘이다. 위기 속에 기회의 씨앗이 있다. 실패의 경험, 힘든 과정, 내 몸의 통증의 걸림돌이 나에게 디딤돌이 되었다. 내 삶에 터닝포인트다. 내가 나를 사랑하고 나를 존중해야겠다.

자기 존중의 5단계
1단계 당신 자신을 위해 살아라
2단계 비교를 피하라
3단계 완벽해지려 하지 마라.
4단계 자신을 용서하라
5단계 분석을 멈추라

당신이 잘못했던 일에 집착하는 대신 행동하라. 이 글을 읽고 마음에 많은 위로와 결단이 오게 되었다.

시편 118편 5-6절

내가 고통 중에 여호와께 부르짖었더니 여호와께서 응답하시고 나를 광활한 곳에 세우셨도다. 여호와는 내 편이시라. 내게 두려움이 없나니 사람이 내게 어찌할꼬.

그대로 꿈이 이루어졌다. 건강도 순간에 회복되었고 감성 시인도 되었고, 책을 쓰는 작가가 되었다.

내 꿈을 이루기 위해 포기하지 않는다

등골 빠지도록 일하고 있나요?

억울하게 세월 보내고 있나요?

나의 건강 책임질 수 있을까?

백세까지 건강하게 살자. 영향력 있는 사람으로 살자. 100세까지 행복한 삶을 살자. 할 일 많고 좋아하는 일 하고 돈도 벌고 베푸는 삶 살자.

오늘 강의 들으면서 많은 생각이 교차했다. 내가 나의 몸을 등골 빠지도록 일하고 살아왔다. 그토록 건강할 때 건강 지켜야 했었는데, 뇌졸중이 순간에 왔을 때, 전신 마비로 눈도 못 감고 손발도 못 움직이고 말도 못 하고 생각만 살아있는 내 모습이 생각이 났다. 내가 바보처럼 몸을 혹사하고 살았구나. 그때서야 알아차렸다. 그러나 탄식하지도 슬퍼하지도 후회하지도 않았다. 내가 하고 싶은 일만 하고 살지 못했구나 싶어 안타까웠다.

그런데 사랑하는 예쁜 효녀 딸이 독일에서 아빠의 전화 한 통으로 5일 지나서 병원 침실로 트렁크 들고 찾아왔을 때 얼마나 감격스러웠었는지 이제 내가 살았구나라는 생각이 들었다. 딸을 보는 순간 집으로 가고 싶었다. 눈뜰 기운도 걸을 기운도 말할 기운조차 없었지만 살았다는 감격은 가실 줄 몰랐다. 잠을 푹 자고 깨면 딸이 이른 새벽부터 먹을 것을 챙겨서 깨운다.

"나, 그냥 자고 싶어!"

"엄마! 엄마! 엄마!" 딸이 조용히 부른다.

사랑하는 딸이 내 옆에 있구나. 못 보고 천국 가는 줄 알았는데, 그냥 자고 싶기만 했다.

"엄마! 엄마!" 부르는 소리에 고마워서 먹게 되었고, 식단대로 만들어서 간식까지 정성껏 챙겨주는 딸의 정성에 안 먹을 수가 없었다. 남편한테는 떼거지도 쓰고 뭐 먹기 싫으면 안 먹을 수 있었는데, 딸의 정성에 아무 말도 할 수 없고 눈도 뜰 수 없어도 일어나 앉아 먹기 시작했다. 하루하루 회복이 되어 감을 느낄 수 있었다. 한 달 만에 딸은 나를 걸을 수 있도록 지극정성으로 회복시켰다.

두 달 만에 딸과 남편과 외도라는 섬까지 여행을 갈 수 있었다. 힘은 없지만, 행복감에 그 아름다운 꽃동산 바다에는 고래들이 점프하는 광경도 꽃들도 새롭고 맛있는 회도 내 손으로 먹을 수 있는 행복감, 나는 또다시 태어났다. 끝까지 나를 포기하지 않고 정신을 차리고 노력한 결과 죽음의 자리에서 다시 살아나서 만남의 복으로 질병도 치료받고 작가의 자리까지 오게 되었다.

아픔은 나에게 온 기회였다

나의 건강 책임질 수 있을까? 나는 극복 한다. 더 험한 일도 통과했는데 이제 나 하나 못 일으킬까? 내가 왜 이렇게 되었지?

예진아! 나는 예수의 이름으로 일어서리라. 하나님께 소원을 아뢰었다.

우경하 대표님의 자상함 내게 책 쓸 기회를 여러 번 주셨다. 쓸 용기가 나지 않았었다. 자신감이 없었다. 그래서 실행하지 못했고 박현근 코치의 재능, 강사님의 강의는 마음속이 늘 시원해지는 강의였다. 쓰면 된다고 많은 얘기를 해줬는데 나는 또 실행하지 못했다. 몸은 점점 움직일 수 없었고 머리 두통과 어지럼증, 류머티즘성 관절염으로 아무것도 할 수 없었다. 장이지 대표님 방에서 최원교 대표님을 만나게 되었는데 첫 부글새벽에 첫 문을 열고 들어왔을 때 첫 시간에 많은 감정이 오고 갔다. 방을 열고 들어

왔는데, 그것이 내 건강을 찾는 회복의 기회가 되었다.

나의 간절한 소망을 적어본다.

통증에서 벗어나기, 새로운 삶을 살아 보기, 나의 열정적인 에너지 회복하기, 최고의 삶의 터전 만들기, 잃어버린 모든 것 회복하기. 목표가 뚜렷한 삶. 지금 처해 있는 나의 모습 그대로 사랑하기, 나의 가야 할 길을 정확하게 바라보기, 꿈꾸었던 소망 이루기, 나에게 기적 같은 새로운 길이 열려지기, 딸의 잃어버린 집 사주기, 보아스 사위와 행복한 가정 만들기, 남편에게 새로운 비전 찾기

잠시 나를 돌아보면서 구하라 찾아라. 문을 두드려라. 고통 속에 잠겨 있을 때는 감각이 없었는데 생기가 나니까, 잠시도 가만히 있지 못하고 바쁘게 몸도 생각도 움직이고 있다. 통증으로 인해 잠자고 있던 나는 마음도 생각도 잠잠하게 보냈다.

치료 상담사인 나를 필요로 찾아오는 사람들과의 의사소통을 하며 공감해주면서 아픔을 들어주고 치유 사역하면서 밖을 다니지 못했다.

예전처럼 센터를 만들어야 할까? 상처와 아픔이 있었지만, 성전에서 기도할 때 주님이 주시는 평안함으로 지금까지 왔다.

2021년 8월 27일 새벽 6시는 공저 예비 작가 첫 회의날이었다. 오늘이 내가 작가로서 세상에 태어난 날이었다. 작가의 모습에 나는 어떠한가? 내가 무얼 생각해야 할까? 작가인 장예진 새롭게 태어났다. 글보다 나를 다시 내어놓아야 한다.

작가 장예진과 인간 장예진과 같아야 한다. 앞으로 출간하는 여러분 삶과 작품, 비즈니스로 성공해야 한다.

여러분은 누구와 동료입니까? 같이 하니 외롭지 않고 첫 책은 공저로 출판하고 베스트셀러가 되고, 그 다음부터 자기 책을 낸다. 위기 속에 운이 숨어 있는 것을 느꼈다.

땡큐 코로나!

아픔은 나에게 찾아온 기회, 위기 속에 핀 꽃이 더욱 아름답다. 그동안 모든 걸 잊고 다시 태어난 백디와 백친에서 행복을 만땅 누리기로 했다. 이 기회에 내가 목적과 목표를 정하고 글을 쓴다.

어떻게 책을 쓸 것인가? 자기의 컨텐츠가 뭔지 철저히 준비된 사람들이다. 지금 우리는 모두 들꽃입니다. 여기저기 들꽃이 모여서 꽃을 피우는 것이다.

대표님의 마음 상처와 아픔을 들었다.

"따라서 오세요~"

1시간 만에 배우는 글쓰기 강의를 해 주셨다. 말도 안 되는 아픔 준 사람, 말도 안 되는 상처를 준 사람, 인간이 아닌 아픔 주고 내 것을 뺏기는 아픔에 대해 말씀하셨다. 행복과 사랑의 빛깔을 칠한다고 강의하시다가 이렇게 말씀하셨다.

"장예진 선배님! 100세까지 돈 버는 모델로 정합니다. 가장 많은 돈을 벌어도 좋은 곳에 쓸 거니까, 더 많이 줄 겁니다."

대표님의 현재 상황 속에서 내가 병원 갔을 때 선배님 법원에서 오라고 해서 나가야 한다고 하셨는데~

나는 한 말씀 한 말씀 너무도 귀하고, 오늘 새벽은 최원교 대표님을 통해서 하나님의 음성을 내게 들려주시는구나 메모하기 시작했다.

대표님의 가슴은 어떤 가슴인가? 눈물을 흘리면서 나는 어떤 마음으로 받아들여야 할까? 같은 아픔을 어떻게 원장님 부부가 나를 아실까? 두 분은 어떤 영성이실까?

또 말씀하신다. 목차는 본론부터 나오는 설명, 독자는 목차 보고 책 선정한다. 첫 꼭지 보고 결정한다. 첫 꼭지 결론부터 쓴다. 충격적인 결론을 내놓는다. 3초 안에 3페이지 안에서 결정된다. 처음 주제 놓고 첫 꼭지 충격적인 매혹적인 글부터 쓴다. 독자가 따질 수 있는 것부터 쓴다. 책도 운명이 있다. 출판사와 작가가 결혼하는 것이다. 손 놓지 않는 한 성공시킨다. 한번 만나면 좋은 영혼을 준다. 오늘 만나는 사람하고 싸우지 말라. 사랑과 행복의 색깔을 칠하면 나는 상처받기에는 너무 아까운 사람입니다. 또 울었다.

9가지 대운 징조도 말씀하셨다. 살면서 절대로 고소하지 말고 그냥 당해라.

대표님의 스승 4분이라고 하셨다. 나도 정한다. 하나님이 최우선으로 나의 인도자 시다. 세상에서 1번은 최원교 대표님, 2번은 김시효 원장님, 내가 가장 애절한 통증을 치료해 주셨는데 무엇으로 보답해야 할까? 예배 시간에 은혜받을 때와 같은 마음이었다. 내 마음속에 모든 아픔과 고통과 서러움이 울면서 쓰다 보니 모두 씻겨지고 오늘 폭포수처럼 쏟아부으시는 메시지로 가득 채우게 되었다. 나의 힘들고 지쳐 아파하고 있는 내가 행복한 마음으로 채워졌다. 위기 속에 핀 꽃이 예진이고 내가 얼마나 아팠는데 그래서 마음이 아파서 죽고 싶다고 오는 모든 내담자의 아픔을 공감해주고 위로의 말 따뜻하게 보살펴 주고 감동을 주고 마음 치유 사역을 전심으로 상담해 주었다. 나도 많이 베풀었다. 대표님은 나에게 "선배님 이제 공짜 하지 마세요. 돈 받고 하세요."라고 말씀하셨다.

그냥 눈물이 계속 흘렸다. 얼마나 울면서 썼는지 감동과 감사와 기쁨과 행복이 한꺼번에 밀려들어왔다. 마치 주체할 수 없도록 성령이 임제할 때와 같은 마음이다. 아픔이 나에게 온 기회가 이런 감정이구나. 그래서 이 메시지가 작가 첫 모임 때 내 책 제목이 되었구나! 책을 쓰면서 모든 아픔과 상처가 내가 치료되었다. 마음이 가벼워지고 너무 울면서 쓰고 나니 환기도 되었다.

꿈을 이루었다

건강 회복되고 작가 되고, 건강하면 어떤 일이든 두려울 게 없지?

엄마의 밝은 눈을 닮아 아직도 안경 쓰고 아주 작은 글씨도 읽는다. 엄마의 예순한 살부터 류마티스 관절염이 심하셔서 어느 병원이든 고칠 수 없다고 하셨다. 언니와 형부의 효도로 88세까지 계시다가 천국 가셨다. 엄마의 밝은 눈, 류마티스 관절염을 나는 유전 인자로 받게 되면서 엄마가 이렇게 아프셨음을 알게 되었다.

2010년 6월 18일, 다발성 뇌경색으로 뇌졸중, 류머티즘성의 온 뼈의 통증 손가락 부종 무릎 발목, 어깨 통증 두통에 일반 약을 먹지 못해서 더 고생하게 되었다. 류머티즘성 관절염 약을 먹으면 위경련이 와서 더 아팠다. 날마다 주기도문 만 번을 채우면서 시간을 보내게 되었다.

2016년 침상에서 머리를 들고 일어날 수 없는 환경이 되었다. 뇌경색

약을 그동안 먹을 수 없어서였다. 어지럼증과 두통으로 걸을 수 없게 되었다. 어느 목사님의 권유로 2016년 8월에 겨우살이 건강식품을 먹으면서 5일 만에 나는 머리를 들고 일어설 수 있게 되었을 때 또 감사했다. 상담실에 비치하고 나 같은 사람들 걷지 못하고 시달리고 일어설 수 없는 사람들을 나처럼 걷게 하고 새 삶을 찾아줘야 하겠다. 위가 아프지 않고 일어서서 걷게 되었다. 삶의 기적이 필요할 때 책에서 통증이 감쪽같이 사라지다. 무에서 왔으니 무로 돌려보내라. 관절염을 무로 돌려보내라 했다.

이 책을 읽으면서 나보다 더 고통 속에서 사는 애절한 모습을 보게 되었다. 절망과 상처를 치유하고 삶의 기적을 이룬 사람들의 희망의 메시지를 읽으면서 운명적인 만남으로 일상의 기적을 체험하며 힘은 내 안에 있다고 말했다.

나는 아무것도 할 수 없는 사람이야. 나는 이대로 죽을 거야. 꿈을 포기하지 않는다면 모든 그것에서 가장 중요한 기적을 이루게 된다. 내 삶에서 해결해야 할 부분이 있다면 무엇이지? 나의 건강이 가장 절실했었지? 가장 귀한 사랑의 선물인 한약을 먹으면서 두통이 사라지고 생기가 나면서 일어설 수 있게 되고 새벽 기상이 일상이 되었다. 청소력 독서 모임 때 자기 선포문을 써 붙이고, 유치원 어린이처럼 나는 매일 소리 내어 읽었다 만남의 복으로 귀인을 만나게 되었고 가장 귀한 사랑의 선물을 받아서 먹기 시작한 결과 어지럼증이 사라지고 생기가 나고 밥맛을 찾게 되었다.

우대표님과 박현근 코치님 계속 알려주셨지만 내 건강 문제로 실행하지 못한 아픔이 있었다. 삶에 기적이 필요할 때 책을 읽으면서 류머티즘성 관절염으로 조절되지 않아 내 의지와 상관없이 계속 다쳐서 힘들었던 부분을 읽게 되었다. 다치는 트라우마 때문에 밖에 나가는 것을 두려워했는데 이제야 예전에 건강했던 나를 찾게 되었다. 3주 만에 나는 자연스럽게 두려움없이 걷게 되었고 혼자 전철 타고 다닐 수 있게 되었다. 부글새벽방에서 공저로 함께 책을 쓰게 되었다. 이틀 만에 마무리하게 되었다.

첫 번째, 건강 문제를 해결하고

두 번째, 시도 써 보고 싶었고

세 번째, 책도 써 보고 싶었다.

나의 꿈이 이루어졌다.

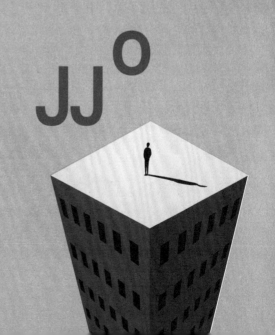

Chapter 4

브라보, 마이라이프!

위기를 뚫고 기회를 잡은
민화 그리는 작가의 소소한 귀촌일기

김
보
은

Contents

김보은

▪ 이메일주소 miopoem100@gmail.com

25년간 초등학교 교사로 재직 후 명퇴

방송통신대학교 졸업

2003년 시조시인으로 등단

MBTI와 애니어그램 등 심리상담 공부

사회복지사 2급 자격증 보유

카네기 과정 수료

자기 계발을 위한 강의 듣기와 책읽기가 취미

한.일 색지서화대전에서 민화 특선

천아트 배우면서 숨은 재능 발견 중

귀촌 3년째 산속에서 보물찾기 놀이 중

인생 제2막 새로운 시작이다

2019년 7월 19일 산 속에 둥지를 틀었다.

내가 스스로 찾아든 것이 아니라 어쩌다 보니 상황에 떠밀려 도시에서의 생활을 정리하고 내려오게 된 것이다.

이웃 동네에 가려면 15분쯤 걸어가야만 하는 곳에 남편이 정년퇴임 후 살고 싶어서 터를 마련하고 새집을 지었다. 덕분에 지금 이렇게 산골짜기 이웃도 없는 곳에서 생활을 하게 된 것이다.

사람들과 어울리는 것을 좋아하는 내가 마음의 준비를 할 시간도 없이 이런 산 속으로 들어오지 않았다면 모든 것들에 대하여 지금처럼 간절한 마음도 없었을 것이다.

25년간 초등학교 교사로 온몸과 마음을 다해 내가 담임한 어린이들에게 하나라도 더 가르쳐 주려고 애썼던 시간의 추억들이 바람처럼 휘익 지나간다.

인생 2막을 새롭게 시작하는 지금의 삶, 산속으로 들어오게 설계된 우주 프로그램이 코로나로 다들 일상생활의 많은 변화를 겪는 이 때 마스크 안 쓰고 좋은 공기 실컷 마시며 살 수 있게 되다니 전화위복이라고 할까?

지금은 3년차에 접어드는 산골살이가 어느 정도 익숙해져 가고 있지만 무슨 일이든지 쉽게 접할 수 있었던 도시에서의 삶에 비해 불편함이 많다.

아이러니하게 이렇게 불편함 속에서 줌으로 많은 분들과 만날 수 있는 기회를 가지게 되었다. 좋은 내용의 강의도 듣고 공저까지 쓰게 되었다.

불편함이 없었다면 도전하지 않았을 것이다.

인생 한 바퀴 돌아온 환갑 나이를 먹었다.

그동안 살아온 나의 삶을 되돌아보고 정리하는 시간이 주어져서 행복하다. 이런 시간을 가지고 마음의 여유를 찾기까지 힘들고 포기하고 싶었던 순간들이 많았다.

인터넷도 안 되는 산속에서 새소리 바람소리에 많이 울었던 시간의 흔적들이 이제는 한 꼭지씩 엮을 수 있는 좋은 시간이 되었다.

갑자기 바뀐 환경을 때문에가 아니라 덕분에로 바꾸자고 결심했다. 디딤돌로 삼아 하나씩 다듬어 가고 있다.

우여곡절 다녀오고 산전수전 공중전 겪어냈다. 더 늦기 전에 소소한 행복을 찾을 수 있어서 다행이다.

내가 바뀌지 않으면 이 세상은 전혀 바뀌지 않는다는 아주 작은 진리를 머리로만 이해하고 가슴까지 내려오게 하는 데 많은 시간이 걸렸다.

나를 바꾸기 위해 사소하지만 꼭 필요한 것부터 시작하려고 바로 새벽 기상에 도전하기로 했다.

수십년간 바꾸려고 그렇게 애를 쓰고 노력해도 번번이 포기했던 것을 반드시 실천하겠다고 마음먹었다.

운 좋게 새부시 프로그램, 루틴 독서 모임, 부글 새벽 글쓰기 모임을 알게 되었다. 알람과 함께 조금씩 기상시간을 당기는 훈련을 제대로 하게 되어 고마운 마음이다. 백일을 넘긴 지금은 새벽에 알람소리가 울리면 몸이 반응하게 되어 일어나는 것이 힘들지 않다.

거창한 목표를 세우고 마음먹고 시작했다가 중간에 포기하는 것보다 이런 사소한 것부터 시작하고 꾸준히 실천하면서 나를 바꾸어 가고 있다.

나에게 꼭 필요한 리모델링 시간을 만들고 하나씩 지금 내가 앉은 이 자리 산속에서 할 수 있는 것들을 찾아낸다.

새벽기상 해서 일찍 감사일기를 쓰면서 하루를 감사로 시작할 수 있어서 좋고 긍정확언을 꾸준히 외치면서 스스로를 다잡는 시간이 바로 금쪽같다. 이렇게 인생 제 2막 새로운 마음으로 시작할 수 있어서 참 좋다.

위기 속에서 되찾은 나의 행복

스마트폰으로 유튜브에서 나도 모르게 대운이 오는 징조에 대한 이야기를 들었다.

몇 사람의 이야기를 들으면서 공통점이 있음을 알 수 있었다. 나에게는 다 해당되는 내용인 것 같다.

살던 곳이 갑자기 바뀌고 그동안 알고 지냈던 사람들과 연락도 단절했다.

갑자기 도시를 떠나 산골살이를 시작하게 되고 너무나 간절했기에 나를 바꾸려는 노력을 열심히 하고 있다. 지독한 올빼미 유형의 수면 패턴을 새벽형으로 바꾸려고 도전하다보니 작은 성취의 즐거움도 맛보았다.

처음에는 산골살이에 적응하려고 일부러 책을 멀리하는 삶을 살았다. 자연환경에 맞추어 보려고 책을 꽂아두고 바라만 보았다.

2년쯤 지나 어느 정도 적응이 되니까 그리운 책 냄새를 도저히 뿌리칠 수 없었다. 다시 옛날의 나를 찾고 싶어졌다.

코로나라는 위기 속에서 나의 행복을 조금씩 되찾고 있다. 요즈음 하루도 빠짐없이 책을 읽는다.

방송대도 몇 년에 걸쳐 졸업하고 사이버 대학에서 사회복지사 2급 자격증도 취득했다. 카네기 교육 과정도 수료하고 동국대학교 행정대학원에서 부동산 관련 공부도 했다.

시 쓰기 강좌에도 시간을 쪼개서 배우러 다녔다. 소설 수필 시집 월간지 등 장르도 가리지 않고 읽고 싶은 책은 두루두루 읽었다. 책이 많은 서점에 가서 하루종일 있어도 즐거웠다.

도시에서 교사로서의 삶은 바빴지만 편리한 점이 많았다. 일상이 바쁘긴 했지만 편안하게 흘러가다가 갑자기 삶의 브레이크가 고장 났다.

2007년 용기를 내서 명퇴를 하고 안전지대를 벗어나서 사회로 나왔다. 그런데 커다란 돌부리에 걸려 넘어지고 말았다.

그 후 10년도 넘는 시간을 말 할 수 없는 고생과 고통의 시간을 보냈다.

집도 절도 없이 길바닥으로 나앉는 상상도 못했던 눈물의 골짜기를 건너게 된 것이었다.

울고 또 울어도 방법은 없었고 법으로도 해결할 수 없었다. 변호사 살 돈이 없어서 혼자서 고소장을 쓰고 이리저리 조사만 받으러 다니다 나중에 스스로 포기했다. 정말로 아는 것이 힘이다! 라는 말을 마음속에 새긴 일을 겪었다. 파산 면책까지 눈물고개를 굽이굽이 넘었다.

지금 이렇게 편안하게 산속에서 나를 다시 찾아가는 시간을 보내다니 꿈만 같은 일이다.

나 자신을 포기하지 않고 잘 살아냈다고 칭찬하고 싶다.

동네 사람들을 만나려면 한참 걸어가야 한다. 나보다 나이가 더 든 노인분들이 많아서 또래 친구도 사귈 수가 없다. 그런데 코로나는 산골이라고 빗겨가 주지 않았다.

답답해서 서울로 친구라도 만나러 올라갔다 내려왔다 하려면 교통편 연결도 힘들었다.

혼자서 산을 보고 소리 지르고 울고 또 울고 화내고 짜증도 내고 감정 정리가 너무 힘들었다. 상담도 받아보고 우울증 약도 처방 받았지만 웃음을 잃어갔다.

지금은 이렇게 아름답게 보이는 산골의 경치도 그냥 무심하게 보였다.

남편이 그런 나를 보다 못해 멍하니 있지 말고 뭐라도 해 보라고 문화원 강좌에 등록을 권했다.

주어진 현실에 적응하고 받아들이는 것이 최선이었다.

버스를 타고 일주일에 한 번씩 민화를 배우러 다녔다. 무엇이라도 하는 시간은 잡념을 떨칠 수 있었다.

설장구도 배우려고 함께 등록했다. 기초 가락을 익힐 쯤에 코로나 사태가 심해지면서 문화원도 문을 닫게 되었다.

집 텃밭에서 엄청난 속도로 자라는 풀과 씨름하다가 오른쪽 손가락도 고장이 났다.

다행히 민화 선생님이 개인적으로 운영하는 화실에서 민화를 계속 배울 수 있는 기회를 얻게 되었다. 백향김옥지 선생님의 친절하고 자세한 지도를 받으며 일주일에 한 번씩 배우는 시간이 나의 숨어있는 새로운 재능을 발견하는 씨앗이 되었다.

위기가 아니라면 그냥 모르고 지나쳤을뻔 했다.

요즘에는 일주일 중에서 민화 배우는 하루가 힐링 시간이 되니 참 좋다.

함께 배우는 수강생들과 정도 많이 들었다. 웃으면서 살아가는 얘기도 하면서 하나씩 그림을 완성해 나가는 기쁨이 너무 크다.

도시에서 바쁘게 돈을 따라 움직였던 분주했던 시간들 뒤돌아보니 그때는 어떻게 살았었나 싶은 생각이 든다.

몇 달 전부터는 천아트도 배우기 시작해서 물감 냄새 맡을 수 있는 시간들의 작은 행복을 느낀다.

그동안 책 읽고 쓰는 것을 좋아하고 그런 쪽으로만 관심 있다고 생각했는데 붓을 잡고 하나하나 완성해 나가는 즐거움을 알아간다.

민화 소품을 한. 일 색지 서화대전에 공모해서 특선이라는 영광의 타이틀도 얻었다. 일본 북해도 도립 하코다테 미술관에서 10월 6일부터 9일까지 전시되고 작품이 돌아온다니 열심히 가르쳐 주신 열정 넘치는 선생님께 감사한 마음이다.

글만 쓰는 작가가 아니라 부캐는 민화 그리는 작가로 인생 제2막 새로운 마음으로 즐겁게 보낼 준비를 열심히 한다.

남편이 올해 7월에 정년퇴직 하면서 문화원에서 하는 가죽공예 강좌에도 함께 등록했다.

한 땀 한 땀씩 가죽에 바느질해서 소품이라도 만들어 보는 취미를 익히려고 시작했다. 바느질할 자리에 구멍을 뚫고 끝이 뭉툭한 두 개의 바늘로 시작해서 실을 교차해가는 새로운 경험을 했다. 그래야 촘촘히 끊어지지 않고 튼튼하게 실 모양이 나온다고 한다.

내 삶도 그렇게 끝이 약간은 뭉툭해질 필요가 있을 것 같다.

문화원에서 착한 수강료를 내고 하는 강좌들의 내용이 참 괜찮다.

김보은 작가님 민화 작품

딱책!

왜 나는 이 산속에서도 글을 쓰고 싶어할까? 곰곰이 생각해 본다.

코로나 사태로 세상이 많이 변하고 있고 갑자기 혼자 허허벌판에 앉아 있는 느낌이 들었을 때 내가 만난 딱책! 이 〈가슴청년, 희망을 도둑맞지 마라〉였다. 나도 가슴청년이 되고 싶고 인생 2막도 그렇게 살고 싶다.

청단최용주 교수님의 학생들과 함께 했던 시간과 열정의 흔적을 엮은 책에서 오늘 내가 만난 한 구절은

"사람은 외로워야만 비로소 자기 자신과 마주하게 된다. 그래야만 자기 성찰을 할 수 있다."이다. 지금 내 마음을 비추는 거울 같은 구절이다.

새소리 바람소리 들리고 들꽃 수줍게 피어나는 산골짜기, 가끔씩 순한 눈망울로 먹을거리 찾아내려고 돌아다니는 고라니와 마주치는 곳에서 시시각각 변하는 구름처럼 내 마음이 제자리에 머물지 못한다.

옷을 껴입어도 추운 느낌이다. 인정하고 싶지 않지만 속마음에선 외로

운 나를 봐 달라고 아우성치는 느낌이다. 혼자서 눈물 흘려도 보고 정신없이 꽃밭의 풀도 뽑아보았다. 그래도 헛헛한 마음이 채워지지 않았다.

무엇이라도 배우고 싶었다. 혼자만 세상에서 뒤처지고 있다는 생각에 견디기 힘들었다. 그러다가 코로나 덕분에 줌 세상을 만나게 되었다.

줌 세상에서 강의가 열리면 시간을 내서 열심히 참여하고 고마운 마음을 후기로 꼭 남겼다.

스마트폰 가지고 카톡만 할 수 있다면 책을 쓸 수 있다는 말에 귀가 번쩍 뜨였다. 이런 기회의 불씨를 꼭 살리고 싶은 내 마음이 가리키는 화살표를 따라 갔다. 내 마음과 수시로 대화를 주고받으려고 노력했다.

많은 책을 읽으면서 나와 결이 맞는 책을 만나고 싶었다. 이왕이면 혼자서 외로운 산길을 손전등만 가지고 더듬더듬 가는 것 보다는 환하게 불 밝혀진 가로등 길을 걸어서 가고 싶은 느낌이랄까?

수많은 제자들을 길러낸 이야기를 담담하게 숨고르기 하면서 이야기하듯 조곤조곤 표현한 책이 제목부터 지금 내가 처한 상황과 마음에 울림으로 다가온 것도 고마운 일이다.

딱 책에서 그날그날 느낌 오는 부분 읽고 순간의 나를 찾아내서 글로 옮기는 이 순간이 나의 깊숙한 곳을 스스로 들여다 볼 수 있어서 다행이라고 생각한다.

외로운 수많은 시간을 학문으로 승화시키고 학생들에게 마음속 따스한 사랑을 아낌없이 주는 나무처럼 베푼 자취를 읽으면서 나에게도 그런 스승님이 계셨다면 얼마나 좋았을까? 부러운 마음도 들었다.

사계절 변화처럼 새싹 돋아나고 꽃 피어나고 열매 따 보고 낙엽도 졌던 나의 짧지 않은 시간들 속에서 이렇게 둥지 틀고 가보지 않았던 길로 접어드는 이 시간 책으로 만나는 멘토의 이야기에 귀 기울여서 배우고 싶다.

딱책을 통해 전하려는 메시지를 이해하고 나의 삶에 접목해서 오늘보다 조금이라도 더 나은 나를 찾을 수 있기를 바란다.

딱! 마음이 가는 책, 딱책에서 오늘 조금이라도 나를 성장시키는 한 구절 만나는 시간을 갖는다.

만물이 기지개 켜고 하루를 시작하는 새벽 시간이다.

풀잎도 조용히 속삭이고 밤새 퍼붓던 굵은 빗줄기도 한 숨 고르기 하면서 꽃잎에 사락사락 내려앉는 이 시간 나는 딱책의 한 페이지를 무심한 듯 펼친다.

어떤 구절이 나의 마음에 울림이 되어줄지 궁금하다. 고독 속에서 진정한 나를 찾는 작업으로 시작한 글쓰기 하는 시간 친구가 되어 내 손잡아줄 딱 책에서 위로를 받으며 용기를 내어 나를 찾아가보자.

바람에 흔들리며 피어나는 한 떨기 들꽃에게도 단비가 내린다.

나의 꿈

어릴 때부터 누구에게나 꿈이 있었을 것이다.

나도 어릴 때부터 꿈이 있었다. 대학교수, 작가, 간호사 등 생활기록부 장래희망을 적는 난에 적었던 기억이 있다.

어느 날인가부터 병원에 자주 다니기 시작하면서 간호사가 힘들게 일하는 것을 보고 주사바늘이 무서운 마음이 들어 간호사라는 꿈은 접었다.

남을 가르치는 일을 하고 글을 쓰는 작가가 되려는 꿈의 씨앗은 버리지 않았다.

가정형편이 어려워서 교복도 이웃집 언니 것을 얻어 입고 책도 마음대로 사 볼 수가 없었지만 땅에 떨어진 활자로 된 종이가 있으면 주워서라도 읽어보곤 했다.

초등학교 3학년 때 자유교양 경시대회라는 고전과 지정 도서를 읽고 책 내용에 대한 질문을 하면 답을 하는 책읽기 대회에서 군 대표로 선발되어서 도 대회에 참가했던 추억이 있다.

흑백사진 속 허리까지 내려오는 긴 꽁지머리의 귀여웠던 아이가 보인다.

그 아이가 벌써 환갑을 맞이하고 이 산골에서 다시 꿈을 꿀 수 있다니 추억은 언제나 향기롭다.

중학교 때는 학교 매점에서 팥 도너츠를 파는 아르바이트를 하면서도 항상 웃음을 잃지 않고 열심히 공부를 했다. 그 때 우리 집 사정을 아시고 안타까워하시며 용기를 내라고 응원해 주신 황임순 영어 선생님, 지금은 너무 빨리 하늘나라로 가서서 뵐 수도 없는 고마운 담임 선생님 덕분에 외지로 가서 고등학교를 다닐 수 있었다.

집안 형편상 고등학교만 마치면 취업을 하겠다고 지금은 없어진 텔렉스 학원에도 다녔다. 실기 시험이 얼마 남지 않았을 때 친구들과 우연히 대화를 나누었다. 대학을 포기하는 것이 너무 아쉬워서 학력고사를 치뤘다. 등록금이 싼 교육대학에 입학하고 2년제 교육과정이라 공부하는 과정도 짧게 끝낼 수 있었다. 다행히 그때는 임용고시가 없던 시절이고 쉽게 발령 받을 수 있던 때였다.

1982년도 4월 1일자로 강원도 영월에 있는 작은 산골학교로 발령장을 받고 나의 교직생활이 시작되었다.

전교생 98명, 한때는 200명도 넘었다는데 점점 학생이 줄어서 100명도 안되는 곳에서 학급별 법정 인원수가 미달이라서 복식수업을 할 수 밖에 없었던 햇병아리 초임교사 시절이 아련하다

지나가던 길에서 꽃뱀도 가끔 보고 개구리 떼 합창 소리 시끄럽던 곳 3년의 시간을 보냈던 나의 첫사랑 같은 학교는 진작에 폐교되어 추억 속에

만 남아있다.

교통도 불편한 그 먼 곳까지 할부책 파는 아저씨가 찾아왔다.

손바닥만한 크기의 문고본 책을 시리즈로 사서 읽다가 여러 번 이사하는 과정에서 정리하고 한권도 남기지 않은 것이 아쉽다.

뿌리 깊은 나무, 샘이 깊은 물 같은 좋은 제목의 잡지들도 정기구독 했었는데 지금은 한 권도 가지고 있지 못해서 그 또한 아쉽다.

어느 곳에서 살더라도 책이 옆에 있으면 좋았다. 어릴 때부터 꿈꾸던 대학교수는 못 되었지만 자라나는 새싹인 초등학교 아이들에게 바른 인성과 성실성을 강조하고 열심히 가르치려고 노력했다.

10년간 문예 지도를 해서 전국대회 나가서 상을 타오고 성취감을 느끼게 하는 것이 힘들지 않았다. 공교육의 기초를 다지는 초등학교 교사로 열심히 살았던 그 시절이 가끔은 그립다.

호랑이를 그리려고 노력하다 보면 토끼라도 그려진다고 했다.

한 바퀴 인생의 시계 바늘이 돌아간 지금 다시 한 번 노랗게 익어가는 나의 인생 제2막 언덕길에서 새로운 꿈을 추가한다.

나는 베스트셀러 작가다!

나는 스테디셀러 작가다!

그 꿈을 이루기 위해 이렇게 부글 새벽을 맞이하고 백친 작가님들과 에너지를 공유하며 딱책을 읽고 쓰고 소리 내어 다시 읽고 고치고 있는 것이다.

앞산에서 새벽안개 피어나는 이 시간이 참 좋다. 풀냄새 묻어나는 새벽 공기가 상쾌하다.

옆에서 반려묘 참깨는 한밤중이다. 가끔 코를 골면서 갸르릉 거리는 할매냥이 참깨도 꿈을 꿀까? 하는 생각도 잠시 해본다.

나는 지금 한창 아름다운 나이를 맞이했다.

경력 단절 여성, 경단녀가 되고 동네에 남아도는 아줌마, 동남아가 되어서 아무것도 못한다고 꿈을 접지 말자.

산새처럼 날개를 활짝 펴고 날아보는 거다.

꿈의 불씨를 되살리기 위해 하나하나씩 줌 세상에서 배워나갈 것이다.

반드시 해야 할 일들을 정하고 필요한 것들을 찾아보고 시작하면 된다.

될 때까지 하면 이루어진다. 책을 통해 만나고 줌 강의를 들으며 만나는 멘토들의 좋은 점을 적극 벤치마킹 하겠다. 따라쟁이가 되겠다.

내 꿈이 잘 열리고 익어가게 내가 앉은 이 자리부터 좋은 땅으로 만들겠다. 이왕이면 맛있고 영양가 있는 꿈 열매를 따려고 마음먹는다.

문득 올려다본 새벽 하늘빛이 예쁘다. 좋은 하루 시작이다.

하루에 긍정확언 3가지씩

　매일 조금씩 성장하는 나를 위하여 새벽기상 습관화하기와 더불어 감사일기장에 매일 3가지씩 긍정확언을 쓰고 읽고 되새긴다.

　내가 감사하게 여기는 것 감사하게 생각하는 사람들과 이유 등을 쓰면서 나는 반드시 할 수 있다는 긍정마인드를 단단하게 뿌리내리게 한다.

　하루에 3가지씩 꾸준히 할 수 있는 아주 작은 습관의 힘을 기르기 위해 스스로에게 다짐하고 격려하는 것이지만 거창한 문구가 아니다. 예를 들면 이런 것이다.

　나는 할 수 있다!

　나는 운이 좋은 사람이다!

　나는 내 마음의 지도를 잘 따라가고 있다!

　이처럼 그날그날 내 마음속 울림에 따라서 에너지 업 시킬 수 있는 문장을 쓰고 있다.

끌어당김의 법칙에 따라 원하는 것을 현실로 만들기 위한 나의 노력이 작은 성공부터 이루어질 것이라고 믿는다.

내가 원하는 대로 마음껏 사용할 수 있는 내면의 힘을 기르기 위해 우주의 중심인 나의 주인공을 믿고 의지하며 도움을 청한다.

루이스 헤이의 〈치유〉 책을 읽으며 나에게 필요한 긍정확언을 많이 만났다. 수많은 사람들이 어려움을 극복하고 자신의 멋진 삶을 찾아가는 이야기를 읽으면서 가슴 찡하고 공감하며 나도 그럴 때가 있었지? 라고 추임새도 넣으면서 부정의 씨앗이 자랄 틈 없이 긍정의 꽃밭을 만들려고 한다. 내가 하는 긍정의 말을 내가 제일 먼저 듣게 된다. 이왕이면 예쁘고 고운 힘이 나는 말을 써야겠다. 그래야만 좋은 말을 듣는 세포 하나하나가 건강하게 바뀌고 햇살처럼 밝은 기운으로 하루를 보낼 수 있다.

조금씩 성장하는 삶을 살아가려고 책을 읽으면서 부지런히 메모도 한다.

좋은 긍정의 글귀가 보이면 잊기 전에 적고 다시 읽고 소리 내어 확언을 한다. 나는 잘 하고 있다고 셀프 칭찬도 하면서….

감사일기

〈땡큐파워〉라는 책을 보고 감사라는 단어가 마음에 쏙 들어왔던 기억이 난다. 책을 사서 들고 강의장에 찾아가서 강의를 들었다. 그리고 저자 사인도 받았다. 집에 와서 눈물을 흘리면서 단숨에 읽었다.

무모한 선택을 한 내 자신을 자책할 때 어려움을 이겨낸 작가의 강력한 메시지 오직 감사! 의 힘에 공감하면서 힘을 얻었다. 저자 사인까지 받은 책은 아직도 책장에 잘 보관하면서 가끔씩 꺼내본다.

나도 당장 감사일기를 쓰기로 결심했다. 핸드폰으로 앱을 설치해서 오랫동안 하루도 빼먹지 않고 감사일기를 쓰면서 실패를 딛고 다시 재기할 길을 찾고 싶다고 마음속으로 기도했다.

삶에서 원하지 않는 복병을 만나고 침몰하고 낭떠러지로 떨어지는 일을 원하는 사람은 없다. 나 또한 마찬가지였다. 그렇지만 불행의 손길은 소리 없는 안개처럼 스며들었다.

교직생활에서 명퇴를 결심하고 안전지대를 벗어나 새로운 나의 영역을 구축하려고 마음먹고 용감하게 사회로 나왔다. 나를 향해 달려드는 브레이크 없는 차와 부딪히는 사고 같은 일이 기다리고 있을 줄은 꿈에도 몰랐다.

돈 냄새를 맡은 사람이 사기를 계획하고 있는 줄 까맣게 모른 채 회사를 세우는데 돈을 투자해주었다.

아차, 놀랐을 땐 이미 30억이란 엄청난 돈이 순식간에 바람처럼 내 통장에서 흩어져 버렸다. 49평 아파트도 경매로 넘어가고 당장 갈 곳도 없이 그 많던 살림살이를 혼자 정리했다. 빨간색 차압 딱지를 그냥 멍하니 바라볼 수밖에 없었다.

고생하고 애써서 만든 삶의 터전이 하루아침에 쑥대밭이 되었다.

하염없이 눈물 흘릴 힘조차 남아 있지 않았던 시간이었다.

정신줄 놓치지 않고 버텨낸 나를 지금도 칭찬하고 싶다.

어릴 때부터 가난한 집안에서 태어나 부모님의 고생과 희생 덕분에 공부도 할 수 있었다. 무슨 영화를 보겠다고 딸을 외지로 보내서 공부를 시키냐? 하는 동네사람들의 수군거림도 무시하셨던 부모님, 막노동일로 허리가 부서져라 일하셨던 분들이 이제는 힘이 다한 겨울 나뭇잎처럼 되셨다. 그런 부모님께 제대로 된 효도도 못했다. 이제 와서 후회해도 소용없는 일이다.

내 자식들 건사하고 살림살이를 늘려가느라 바쁘고 힘들게 살았다. 그래도 꿈을 포기하지 않고 틈틈이 배울 기회만 있으면 온갖 연수를 다 받으러 다녔던 그 시절이 그립다.

명퇴하고 얼마 지나지 않아 엄청난 소용돌이에 휘말렸던 그 시간을 어떻게 지나왔는지 기억에서 지울 수만 있다면 지우개로 싹싹 지워버리고 싶다.

내 삶에서 원하지 않던 엄청난 삶의 소용돌이를 겪으면서도 한 줄기 빛을 찾아 나오려고 노력했던 내 마음속 화살표를 따라갔다.

열심히 살았지만 맨 바닥을 딛고 쉽게 일어날 수가 없었다.

그럴수록 감사거리를 찾으려고 노력했다. 그냥 주저앉기에는 너무 젊은 나이었기에 그리고 책임져야 할 자식들도 있었으니 정신 차리자고 스스로에게 최면을 걸었다.

반드시 재기하고 말겠다! 라고 결심했다.

일을 찾다가 3년정도 부동산 사무실에서 무작위 전화 통화로 고객을 찾아내는 일도 열심히 해서 성과도 냈다. 좋은 개발지 땅을 취급하는 회사에서 고객들에게 원망 들을 일을 하지 않아서 지금 생각해도 다행이다.

집이나 전철에서 작은 감사거리라도 찾으려고 노력했다. 핸드폰에 감사일기를 21일, 100일, 300일 이어쓰기를 했다. 1,000일 중 반 이상 쓰다가 핸드폰을 교체하면서 감사일기 쓰기를 멈추었다. 그 후 몇 년간 다시 써야지 하고 마음만 굴뚝같았다.

귀촌해서 살게 된 요즈음 새벽기상과 루틴 독서를 하면서 감사일기를 다시 쓰게 되었다.

매일 감사일기를 쓰면서 나 자신에게 집중할 수 있는 시간을 가질 수 있어서 기쁘고 행복하다.

긍정적으로 생각을 바꾸었더니 내가 먼저 편해진다.

5년전 나도 모르게 심어졌던 감사 씨앗이 조금씩 싹이 트게 된 것이다. 나도 모르게 감사거리를 많이 가지고 살고 있었다. 사방에 감사거리

천지다.

현관 앞 꽃밭에서 미니 장미가 수줍게 웃는다. 금계국도 노랗게 무리
지어 피고 졌다. 분꽃이 아침마다 나팔 닮은 얼굴로 환하게 웃는 것 같다.
고라니도 가끔 놀러왔다 간다. 맑은 공기 달콤한 바람결 스치며 자라나는
싱싱한 나뭇잎을 본다. 눈이 시원하다. 딱따구리 까마귀 산비둘기 소리가
정겹다.

오늘도 새벽에 나 자신을 응원하는 내용의 감사일기를 쓴다.

잡초를 뽑으며

날씨가 갑자기 더워지는 느낌이다. 산골에 들어와 살면서 아침저녁으로 바뀌는 바람소리를 느끼는 기분도 꽤나 괜찮은 것 같다.

태양 에너지가 강해지는 계절로 접어들어서인지 잔디밭에도 미니 장미 정원에도 꽃밭에서도 온갖 풀들이 쑥쑥 자란다.

평소에 이름을 알고 있던 풀들도 있지만 이름을 모르는 풀들이 훨씬 더 많다. 내가 공들여 가꾸는 꽃과 나무들 주위에도 풀들이 많이 자라고 있다.

상추와 토마토 고추 가지가 심겨진 작은 텃밭에도 쇠뜨기, 냉이, 토끼풀들이 함께 자리를 차지하고 있다.

가만히 바라보면 다 예쁜 것 같다. 각자 나름대로 다른 모양을 하고 살기 위해 뿌리내리고 잎이 자라고 꽃을 피운다.

그런데 사람들 입장에서 잡초라고 말하면서 뽑아 버린다. 풀 입장에서는 은근히 속상할 것 같다.

집 짓고 이사 와서 텅 빈 꽃밭이 허전해 보여서 호미 들고 캐다 심었던 냉이꽃의 앙증맞은 모습이 귀엽다. 작은 제비부리 닮은 보랏빛으로 수줍 게 꽃을 피우는 제비꽃도 캐다 심었다. 초봄에 어느 정도 자라면 물김치도 담가 먹고 노랗게 피어나는 꽃도 보고 싶어서 돌나물도 바위틈에 옮겨 심 었다. 하얗게 홀씨가 퍼져 나가는 민들레도 한 자리 만들어 주었다.

그런데 가끔 산나물 캐러 다니는 사람들이 웬 잡초를 잔뜩 심었냐고 한마디씩 한다. 나중에 골치 아파지기 전에 얼른 뽑아 내버리라고 했다.

나는 너무 예뻐 보여서 심었다고 대답하고 그냥 웃었다.

문득 나도 누군가에게 잡초 같은 취급을 받은 적이 없을까? 하는 생각 이 들었다. 내가 모른다고 잡초라고 하는 것이 옳은 일일까?

다들 이름이 있고 어떤 약성도 가지고 있을텐데 많이 관찰하고 공부를 해야겠다는 생각을 했다.

옮겨 심은 풀들의 생성력이 참 대단하다. 한차례 비가 내리고 나니 꺾 였던 허리를 곧게 세우고 하늘을 보며 싱싱하게 자란다. 꽃집에서 사온 개 량된 꽃들을 심느라 자리를 찾다가 잡초라고 부르는 풀들을 어느 날 뽑아 냈다.

어쩌면 진짜 잡초는 내 마음 속에서 자라나고 있는지 모를 일이다.

남을 시기 질투하고 게으름 피우고 부정적인 생각을 하고 점점 마음 속 잡초밭이 넓어지고 있는 것은 아닌지 가끔 나를 잘 살펴보아야 하겠다.

더 깊이 뿌리내리기 전에 마음속 잡초를 뽑아낸 자리를 다독다독 잘 덮어주어야 하겠다.

천릿길도 한 걸음부터

무슨 일이든지 이루어내려면 반드시 시작점이 있다.

단번에 이루어지는 일보다는 하나씩 하나씩 단계를 밟으면서 시작해야만 한다.

내가 하고 싶은 일, 해야 할 일에도 시작점이 있다.

나도 작가가 되기 위한 준비를 시작했다. 오늘 이 순간이 바로 나의 시작점이다. 이렇게 천릿길 가기 위한 나의 한 걸음을 내딛는다.

"지금 시작하고 나중에 완벽해져라" 라는 롭 무어의 명언을 마음속에 꼭꼭 새긴다. 꾸물거리기만 하고 준비만 하다가 시작도 못 하면 안 된다.

꾸준히 해냈을 때 좋은 성과를 얻을 수 있다. 모든 일을 조급하게 생각하면 안 되는 것 같다.

오늘만 살고 내일을 준비 안 할 수 없는 모든 것이 우리 삶이 아니겠는가?

바쁘다고 휘익 넘어가 버릴 수도 없다.

이렇게 새벽 기상에 도전하고 꾸준히 팀을 이루어 함께 해 오는 이 시간들이 나에게는 커다란 의미가 된다.

그동안 살아왔던 삶의 패턴에서 묵은 습관을 바꾸기 위한 노력이 금방 결과가 나오는 것이 아니다. 그렇지만 조금씩 성장하고 있다고 믿는다. 계속 해 나갈 마음도 생긴다.

오늘 내가 이렇게 내딛는 작은 발걸음이 모여서 장거리도 언젠가는 도달할 날이 있으리라고 생각한다. 이렇게 새벽에 나의 성장을 위해 한 발 떼는 이 순간이 소중하다.

급하다고 논에 뿌린 볍씨를 갑자기 쌀로 변하게 할 수 없다. 걷기를 하거나 달리기를 하려면 먼저 운동화 끈부터 단단히 묶어야 한다.

조상님들의 삶의 지혜에 새삼 공감된다.

아무리 바빠도 아무리 멀어도 천릿길도 한 걸음부터 시작이다.

한 번에 다섯 걸음 열 걸음 걸을 수는 없다. 꾸준히 성실하게 한걸음 한걸음씩 걸어가야 한다. 중간에 주저앉거나 포기하지 않으면 된다.

언젠가는 천릿길의 마지막 끝에 도달할 수 있으니 마음 단단히 먹고 물 한 병 챙겨들고 신발 끈 단단히 묶고 시작해 보자.

누구에게나 공평한 시간이 주어졌다. 선택의 길은 각자의 몫이다.

나는 오늘도 들꽃 향기 풍기는 길을 택하고 싶다.

사부작 사부작 천릿길 가면서 새소리도 듣고 바람결도 느끼고 들꽃 향기 맡고 싶다.

지금까지 살아온 나의 시간들이 남긴 흔적들을 돌아보며 오늘도 새벽 하늘 맑은 공기를 힘껏 들이마신다.

점점 좋은 습관으로 겨자씨만큼 성장하고 있다. 싹이라도 틔울 수 있으니 행운이다.

스스로 동기부여를 할 수 있게 새벽부터 좋은 사람들과 좋은 에너지를 공유하는 줌을 켜고 마음의 근육을 키운다.

힘을 내서 우주가 보내주는 좋은 에너지를 받아들인다. 생각의 힘 마음의 힘 실행의 힘을 키워서 주어진 하루라는 선물을 마음껏 포장하자.

우주가 보내주는 운을 받을 수 있는 나 자신의 그릇을 키우려고 노력하겠다. 축복을 주고 돈을 보내주면 제대로 쓰겠다.

이 자리에서 금고 속에 돈을 가득 채우고 통장 잔고가 넉넉하게 되는 날까지 주어진 일에서 최선을 다하겠다.

천릿길도 한걸음부터 차분하게 가겠다. 그러나 너무 느리지 않게 마음의 에너지를 제대로 써야겠다.

이런 시간이 주어진 것이 감사하다. 두 다리가 튼튼한 것도 내 마음이 단단한 것도 감사한 일이다.

나도 할 수 있다!

신축년 새해가 밝아오는가 싶더니 벌써 가을이다.

시간은 정말 쏜살같다. 내가 어떻게 해 볼 수 없이 나를 기다려 주지 않는다. 이렇게 바람처럼 지나가 버리는 시간의 그물 속에서 내 자신이 꼭 잡고 싶은 것이 무엇일까? 이것저것 책을 읽으면서 줌 강의를 열심히 들으면서 생각이 많아지고 있다.

강사마다 자신의 색깔로 안내해 주면서 길을 찾아보라고 한다.

나만의 색깔이 무엇인지? 내가 꼭 하고 싶은 일이 무엇인지? 어떻게 해야 할지? 쉽게 단정하고 찾아내는 것이 쉬운 일이 아니다.

편안하게 마음먹고 길과 방법을 찾으려고 새벽 글쓰기 프로그램에 빠지지 않고 참여하면서 애쓰고 있다.

내 몸과 마음속 주인공이 자동으로 내가 원하면 즉시 할 수 있도록 훈련하고 있다. 이렇게 찾으며 노력하고 애쓰다보면 반드시 된다고 믿는다.

새벽마다 산골바람이 주는 시원한 에너지를 한가득 들이 마신다. 잠자던 나의 뇌를 깨우고 새로운 공기로 바꿔주는 느낌이다.

나에게 주어진 길, 그 길에서 내가 찾을 수 있는 것 내가 꼭 하고 싶은 것을 반드시 찾아내고 다듬어서 그 향기를 세상 사람들과 나누고 싶다.

꽃길로 가기 위해 지금 이 순간 단단한 디딤돌을 놓으려고 한다.

혼자가 아닌 책 속의 멘토들과 함께 걸어간다. 이 길에서 숨어있는 보물들을 찾아내겠다. 남을 따라가서는 결코 앞설 수 없으니 나만의 강점을 살리는 노력을 더하겠다.

내가 앉은 이 자리를 꽃자리로 만들겠다.

평범한 일상 속에서 한 가지씩 특별함을 찾아내고 내 마음이 가리키는 길을 따라가 보겠다.

운이 좋은 나에게 우주의 힘이 돕는다는 사인을 보내는 것 같다.

오늘도 행복한 주인공으로 사는 것은 내 몫이다. 감사거리를 또 하나 발견한다. 이렇게 건강한 것이 감사한 일이다.

참깨와 들깨

반려동물 천만시대라는 말을 들었다. 한때 애완동물이라는 표현을 쓰다가 어느 순간부터 반려동물이라는 말을 쓰는 것이 당연하게 되었다.

나도 두 마리 반려묘와 함께 살고 있다. 참깨와 들깨다.

한 마리는 실내에서 한 마리는 실외에서 살고 있다.

참깨는 결혼한 큰 딸이 대학 입학 후 길을 가다가 어미랑 떨어져서 돌아다니던 새끼 고양이를 데리고 왔다. 내가 집사가 되어 버렸다.

참깨는 하필이면 내가 가장 힘들고 아플 때 함께 옮겨 다니며 고생도 많이 했다.

부드럽고 알록달록한 털 색깔과 조용하지만 도도함을 가진 고양이의 매력은 같이 살아본 사람들은 알 것이다.

집안에서 사냥 놀이도 하며 뛰어다니던 참깨도 어느새 나랑 같이 나이를 먹어간다. 할머니 냥이가 되어 낮잠도 밤잠도 많이 잔다. 가끔 코에서 갸르릉 코 고는 소리도 내는 것을 보면 안쓰럽다.

새집을 짓고 이사한 다음해 늦가을쯤 우리집 뒷쪽 골짜기에 갑자기 여러 마리 고양이들이 떼를 지어 돌아다녔다. 어느 날 새끼인 숫고양이 한 마리만 남기고 다들 모습이 보이지 않았다.

남아 있는 고양이에게 사료와 물을 챙겨주면서 들깨라고 이름 붙여주고 돌보아 주었다. 차츰 경계심을 풀더니 화단과 텃밭이 들깨의 놀이터와 쉼터가 되었다.

겨울에는 임시로 박스 여러 겹을 겹쳐서 놓아 주었더니 눈보라를 피해 밤마다 쉬고 갔다. 이제는 어엿한 성묘가 되어 산골짜기에 다른 고양이가 나타나면 달려가서 쫓아내곤 한다.

새도 잡아먹었는지 깃털만 잔디밭에 떨어져 있다. 특식으로 통조림을 주면 그릇까지 싹싹 먹어치울 기세다.

가끔 누구의 묘생이 행복할까? 하는 생각을 하면서 혼자 웃는다.

수고 없이도 따뜻한 잠자리와 먹을거리가 주어지지만 바깥세상 구경하며 돌아다니지 못하는 참깨와 하루종일 먹잇감 구하러 분주하지만 자유롭게 산골짜기 누비고 다니는 들깨에게 물어봐도 답이 없다.

가끔씩 방충망을 사이에 두고 으르렁 거리다가 금방 각자 자리로 돌아간다.

서로의 영역을 인정하는 것 같다. 나도 그렇게 남편과 서로 다름을 제대로 인정하고 살아야 하는데 아직 멀었다.

고양이들은 먹을 만큼 먹으면 욕심내지 않는다.

털 색깔도 나이도 다른 암컷과 수컷 고양이 참깨 들깨를 보면서 내가 너무 많은 것에 욕심내고 사는 것은 아닌지 반성한다.

오늘 새벽에도 꼬질꼬질한 들깨가 나타났다. 현관문 앞에서 기다리고 있다. 얼른 밥 달라고 하는 표정을 지으며 꼬리를 흔들며 다가온다.

어떤 인연이든지 나랑 맺어진 인연으로 만난 참깨 들깨가 건강하고 즐거운 묘생을 살았으면 좋겠다.

그래도 해냈다

글 쓰려니까 방해꾼이 생겼다.

9월을 맞이하면서 결실의 계절이 오니 기분 좋고 하늘만 봐도 행복한 느낌이다. 그런데 호사다마란 말이 딱 어울리는 상황이 줄줄이 사탕이다.

글쓰기를 하려면 집중해야 하는데 방해꾼이 등장하다니.

백신 1차 접종하고는 아무런 증세 없이 편안하게 지나가서 2차도 기회를 놓칠까봐 맞았는데 평상시와 다르게 노곤하고 몸살기처럼 느낌이 안 좋은 날이 이주일째 계속된다.

충분히 잠을 못 자서 그런가 하고 평상시보다 잠도 더 자는데도 나을 기미가 안 보인다.

갑자기 허리 통증이 심해진 남편이 허리 시술을 받아야 해서 2박 3일 병원에 입원해서 시술할 일도 생겼다.

그동안 참가하던 독서 모임에 인증도 해야 하고 창의성에 관한 주제로

5주차 수업 듣던 것도 들어야 하는 중요한 공부거리가 많은데 일어난 일이다.

병원에서 인증샷을 보내는 경험을 하게 될 줄이야!

생각다 못해 수간호사에게 부탁해서 다행히 비어있는 병실 한 칸을 빌려서 줌 강의를 밤9시부터 11시까지 들으면서도 마음이 많이 불편했다.

평소에 일상적인 생활을 하는 것이 얼마나 편안한 일인지 새삼 느꼈다.

겪어보니 다른 사람에게 부탁 안하고 자유롭게 사는 일이 아무런 일이 아니다. 소소한 일상이 행복이다.

아픈 환자들은 왜 그렇게도 많은지 건강의 중요성을 다시 생각하는 시간이다.

일요일날 주일 미사는 아는 자매님 차에 동승해서 다녀오고 불편함 투성이다. 산골살이의 여러 가지 불편에 겨우 적응해 가고 있는데 또 다른 불편이 가중 되었다.

누구도 앞날을 예측할 수 없으니 편하게 받아들이고 있지만 안 생겼으면 좋았을 일들이다.

3천만원도, 3억도 아닌 30억이었다.

내가 겪은 30억의 사기사건에 비하면 이런 일쯤은 아무 것도 아닌 것처럼 견딜힘이 생겼다. 단 한 번도 상상조차 못 했던 일을 겪었지만 이렇게 살아있어 좋은 날들이 되었다.

이런 어려움들이 나를 돌아보고 단단하게 하는 디딤돌이다.

지금 이렇게 글 쓰는 이 순간에도 밖에서는 풀 깎는 예초기 소리가 엄청 시끄럽지만 노래의 리듬처럼 생각하며 듣는다,

거실에서는 남편이 영화 감상 모드다. 시끄러워도 나를 위해 늘 양보

하고 참아준 사람이 잠시 즐기는 시간이라 오늘은 내가 양보한다.

이왕 시끄러운 것 얼마까지 참을 수 있는지 나를 시험하는 시간이다.

백디백친방에서 공금 시간에 박현근코치님의 1인 기업가의 행복이란 주제의 줌 강의를 했다. 정신을 집중하고 내용을 놓치지 않으려고 노력했다. 그런데 저녁 무렵 갑자기 탈이 났다. 민화 공부하러 가서 여럿이 점심에 먹은 순대국밥이 문제가 된 것 같다. 나만 딱 집어서 식중독 증세가 나타났다.

두드러기 증상이 온몸에 갑자기 번져가면서 가렵고 아프고 강의 끝날 때까지 참을 수가 없었다. 차를 타고 응급실로 가면서 줌 강의를 들었다. 다행히 병원에 도착해서 마무리 내용까지도 들을 수 있었다.

주사를 2대 맞고 약을 타오면서 참을성과 배움에 대한 열정이 많은 나 자신을 토닥토닥 해 주었다. 그런 참을성이 있었으니 인생의 구비구비를 견뎌 낼 수 있어서 고맙다고.

오늘은 주말이지만 6시간짜리 책 쓰기 특강을 들으려고 신청했다.

강의에 집중하려고 줌을 켰는데 남편 선배 차가 우리 집 마당에 주차를 했다. 벌초하러 왔다는 것을 차가 도착해서야 알았다.

오전에 먼저 온 분들이 벌초를 일부 마쳤다고 한다. 여기는 가까운 곳에 식당도 없다. 차를 타고 30분 정도 가야만 식당에 갈 수 있다.

상황을 알고 서울서 점심 준비를 제대로 해가지고 왔다고 한다.

야외 테이블이 있어서 쓰라고 했다. 점심을 함께 먹자고 하는데 빠질 수가 없었다.

밥을 먹어도 마음이 줌 강의 나오는 핸드폰에 가 있어서 편하지 않았다. 강의에 오롯이 집중할 수 없는 상황이 속상했다.

다행히 평소에 온라인 특강을 거의 놓치지 않았기에 드문드문 들어도 이해할 수 있었다.

내가 무엇을 하려고 할 때 원하지 않는 방해꾼이 등장하는 일은 한 두 번 일어난 것이 아니다. 괜히 속상해할 필요가 없다.

시끄럽던 예초기 소리가 잠시 그쳤다. 그러니까 영화 소리도 크게 들리지 않는다.

그냥 묵묵히 내 이야기를 쓰는 이 시간이 좋다.

배워서 남 주자! 는 멋진 마인드를 가진 박현근코치님의 1일 글쓰기 특강, 만원의 행복은 말 그대로 행복이다.

열정으로 가득 찬 온라인 강사님들의 실행력, 공감력, 집중과 끈기, 책임감 등 많은 장점을 배우면서 나도 제대로 익어가야겠다.

나이는 숫자다! 환갑 나이가 뭔데? 라고 나 자신에게 말한다.

할 수 있다!

내 인생의 남아 있는 시간에서 가장 젊은 이 순간, 고개 숙인 벼처럼 익어가는 흔적을 남기는 시간이 주어져서 고맙다.

혼자가 아닌 여럿이 줌 세상에 모였다.

각자 사는 곳도 나이도 삶의 여정도 다른 사람들이 함께 하는 줌에서 자기를 성장시키기 위한 시간을 보낸다.

이왕이면 나도 땡큐 코로나! 라고 말하고 싶다.

줌을 통해 많은 분들의 강의를 들었다.

비대면 줌이지만 내 얼굴을 보이면서 바른 자세로 중요한 내용을 열심히 메모했다. 집중하는 시간이 좋았다. 자신을 되돌아보고 배움의 끈을 단단히 엮었다. 유익한 강의 준비하고 열강해 주신 많은 강사님들께 고맙다는 말씀을 드리고 싶다.

지나간 아픔의 흔적은 이미 지워버렸다.

힘들고 어려운 일을 겪어냈기에 지금 산골살이 하면서 가꾸는 작은 행복이 귀하게 느껴진다.

준비 없이 시작한 귀촌 생활이었지만 이제는 많이 적응하고 있다.

일상에서 감사거리를 찾으며 행복의 씨앗을 한 봉지 챙겨서 내년에 다시 내 마음의 꽃밭에 뿌릴 것이다. 온 들판에 행복의 향기가 널리 퍼지도록……

브라보, 마이 라이프! 다.

김보은 작가님 민화 작품

Chapter 5

엄마로 살다,
"진짜 나"로 살다!

김
미
경

Contents

김미경

- 이메일 주소 mkkimisep@naver.com

- 블로그 주소 https://m.blog.naver.com/mkkimpmpt5

- 인스타 주소 https://www.instagram.com/pmpt5_jesus_happyfamily

- 유튜브 주소 https://youtube.com/channel/UCYdcX–JEf–cb_qHIzPqg_fw

- 오픈채팅방 주소 https://open.kakao.com/o/sZzXICyc

어느 날 갑자기 책 쓰기를 선택했다.

왜?

나도 모르게 그냥 나의 삶을 정리하고 남기고 싶다?는 생각이 들었다.

나는 나인데, 정말 '진짜 나'는 누구인지 모르고 살아왔다.

2021년 9월6일

새벽 6시30분에 시작한 책쓰기 내가 계획한 길은 어디인지 모르고

하늘에서 인도하는 길을 가고 있다고 생각하면서 간다.

결혼

나는 결혼식을 했다. 대학교 졸업식 일주일 후에. 1986년 3월 1일 토요일 '대한독립 만세'하던 날, 나는 '내 인생 만세'하던 날이 되었다.

대학교 졸업식 날, 대학 캠퍼스에서 예비 남편과 부모님과 동생들 사진

결혼식장, 천도교 회관에서 남편과 내 친구들 친구들과 함께

대학교에 들어가서 버킷리스트를 마음 속에 그렸다.

인생의 절정기는 대학교 4년이란 생각을 했다.

막연히 졸업 후 사회 생활, 결혼 생활을 하면 '나'라는 사람이 없이 '역할
의 나'로 살게 되리라 생각을 했다.

버킷리스트

100번?의 미팅, 연애(첫 사랑, 둘째 사랑) 결혼 상대자(약혼식, 4학년
10월 31일), 서클 활동(아카라카 응원단, 요트 부, 테니스 부, 클래식 기
타 부, 로타렉트 봉사, 야학 교사 등), 영어 회화(SDA 14개월) 아르바이
트(2학년 여름 코엑스 행사 안내, 3학년 외국 관광객 안내 – KBS 뉴스 방
영) 성적, 장학금(4학기 장학생)

요즘은 버킷리스트가 일반화된 용어다.

그때는 이런 말이 없었다

대학교 졸업생 환송식에서

"저는 대학 생활 속에서 이루고 싶었던 것들을 모두 다 해보고

졸업합니다. 후배님들도 멋진 대학 생활을 하시길 바랍니다."

이렇게 말한 사람은 나밖에 없었다.

대부분 후회하는 말 한마디를 하면서 인사말을 했다.

로타렉트 서클활동에 야학교사일 때 공부하던 학생들과 사진

전공 수업 시간에 들어가서 약혼식 야외 촬영하다가 수업 시간에 들어

가서 기념 촬영을 했다.

마냥 행복한 결혼식, 마냥 행복한 결혼 생활을 꿈꾸며 시작했다.

대학교 생활 4년은 내 꿈을 다 이루었다.

그리고 새로운 시작, 결혼을 졸업식 일주일 후에 했다.

약혼식 야외촬영하다가 대학교 4학년 수업시간 10월 31일

행복 시작 ! ?

내가 아닌 우리로 살아가는 결혼은 혼자 잘 하는 것이 아니었다.

큰 딸을 낳고, 둘째 딸을 낳고, 그리고 남편과 유학원 사업을 했다.

무에서 유를 창조하며 우리나라에는 없었던 호주 자비 유학을 한국에

도입하는 등의 많은 새로운 일을 성공적으로 하고 있었다.

유학 프로그램도 개발하고 많은 사람들이 호주 유학에 대한 새로운 혜

택을 누리며 새로운 삶을 살아가도록 돕는 일이었다.

모두 좋아 보였으나 남편은 유학하고 온 졸업생과 바람이 났다.

두 딸이 7살, 5살이고 나도 30대 초반에 두 아이의 엄마로, 같이 유학원 일을 모두 함께 하는 그 가운데에 모든 것이 다 깨졌다.

남편이 바람이 난 것이다.

내 인생에 새로운 출발, 정말 내 삶이라고 생각한 결혼 생활에서 기본을 깨는 바람이 난 것이다.

거짓말을 계속하는 남편, 나에게 문제가 있다고 하는 남편, 시댁 시어머니랑 가족들 앞에서 무릎 끊고 이 여자랑 못살겠다고 이혼을 해야겠다고 하는 남편….

나의 인생, 두 딸의 인생을 생각하며 내가 어찌해야 할 지 모르는 가운데 내가 와인 한 병을 단 숨에 새벽에 들이키고 화장실에 들어갔다가 쓰러졌다.

남편은 갑자기 겁이 나서 그 새벽에 친정엄마에게 연락을 했다.

친정엄마는 그 동안 내가 감추고 알리지 않은 남편의 바람을 다 알게 되셨다.

그리고 나만의 문제가 아니라 친정 엄마, 친정 부모님까지 알게 된 일로 번져갔다.

잘못을 한 남편은 자신은 당당하고 나에게 문제를 삼아 이혼을 하자고 한 것이다.

시댁에 시숙님이 친정에 와서 남편의 미친 생각, 행동을 대신 사죄하셨다.

그러나 문제는 본인 당사자라서 남편의 바람은 스스로 해결을 하지 못하는 상황으로 이어져 갔다.

나는 이혼을 하지 않기로 했다.

왜???

나의 인생을 결혼 후 삶으로 내가 선택한 삶으로 정하고 있었기에 이 결혼을 이혼으로 끝내면 내 삶은 끝이라고 생각했다. 이혼 후 정서적, 경제적, 사회적으로 감당이 안될 것 같았다.

이혼을 해봐야 알겠지만, 그땐 그냥 그랬다.

그러니 바람 핀 남편은 내가 더 이상한 여자로 느껴졌을 것이고 바람 핀 상대 여자도 내가 이렇게 나오니 내가 이혼하고 남편이 자기와 살기를 바랬을 것이다.

난 그 여자가 누구인지 알게 되었다. 간호사 백○○. 미혼이고 싱글로 우리 유학원에서 보낸 유학생으로 우리 프로그램을 남편과 함께 홍보하러 전국을 다니던 여자였다.

그 여자와 연락해서 그 여자가 근무하는 병원에서 만났다.

그리고 그 여자와 남편 사이에 일어났던 이야기를 그 여자 입으로 하는 얘기를 모두 들었다.

그 여자는 아직 어리고 양심은 살아있었다. 현실적으로 딸이 둘인 남자를 자기의 남편으로 받아들일 생각은 없었던 것 같다.

나에게 미안하다고 하고 두사람의 관계를 정리하기로 했다.

그 여자가 스스로 물러나서 이렇게 바람은 끝이 났다.

이것은 첫 번째 바람이었다.

첫 번째 바람이 지나갔다.

깨어진 그릇을 다시 붙이며 살아갔다. 나의 속을 달래며 살아가고 있었다.

아이를 낳는 고통이 커서 다시는 아이를 낳지 않겠다고 하다가 다시 아이를 갖고 아이를 낳는 것처럼. 이혼을 하지 않고 살아가겠다고 한 내 생각으로 나는 나의 마음을 달랬다.

그렇게 일상의 생활이 돌아왔다.

큰 딸이 9살에 두 딸로서 아이는 충분하다고 생각하고 감사하며 만족한 삶 속에서 누군가 얘기했다.

'당신 남편의 사주에 아들이 있다.'

엥?

무슨 말인가?

다시 남편의 바람이 떠올랐다.

'남편이 또 다시 바람을 피우고 다른 여자에게서 아들까지 낳아온다면……'

정말 상상만해도 끔찍했다.

내가 감당할 수준을 벗어난 일이라 생각했다.

그래서 가정을 지키기 위해서 남편 사주에 있다는 아들을 내가 낳아야겠다고 생각했다.

정말 내 생각과는 전혀 다른 삶을 살아가는 것을 안타깝게 생각했다.

그래도 두 딸과 남편과 가정을 잘 지키려고 나는 노력했다.

아들을 낳게 한다는 산부인과를 찾아서 상담하고 남편과 함께 노력했다. 조선시대에 양반가에서 한다던 그런 방법인 듯했다.

"한달 동안 부부관계를 갖지 마세요. 한달 후 부부관계하기 전날에 남편은 커피를 한 주전자를 마시세요. 부부관계는 새벽 5시에 가지세요. 남편과 아내의 자세는, 사정 후 자세는……"

정확한 코치를 받고 시키는 데로 두 사람은 노력했다. 그리고 한 번에 아이가 생겼다.

그리고 그 아이의 성별을 확인할 때에 아들이라고 했다.

와아~~ 이런 일이 생기다니.

아들은 생일이 1997년 IMF 직전 여름이었다.

남편은 아들을 낳은 후 에너지가 넘치는 새로운 삶을 살아갔다.

유학원의 지사를 국내, 해외에 내며 정말 열심히 신나게 일을 했다.

그런데 1997년 12월에 국가부도사태, IMF 금융위기를 발표 후 환율은 3배까지 올라서 유학원의 모든 일들이 엉망으로 변했다.

일은 키웠고 유학을 갔다가도 돌아오고 신청한 학생도 취소하고 우리가 감당이 안 되는 상황이 되었다.

내가 아이를 낳고 집에서 몸조리를 하며 쉬는 동안이었다.

늘 그렇게 내가 함께 일하다가 아이 낳고 쉬는 동안에 공교롭게 남편 혼자 일을 감당하기 어려운 상황이 벌어졌다.

남편은 그럴 때에 친정엄마와 큰 시누이에게 점을 보는 곳에서 앞으로 어떻게 될지 물어보라고 했다.

점집에서의 답은 남편이 내 복으로 잘 된다는 얘기가 나왔다.

정말 신기하게 내가 같이 일할 때 남편은 문제없이 일이 잘 됐다.

그리고 함께 IMF도 이겨냈다.

그리고 아들이 유치원 나이에 남편은 다시 유학원에 일하는 직원인 남편 비서와 두 번째 바람이 났다. 그 여자 직원은 싱글이 아니라 돌싱, 결혼 후 아들이 있는 이혼녀였다.

그 여자와의 해외 출장 여행, 그 여자가 사는 마포구 집 주소, 그 여자 친정 엄마와 통화, 점 집에서 부적…… 그리고 남편의 각서.

그 여자는 사무실에서 내가 소리지르고 내쫓았다.

그렇게 두 번째 바람이 끝났다.

시간은 또 흘러갔다.

딸 둘과 아들 하나. 남편과 시어머니를 모시고 살면서 남편과 유학원에서 함께 일했다.

어렵게 IMF 위기를 겪고 두 번째 바람도 잡은 후 그러다가 둘째 딸이 호주유학을 하고 있는 가운데 고등학교 3학년 올라가는 시기에 갑자기 우리나라 설을 앞두고 작은 딸에게 문제가 생겼다.

내가 호주에 가봐야했다. 남편은 서둘러 나더러 가라고 하며 호주로 보냈다.

정말 정신없이 떠났다.

그리고 1년을 호주 남부 아들레이드에서 작은 딸과 있기로 했다.

큰 딸이 막내 아들을 데려다 줬다. 큰 딸은 다시 돌아가서 미국으로 유학을 떠나고 아들과 작은 딸과 셋이서 호주에서 1년을 계획하고 살았다.

2008년 금융위기가 터졌다. 호주에서도 인터넷으로 유학원 일을 보며 두 아이를 돌보며 지냈다.

그리고 1년이 지나고 한국으로 돌아왔다.

유학원에서 경리 CFO를 하면서 모든 돈이 돌아가는 것을 예산 실행 등을 하므로 카드로 결제한 것들을 일일이 파악하던 일을 했다.

남편의 세 번째 바람이 드러났다.

같이 프로그램을 진행하던 국내 대학교 교수와 바람이 났다.

그 여자 아파트도 비싼 값에 사주고 외제 차 리스도 해주고 같이 다니며 돈을 쓴 내용까지……

그 여자의 집도 알아냈고 그 여자와의 관계를 그 여자의 입에서 직접 듣기도 했다.

이 여자와의 바람으로 남편은 나를 호주로 급히 보낸 것이 보여졌다.

세 번째 바람에도 나는 괴로우나 어쩔 수 없이 가정을 지켜야 한다고 생각했다.

두 딸이 사춘기 중고등학생이고 아들이 중학생이 되고 그렇게 지내다가 아들이 아프게 되었다.

세 번째 바람은 아들의 병으로 보이지도 않고 그냥 묻혀서 속앓이로 시간을 보내게 되었다.

그러다가 아들과 미국으로 유학을 중학교 3학년 여름방학에 가기로 했다.

아들의 병으로 모든 초점이 쏠리는 삶이 시작되었다.

미국 뉴욕 맨하튼에서 딸 둘과 아들 그리고 나, 4명이 원룸에서 지냈다. 그리고 나는 다시 한국에 돌아오게 된 후에 남편의 네 번째 바람의 상대 여자를 알게 되었다.

항공사 스튜디어스였다. 참 다양한 여자들이 남편과 바람을 피웠다.

이번에는 남편은 졸혼을 얘기했고 나는 이번엔 이혼을 말했다.

그리고 남편은 그 네 번째 여자 집에 같이 살면서 자신의 바람을 그대로 들어내는 삶을 살아가고 있다.

일, 돈, 시간

결혼할 때 돈이 없이 무일푼으로 시작했다.

결혼식 후 필리핀에서 대학원을 다니면서 생활비와 유학비용으로는 얼마 안 되는 돈을 쓰면서 지냈다. 한국학생들이 필리핀으로 유학하는 것을 도우며 아르바이트를 하고 있었다.

우연히 필리핀 마닐라에 있는 호텔에서 호주유학 설명회를 참석했다.

내가 호주 유학을 6개월 속기비서학을 배우러 가기로 했다.

서부 호주, 퍼스(Perth)에 비즈니스 과정에 등록을 하고 신혼에 나 혼자서 호주 유학을 떠났다.

호주 유학을 비즈니스로 보고 남편이 서울로 나가서 호주대사관을 통해서 유학생 비자에 대한 문의를 했다.

호주 대사관에서는 우리나라에서 자비유학을 갈 수가 없다고 했다.

그 당시에는 소양 교육을 1주일간 받은 후에야 여권을 받던 시절이었다. 호주 무역투자 부(AUSTRADE)에서 호주대사관에 유학 정보를 주며 우리의 호주 자비 유학에 대한 내용이 맞는다는 것을 확인해 주었다.

남편이 호주유학원을 시작해서 오스트레이드와 호주학교에서 광고비를 지원받았다.

조선일보 1면에 통 자로 광고를 냈다. 남산에 있는 하이야트 호텔에서 호주유학 행사를 시작으로 호주유학은 우리를 통해 퍼져나갔다.

우리는 그 당시 블루오션인 호주유학원을 하게 되면서 돈은 정말 많이 벌었다.

큰 딸이 첫돌이 되기 전에 지금의 서울 숲 앞에 있는 32평 아파트를 샀다. 자동차 등 돈 걱정이 없는 시간을 보내게 되었다. 국내 지사, 해외 지사를 늘리고 직원도 늘렸다.

인터넷도 없이 타자로 서류 작성하던 때에서 컴퓨터, 인터넷으로 행정이 바뀌었다.

여러 가지 새로운 기술의 발전, 네이버 카페, 친인척의 유학, 이민자들 등의 새로운 경쟁자가 생겨나기 시작했다.

유학원 사업에서 가장 먼저 온 경제적인 위기는 바로 "IMF" 한국 국가 부도 외환위기였다.

환율이 2~3배로 올라서 계획하던 유학 생활을 중도에 포기, 준비하던 유학도 취소하는 등 도저히 감당할 수 없는 어려움이 시작되었다.

그래서 모든 지사들, 직원들을 최소한의 숫자로 줄여 긴축으로 겨우 겨우 살아남았다.

이 때, 많은 자영업자들이 자살을 하는 뉴스가 나왔다.

나도 그 심정이 이해가 갔다.

돈이란 게 이렇게 삶을 마감해야 할 정도로 힘들게 하는 것이란 걸 알게 된 것이 그 때 IMF 시기였다.

어찌되었는 우리는 IMF를 최소화하는 과정으로 버텨냈다.

2008년 금융위기

미국의 서브프라임 모기지로 한국에 다시 경제적 위기가 왔다.

나는 작은 딸과 막내 아들과 함께 호주 남부 아들레이드에서 1년간 유학 생활을 하며 지내는 시간이었다.

인터넷이 가능해서 인터넷 뱅킹 등으로 호주에서도 경리 예산, 집행 등을 도우며 일을 하고 있었다. 완전 바닥이었다.

예산이라고 하는 것은 카드 활용, 현금 서비스 활용을 어떻게 하느냐가 대부분이 될 정도로 힘들었다.

또 다시 바닥의 바닥을 경험하며 새로운 훈련이 된 시간이었다.

돈이 얼마나 중요하고 관리가 얼마나 중요한지 배울 수 있던 시간이었다. 그리고 한국에 2009년에 돌아왔다. 아들과 미국 유학을 떠나기까지 유학원은 대학교 프로그램 컨설팅으로 확장이 되었다.

우리 가족은 지금까지 누려보지 못한 현금을 급여로 받았다.

세금도 정말 많이 납부했다.

연봉 7억

2012년 7월 막내아들과 함께 두 딸이 먼저 유학 중인 미국 뉴욕 맨하튼
으로 유학을 하러 갔다. 1년에 일인당 1억이 넘게 든다는 미국 뉴욕 맨하튼
유학생활을 3명을 모두 마치게 되었다.

정말 무일푼으로 시작한 결혼생활이 이 정도로 여유 있는 생활을 하게
되었다.

그리고 남편의 세 번째, 네 번째 바람과 아들의 정신적인 어려움이 나
와 가족을 정상적인 생활을 할 수 없을 정도로 만들어 갔다.

그래서 나만 아들을 돌보기로 하고 다른 가족은 모두 신경을 끊고 각자
생활에 집중하도록 얘기했다.

가족 중에 한 사람이 아프면 모든 가족이 다 힘들어지는 것을 알기에
나만 힘들면 된다고 생각으로 그렇게 하기로 했다.

그러다가 또 남편의 바람,

아들의 20살이 넘어가는 시기에 내가 탈진이 되었다.

남편도 내가 함께 하던 회사 일을 하지 못하게 했다.

나는 이것이 하늘의 뜻인가 보다, 생각하고 그냥 맡겼다.

독일 피엠인터내셔널을 통해서

1997년 IMF 국가부도사태
2008년 금융위기
2020년 코로나 위기

내 삶에서 경제적 위기는 국가적, 전세계적으로 이렇게 확대되어갔다.

일! 돈!! 시간!!!
삶을 살아가는 데 우리는 일을 빼놓고 생각하기 어렵다.
돈과 시간도 마찬가지이다.
나에게 일은 살아있는 동안에 꼭 있어야 하는 기본이었다.

그래서 남편과 함께 30년을 함께 유학원을 하면서도 일이 없이 지내는 것이 더 힘들었다.
일의 리듬, 생활 습관이 건강과도 연결되어지는 것을 생각하고 살아가고 있다.
남편과 함께 일해오던 것을 내려놔야 하는 상황을 받아들이고 홀로서기를 하는 상황이 되었다.
그냥 흐름대로 움직였다.
잠이 오면 잘 시간에 자고 일어나야 하면 일어나고 그냥 시간을 보내는 시간이었다.
그러다가 건강기능식품 방문판매회사, 다단계 회사들; 암웨이, 애터미,

뉴스킨, 4Life, 유니시티, 카야니, ACN 등을 만났다.

교육을 받으러 다녀봤다. 사회를 공부하고 건강, 사람을 공부했다.

각각의 특성과 그것으로 혜택을 보는 사람들, 사업자, 소비자들을 보고 배웠다.

어싱 이불, 욕조, 공기청정기, 수소수기 등도 알게 되었다.

정말 다양한 내용을 배우고 만났다.

뇌 과학, 도형심리, 지문, 유아마사지, SNS, 강북상성병원의 질병 세미나, 약초이야기 등등

그리고 지쿱이라는 네트워크에서 사회적 기업으로 장애인들을 고용하는 정직함과 건축회사를 운영하던 여자 사장님의 얘기를 듣고 지쿱에서 하는 교육을 듣기 시작하면서 다녔다.

헤나, 아로마 오일, 뷰티, 약사의 건강 강의, 한의사 두 분의 에너지 다이어트 현장과 인터넷 프로그램 에너지 다이어트 체험, 부코치, 코치, 강사 프로그램, 비전 스쿨, 일박 이일 행사 참여 등….

2018년 말에 주식을 사업자에게 준다고 하여 거액 투자로 제품을 쌓아서 할인 판매로 정리까지 했다.

에머랄드라는 직급을 만들어서 태국 해외여행도 가게 되었다.

그리고 리더들이 하는 일박이일후 회의에 참여하면서 실제적으로 네트워크에서 어떻게 행사를 만들어가는 지 보고 배우고 참여했다.

비즈니스 하는 사람들의 조찬모임으로 매주 수요일에 비씨글로벌에 오전 6시30분까지 신사 역까지 갔다. OBM이라는 영업하는 노하우를 책, 쇼 호스트 학원, 설득강의, 유 튜브를 하고 계시는 김효석 박사님의 무료강

의를 듣고 12주 강의를 듣기도 했다.

비씨글로벌 조찬모임에서 하는 매주 프로그램에서 나는 실제적인 성장을 하고 있었다.

'영업은 전혀 나하고 안 맞아' 하던 나의 고정관념이 있었다.

자연스럽게 매주 40초 발표로 비즈니스 핵심을 준비해서 발표하고 1:1로 서로 비즈니스를 나누며 많은 것을 보고 배웠다.

이 모임을 하는 중에 성실히 다니며 모임이 2개로 성장하면서 리더로 자리를 옮겨주셨다.

40초 발표에 지쿱 에너지 다이어트 코치에서 독일피엠 세포 영양 주스로 옮겨졌다.

오프라인 모임에서 줌 방송으로 비즈니스가 바뀌는 상황이 되었다.

지쿱에서 2019년 10월 1일에서 탈퇴 3개월 후에 바이너리 보상인 회사인데 라인변경을 통해서 새롭게 회원을 정리하는 것을 발표에 따라 하기로 결정했다.

내가 열심히 하는 것을 보았고 돈도 거액을 투자하는 것을 본 스폰서 중에서 제안을 해서 나는 그렇게 하기로 했다.

그러다가 2019년 9월 30일 월요일 오후 2시 구로디지털 역에서 만나자고 한 지쿱 스폰서를 만나보니 독일피엠 사업 설명하는 곳이었다.

내일 탈퇴예정이었고 지쿱 스폰서를 만나서 5개월 만에 지쿱 다이아몬드 월 1000만원의 수입이 된 얘기를 들었다.

'정말 그럴 수 있을까' 하며

3개월은 아무것도 하지 못하니 그렇게 하자고 했다. 그리고 오후 7시에는 신도림 역 지쿱 사업설명을 들으며 3개월을 보냈다.

그런데 소개만 하고 연결만 하던 시간이 지나고 2020년 1월 1일에는 나의 방향이 완전히 바뀌었다.

번개모임에서

PT5

플래너 강사

블로그 수익형

(네이버 블로그 : 독일피엠 명품언니)

이런 3가지의 현실적인 목표가 떠오르고 미라클 모닝을 시작했다.

모든 것은 내가 생각해서 한 것이 아니라 흐름대로 감동대로 하늘의 뜻을 따랐다.

내가 했다면 선택하지 못한 것들이 너무나 많았다.

지쿱에서는 봉사, 교육을 머리 속에 갖고 지냈고 독일피엠은 건강, 돈, 행복을 머리 속에 가지게 되었다.

플래너도 쓰지 않았는데 쓰고 있고 블로그가 뭔지도 모르다가 블로그를 통해 여기까지 지식과 경험, 사업자까지 지쿱의 에메랄드, 독일피엠의

EVP 월 500만원 수입에 왔다.

네트워크 마케팅을 전혀 모르지만 실제적인 나의 체험, 많은 분들의 체험을 보며 어떤 회사, 어떤 제품, 어떤 보상인지를 볼 수 있는 눈을 갖게 되었다.

이제는 많은 책도 보고 많은 유 튜브 동영상도 보며 나의 지식과 체험을 키우고 있다.

왜?

내가 하는 것이 아니고 하늘에서 하신다.

"나를 믿어라, 내가 준비하고 있다"

이 말씀을 믿고 포기하지 않았다.

돈을 보고 오지 않고 건강과 함께 하는 것의 행복을 생각하고 왔다.

이제 인생 2막 곧 60세이다.

독일피엠으로 죽을 때까지 일이 있고 돈이 되고 함께 건강하고 행복한 삶을 만들어갈 사업자, 소비자가 있어 감사한다.

나는 건강이 첫째다.

영, 혼, 육

그리고 이 세상을 사는 동안 하늘에서 기뻐하는 일을 하고 기쁘게 떠나고 싶다.

나, 진짜 나

나는 서울 미아리에서 태어났다. 엄마와 아빠는 친척의 맞선으로 그 당시 노처녀, 노총각, 26살, 27살에 만나서 결혼하셨다.

나는 1963년 6월 3일에 태어났다. 첫 딸!

아버지는 보수적이고 무서운 분, 엄마는 희생적이고 따뜻한 분. 어릴 때 기억은 없다.

내가 한국 나이 3살에 미아리 시장에서 길을 잃어버렸다.

혼자서 집을 찾아왔다는 얘기를 여러 번 들었다.

아무렇지 않게 흘려듣던 얘기가 지금은 다르게 와 닿는다.

수호천사가 나를 도와주신 것으로 정말 감사하고 신기한 해석이 되었다.

초등학교 6학년에 나는 만화책에 빠졌다.

동네 만화방에 앉아서 겨울방학에 완전히 몰입하며 만화책을 보았다.

그 때 생각에 '중독'이 되었다고 생각했다.

'중독'을 끊는 것은 단방에 안 하는 것이라는 생각을 했다.

그리고 그 날 이후 다시는 만화책을 보지 않았다.

중학교 1학년 봄에 나는 하염없이 눈물을 흘리며 1주일간 이유도 없는 슬픔에 싸여 지냈다.

그리고 도저히 어쩔 수 없어서 학교 상담실에 스스로 찾아가 매일 상담을 하고 이유는 모르나 다시 평안하게 되었다.

20대에 대학교에 들어가 대학교 4년을 버킷리스트를 모두 이룬 활기차고 희망찬 시기에 나는 무엇인지 기억나지 않은 슬픔의 슬럼프에 빠졌다. 허우적대는 나를 내가 어찌할 바 몰랐다.

이 때는 누구의 도움이 아니라 스스로 결정했다.

'나는 슬픔, 괴로움, 두려움 어떤 부정적인 감정을 인정하지 않는다.'

내 기억에는 나의 결단으로 더 이상 그 때 이후 슬픔, 눈물을 흘리지 않았다. 나의 어릴 때 생활은 평범하지만 착하고 성실하고 순종적인 시간이었다.

1982년 3월 대학교 생활을 시작했다

나의 대학교 4년의 생활은 내 인생의 최고봉, 피크라고 생각했다.

20살 시절. 마냥 좋은 느낌, 생각, 기억들로 가득 차 있던 시간들이었다. 봄, 가을에는 학교 축제, 미팅, 서클활동, 아르바이트, 같은 과 친구들과 여행, 그렇게 할 것 다 하고 장학금도 4번을 받았다.

정말 화려한 시간들의 연속이었다. 대학교 졸업식 후 일주일 후에 결혼식을 하고 나의 삶은 새롭게 희망을 갖고 행복한 출발을 했다.

결혼 생활 3년은 내가 아니라 우리로 적응하며 서로 맞춰가며 행복한 사랑을 많이 받으며 지냈다.

물론 너무 다른 상대에게 맞추느라 싸움은 늘 있었다.

결혼 후 필리핀 유학에서 호주 유학으로 옮기며 한국에 돌아와 한국 최초로 호주 유학원을 시작했다.

내가 한국 최초 자비 유학생이었다.

큰 딸이 태어나고 돌이 지나서 뉴질랜드로 이민을 갔다가 돌아왔다.

뉴질랜드 오클랜드에 국립 매시 대학교 부속 영어학원을 일본인 동업자와 운영했다.

3년 후 여건이 한국에 되돌아오게 되었다.

한국에 와서 호주 유학원은 점점 잘 되었다. 큰 딸, 작은 딸과 함께 지금의 서울 숲 앞에 동아 아파트 32평을 사서 지냈다.

집 전체를 카펫을 깔고 살았다.

친정 아버지와는 다른 삶을 살았다. 친정 아버지는 아끼고 안 쓰시는 분이신데 남편은 쓰고 버는 형태의 사람이다. 나는 아버지와 비슷한 성향이었다.

시아버지는 큰딸 백일 후 얼마 후에 위암으로 70세가 안되실 때 수술

하시고 회복하시다가 돌아가셨다.

시어머니 홀로 사셔야 하는 데 작은 아들, 셋째 아들 댁에 돌아다니며 사시게 되었다.

시어머니를 안 모신다고 그 착하신 셋째 형님이 가족 회의를 하셨다.

막내 며느리인 내가 드디어 시어머니를 모시게 되었다. 그리고 제사도 모셨다.

물론 나는 막내 아들이라서 결혼을 선택한 이유가 있어서 처음에는 싫다고 시어머니를 안 모시려고 했다.

상황이 내가 모셔야 하는 방향으로 되어 가족 친지를 모두 편한 방향으로 만들기 위해서 '나 하나 희생하자' 라는 마음으로 막내 며느리는 맏 며느리의 역할을 하게 되었다.

남편은 이런 모든 상황에서도 두번째 바람을 피웠다.

두번째 바람은 사주에 있다던 아들이 유치원에 다닐 때였다.

이번에도 친정 아버지, 엄마가 아셨다. 성수동에서 평창동으로 이사온 95년, 아들이 태어난 97년, IMF 위기, 그리고 또 두번째 배신이었다.

우리 친정 부모님과 남편 시댁 식구들이 대결하는 모습이 보였다.

안 살아야 한다는 마음과 아이셋과 내 인생을 여기서 우리의 가정을 끝내고 싶지 않았다.

나는 그 때, 불교 신자, 점 집(부적) 교회(기독교 종교생활), 이름 작명(가족

4명 모두) 등 내가 할 수 있는 것은 다 했던 것이 기억난다.

아직 젊은 데 세상에 대한 두려움은 컸던 것 같다. 세상 사람들의 비난, 경제적 자신감 부재, 어떻게 할 수 있는 지 알 수 없었다.

남자들의 바람을 피는 심리에 대한 책을 읽었다.

'왜 남편은 계속 바람을 피우나' 진짜 이유는 알 수 없다.

전문가들의 통계적인 이유를 읽고 남편이 살아온 가족 배경과 심리를 이해하려고 애를 썼다.

텔레비전에 나오는 성 클리닉 상담 부부도 알아서 함께 찾아가 보았다. 상담을 하면서 부부가 상담을 하는 것이 아니라 의사선생님과 내가 둘이서 남편을 상담하고 있었다.

○○장애라고 하는 말로 병명 아닌 병명을 얘기해주셨다.

말이 규정하는 대로 우리 머리는 그 방향대로 이해하는 것 같다.

그렇구나 하고 더 포기하게 되는 상황이었다.

남편과 유학원을 함께 30년이상을 운영하면서 부부로서 좋은 3년 기간 이후 나머지는 견디며 적응한 시간이었다.

리셉션(안내)

상담, 행정,

원장,

경리(CFO)

A to Z (처음부터 마지막까지)모든 것의 운영에 참여했다.

아무것도 모르는 상황에서 필요한 것을 그 때 그 때 찾아가며 배우며 적응했다.

돌아보면 '어떻게 할 수 있었나' 싶다. 모르는 컴퓨터, 액셀 등 감사하게도 남편은 크게 아프지 않았다.

나도 잘 지냈다.

남편도, 나도 다시 제자리로 돌아오고 아이들은 잘 자라주었다.

큰 딸과 작은 딸은 호주 유학을 남부 호주 아들레이드에서 중, 고등학교를 조기 유학으로 갔다. 홈스테이로 호주 가정에서 지냈다.

두 딸은 성격이 각각이라서 정말 각각 다른 어려움이 있었다.

작은 딸이 고등학교 3학년에 올라가기 직전 기말고사에서 올 A를 받았다. 그런데 그게 오히려 스트레스로 다가왔던 것 같다.

시험이 기다려진다고 좋아하던 작은 딸이 부담감에 정신적인 어려움을 보였다.

언니는 미국으로 대학을 갔고 혼자 남아 언니가 쓰던 방을 독방으로 옮기니 좋아했다.

방 청소를 하다가 새벽에 음악을 듣고 밤에 거리로 나간 것이다.

경찰, 학교, 홈스테이를 통해 정신 병원에 1주일간 입원하는 상황이 벌어졌다.

학교에서 연락이 와서 작은 딸을 한국으로 데리고 돌아가야 한다고 연락이 왔다.

남편은 우리가 유학을 보내던 학교라서 교장선생님과 통화를 했다.

내가 가서 같이 있는 것으로 문제 해결을 했다.

이 때 막내 아들이 5학년에 올라가는 시기였다.

호주 유학을 생각지도 않은 상태에서 갑자기 떠나게 되었다.

겨울 설 연휴 직전이었다. 내가 먼저 비행기 표를 끊고 호주로 떠났다.

나중에 큰 딸이 막내 아들을 한국 학교와 호주 학교 수속을 통해 호주에 데려다 주고 갔다.

남편은 작은 딸의 고등학교 생활을 생각한 것이었으나 그 뒤에는 세번째 바람의 여자가 숨어 있었다.

나중에 알게 된 것은1년 후 한국에 돌아온 뒤였다.

2008년 금융위기로 어려운 시기였다.

회사 경리는 다시 바닥의 바닥으로 내려갔다.

나는 인터넷으로 호주에서도 경리를 예산, 실행을 돕고 있었다.

그런 와 중에 남편은 바람이 또 난 것이었다.

2008년 금융위기,

작은 딸 고등학교 3학년, 막내 아들 초등학교 5학년을 마무리를 잘 하고 한국에 돌아왔다.

남편은 내가 경리를 보고 있고 모든 돈을 쓴 근거를 정리하기에 숨길 수가 없었다.

그러나 거짓말에 거짓말을 했다.

엎친 데 덮친 격으로 막내 아들이 중학교 2학년에 '왕 따'의 사건으로 남편이 학교에 선생님들에게 회의 소집을 했다.

그 당시에 대구에선가 중학교 2학년 아이가 '왕 따로 자살하는 이야기'가 이슈가 된 시기였다.

아들은 성격이 혼자서도 잘 지내고 친구나 친척 누구나 하고도 잘 지내는 문제가 없는 아이였다.

그런데 사춘기, 중 2라는 시기에 매스컴과 더불어 문제가 크게 되었다.

혼자 두면 될 일이었는 지는 몰라도 아들은 중학교 2학년 봄 5월에 학교를 조퇴하고 나랑 정신과 병원에 가자고 했다.

광화문에 있는 개인병원에 갔다.

아들과 엄마인 나는 둘이서 서류, 기계 검사를 몇 시간 동안 했다.

여자 의사선생님은 결과를 나에게 따로 설명하셨다.

"이 아이는 지금 학교도 다니기 어려운 상태입니다. 과외나 학원은 모두 끊고 학교만 다니는 것이 좋겠습니다."

"ADHD" 주의력 결핍 및 과잉 행동 장애 (attention deficit hyperactivity disorder)

옛날 식으로 하면 "장난꾸러기"라 생각이 되는 병명이다.

아들은 적극적인 행동이 아니라 소극적인 행동으로 상상, 그림 그리기, 내면으로 많은 생각을 하는 타입이라는 것도 책을 통해 알게 되었다.

그렇게 병명을 받았고 병명에 따라 약을 처방받았다.

주기적으로 병원에 다니는 정신과 환자의 길에 들어갔다.

그리고 이제 10년이 되었다.

아들은 중학교 3학년 여름방학에 미국 고등학교 유학을 준비해서 미국 유학 비자까지 받은 상태였다.

그런데 분노 조절이 안 되는 사건으로 폭력이 나타났다.

강북삼성병원에 유학 가기 직전에 일주일간 정신과에 입원을 했다.

약을 안 먹으면 안 된다는 병원 의사선생님의 말씀을 따랐다.

약만 먹으면 정상적으로 되돌아온다는 얘기만 믿고 따랐다.

그리고 유학 길을 떠났고 미국 유학생활을 하게 되었다.

9, 10학년 2년은 한국 성적이 양, 가였던 것이 영어도 배우며 지내는 데 올 A를 받고 우등 반으로 상을 받기도 했다.

그러다가 10학년 기말고사 시험 중 폭언, 폭력 미수로 자퇴처리 될 상황이 되었다.

학교에서 다행히 전학을 권유했다.

11학년을 다른 학교에서 다시 시작한 첫 학기가 되자마자

수업 시간에 선생님이 계시는 데 학생을 쳤다.

학교에서 조치가 홈 스쿨링(Homeschooling)을 하도록 하셨다.

그렇게 집에서 학교 과목을 공부하기 시작했다.

공부보다는 피시 방을 다니며 게임 중독, 폭언,

물건(핸드폰, 노트북, 의자 등) 망가뜨림, 나를 폭행까지 하게 되었다.

나는 도저히 폭행은 견디기 어려웠다.

미국 정신과 병원 엠블란스를 통해 병원에 실려가기도 했다.

그리고 삼성에 다니는 조카도 우울증 진단으로 3개월 휴가를 받아 뉴욕 맨하튼에 1개월을 함께 지냈다.

우리 아들과 관계를 회복하는 데 서로 도움을 받으려고 했다.

아들은 맨하튼 한인타운 피시 방을 정기로 다녔다.

그러다가 한인 교회에서 정기적으로 전도 나온 곳에 전도를 받았다.

나는 아들이 좋은 형과 함께 뉴욕에서 대학을 다닐 때 지내길 마음 속에서 기도를 하는 것이 있었기 때문에 기대를 했다.

아들이 어떤 교회를 가는 지 알아보려고 함께 그 교회를 가게 되었다.

그리고 수련회를 하는 데 아들과 함께 참가하게 되었다.

3박 4일 수련회는 전세계에서 왔다.

셋째 날에 2014년 12월 4일에 아들과 나는 침례, 성령, 방언을 받았다.

엄마와 아들이 거듭난 영적 생일이 같았다.

그 날 이후 나는 새로운 시각이 열려 유 튜브로 궁금한 하나님 이야기,

사람들에게 듣는 예수님에 대한 간증, 교회의 말씀 공부로

진짜 나를 깨우고 알아가는 시간이 되었다.

'임마누엘' 하나님께서 우리와 함께 하신다.

'먼저 된 자로서 나중 되고 나중 된 자로서 먼저 된다.'

—마태복음 19장 30절

나의 어릴 때부터 마음의 소원은

행복한 가정, 나눌 수 있는 부, 죽을 때까지 일하며 건강한 삶.

이제 보니 모두 하나님께서 어제나 오늘이나 영원토록

함께 하시며 나를 위해 준비하시고 계셨다.

할렐루야!

2014년 12월 4일이후 2021년이 7년이 되는 해다.

하나님의 숫자, 하나님의 계획, 하나님의 약속은 우리 마음의 소원을
두시고 다 이루어주시고 계신다.

"나를 믿어라, 내가 준비하고 있다."

내가 들은 스토리가 있다.

하나님이 미국에 가난하고 어려운 환경 속에 형과 아들이 술 주정뱅이
아버지와 함께 살다가 형은 친아버지와 함께 살고, 동생은 고아원에 맡겨
진 이야기였다.

하나님이 동생은 목사님을 만드셨고, 형은 감옥에 가게 된 이야기를
통해서 하나님이 동생 목사님에게 주신 말씀이 나에게 와 닿았다.

나는 나를 믿을 수가 없다.

나는 나를 만드시고 창세 전부터 나를 위해 준비하신 나의 생명책에
쓰신 계획대로 이루어가심을 믿게 하셨다.

'나를 믿어라, 내가 준비하고 있다.'

하나님이 하시는 데 내가 아니라고 할 수 없음을 안다.

오직 하나님만이 답이다.

나와 세상 사람들은 모두 타락하게 하는 생각, 육체의 방향으로 가고 있다. 그 길을 돌이켜 진리의 길로 가야만 살 수 있다.

진짜 나로 살아야 진짜 살아갈 수 있다.

영원한 삶을 위한 고난은 축복이다.

오직 예수님, 오직 구원은 예수이름으로

믿음으로 말미암아 내가 선택됨을 감사하며 기뻐하며 살아가는 것만이 답이다.

연극, '지금 당장' 엄마 역, 아이들과 함께

하늘에 계신 우리 아버지,

아버지의 이름을 거룩하게 하시며

아버지의 나라가 오게 하시며,

아버지의 뜻이 하늘에서와 같이

땅에서도 이루어지게 하소서.

오늘 우리에게 일용할 양식을 주시고,

우리가 우리에게 잘못한 사람을 용서하여 준 것 같이,

우리 죄를 용서하여 주시고,

우리를 시험에 빠지지 않게 하시고,

악에서 구하소서.

나라와 권능과 영광이 영원히 아버지의 것입니다.

아멘

마태복음 6장 9하반절 – 13절

예수님이 가르쳐주신 기도

주기도문

Chapter 6

시청 사업소 일용직에서
100세까지
돈버는 건강디자이너

오수빈

오수빈

- 이메일 주소   epark4865@naver.com
- 블로그 주소   https://m.blog.naver.com/epark4865
- 인스타 주소   bogosmile
- 유튜브 주소   수빈TV happybogo@gmail.com
- 오픈채팅방 주소   https://open.kakao.com/o/gqlcbCQc

1969년 전라남도 광주에서 농사꾼의 딸로 태어났다. 개천에서 용났다고 할만 큼 인생의 굴곡이 깊은 자신의 삶을 통해 코로나 시대를 살아가고 있는 요즘 사람들에게 전하고자 하는 메시지를 이번 책에 담았다. 야간고등학교에서 시작해 석사 학위를 따고 대기업 센터장이 되기까지 끊임없이 배우고 성장하는 끈기와 열정을 가진 자신의 삶을 대하는 태도를 글에 담았다.

세 아이의 엄마이면서도 1988년~ 2013년 25년동안 엘지그룹과 신한금융그룹에서 지점 데스크장과 센터장업무 가맹점영업팀장를 했다. 회원가입 심사부터 대출업무까지 신용을 기반으로 경제활동을 지원하는 상담사로서 상담을 필요로 하는 분들을 위해 힘을 쏟았다. 역경을 딛고 산의 정상까지 올랐던 그녀가 어느날 갑자기 한길 낭떠러지로 추락하는 듯한 사건들을 겪게 되고, 절망의 끝에서 마음공부를 만나게 된다. 인생 후반전을 재창조하기 위해 자기계발에 박차를 가하며 성장을 하고 있는 그녀는 베스트셀러 작가를 꿈꾸며 백세까지 돈버는 동기부여 건강디자이너로 활동하고 있다.

1969년도 추수가 끝난 들녘에는 풍요로웠던 들녘은 어디가고 싹쓸이된 쓸쓸한 들녘이 됩니다. 조상들은 벼추수가 끝났고 겨울을 대비해서 배추를 심어 겨울을 대비하는 지혜가 있었습니다.

10월13일날 제가 태어났습니다.

출산을 하고 난 엄마는 몸을 못 움직이셨고 큰집은 100미터 떨어진 곳에서 있었고 할머니가 큰 엄마랑 살고 계셨습니다. 내가 태어난 날 할머니는 둑방길따라 멀리 일을 나가셨습니다. 낮에 집에 돌아오니 큰어머니께서 작은집에 아기 태어났다고 전해서 부랴부랴 작은 며느리인 어머니 밥을 해주러 오셨는데, 급하게 서두르는 바람에 그만 부삭에서 쌀을 흘리셨다고 합니다. 그런데 그 쌀을 줍지 않으시고 부삭에 넣어서 쌀을 태워 버리셨습니다.

갓 태어난 아이는 뽀얗고 이쁘게 태어났는데 이유도 없이 얼굴과 머리에 부스름이 나고 진물이 뚝뚝 떨어져서 갈수록 심각해지니 엄마가 이웃집 할머니와 무등산에 가시덩쿨을 헤치면서 나아가실 때 저를 안고 기도를 다니셨습니다.

하루는 설사를 해서 기도가는 길 산속에서 우물터에 저를 내려놓고 아래로 내려와서 기저귀를 빨았는데 어느순간 보니 제가 보이질 않고 풍덩 소리도 나질 않았는데 우물속에 빠져있었고 그 일이 있은 후 감쪽같이 진물나던 머리와 얼굴에 부스럼이 좋아졌습니다.

없는 살림에 여덟 식구가 먹고 살려니 어린 저는 또 영양실조까지 앓았습니다.

이웃집에서 나와 생일이 같은 아주머니께서 어린 제가 토마토를 잘먹는 모습을 보시고 허드레 토마토를 바구니에 갖다 주서서 아주 잘 먹었고 그 덕분에 영양실조도 나았습니다.

어머니가 전해주신 말씀이고 기억에는 없는데 어릴적부터 죽을 고비를 넘기면서 건강하지 못한 채로 어린시절을 보냈습니다.

고등학교 때는 늘 채기가 있어 하루도 빠짐없이 엄마에게 사혈을 부탁드렸고 그러고 나면 체한 것을 내려 주셨습니다. 속이 답답하니 콜라를 1병씩 마시기도 했습니다.

저는 8살때부터 밥과 빨래를 했습니다.

부모님은 농사를 지으셨고 밤 늦게까지 일을 하고 오시는 일이 빈번했습니다.

부모님께서 밥했다고 칭찬을 해주서서 안시켜도 스스로 자주 밥을 했습니다.

저는 칭찬받는 것을 아주 좋아했습니다. 기쁘게 해드리는 것이 좋아서 식구밥을 했고 밥을 지을 때 손등으로 물을 맞췄는데 그래서인지 밥은 아주 잘하게 되었습니다.

시골이라 농사일과 신영농인으로 비닐하우스를 하셨고 다른집은 여름에만 일하고 새 쫓는일이 전부였습니다.

저희 집은 6남매가 1년내내 풀뽑고 비닐하우스 농사일을 해도 그 칭찬 받는 것이 좋아 공부보다는 집안 살림과 빨래를 도맡아 했습니다.

칭찬받기 위해 초등학교 6학년때까지 부모님 빨래와 6남매의 빨래를 주도적으로 했습니다.

사계절 가리지 않고 겨울에도 극락강이라는 집에서 200미터 떨어진 강가에 가서 빨래를 했지요. 한 겨울에도 왜 강가로 가서 빨래를 했냐고 요?!

작두펌프를 쓰던 시절이라 시간이 오래 걸리니 손이 시려워도 강가에 가서 빨래를 했습니다.

그때는 얼마나 추웠는지 지금 기억해보면 손과 발에 동상이 걸려서 엄마가 노랑콩을 양말에 넣어 저녁에 잠 잘때면 두꺼운 솜 이불속에서 콩을 손발에 싸고 잤습니다. 이불을 덮고 있어도 얼굴은 차갑고 흙으로 지은 무덤가 주변에 새로 지은 흙집이라 겨울에는 늘 추웠습니다

부모님께서는 보리 3대로 분가해서 먹고 살기가 너무 힘들었습니다. 그래서인지 제 얼굴은 얼어서 항상 볼이 빨갰습니다. 한번 언 얼굴은 항상 빨갰고 어린나이에 빨간얼굴이 챙피했었지요. 스무살이 넘어서도 빨간볼은 없어지지 않아 레이져로 빨간볼을 치료를 해서 지금은 흔적도 없습니다.

초등학교 때 소풍갈때면 유일하게 용돈을 받았는데 맛있는 것 사먹으라고 준 돈도 안쓰고 소풍가서 돌아올 때면 할아버지가 좋아하시는 담배를 사다 드리곤 했습니다. 기특하다고 칭찬해주셔서 소풍갈때 마다 사다

드렸습니다.

70년대 아버지가 동네 반장이셨는데 우리집에서 사진을 찍으러 동네 분들이 오셨습니다.

그 때 내생에 처음 사진을 찍었는데 그 멜빵 모자에 빨간볼이 사과처럼 예쁘고 활짝핀 미소가 너무 예뻤던 사진이었습니다. 그런데 사진이 보고 싶어서 찾아봐도 없었는데 세월이 흘러 동생이 고백합니다. 언니가 너무 예쁘게 나와 본인이 찢어 버렸다고… 그 사진이 첫 사진이었는데 기억 속에만 볼 수 있습니다.

아버지는 술을 아주 좋아하셨습니다. 소주 대병을 대접에 따라 안주도 없이 드셨습니다. 그래서 인지 40대 간경화로 입원하셨고 어머니의 지극 정성으로 건강을 회복하셨는데 술은 여전히 끊지 못하시고 말술을 드셨지요.

술을 드시면 엄마를 때렸습니다.

아직도 기억하고 싶지 않지만 대병으로 엄마 얼굴 코를 때려서 피가 펄펄 흘렸고 엄마의 콧대가 그때 휘어져서 돌아가시기 전까지 코 삽관을 할 때 고통스러워하시는 모습이 아직도 마음 아파옵니다.

진즉 아프시기전에 수술을 해드렸어야 했는데 죽음의 문턱에서 십이지장이 막혀 배설물이 위에 가득하니 코에 삽관해서 2000cc를 빼내야 하는 순간에 울부짖으시면서 죽어도 좋으니 콧줄 빼달라는 말씀이 아직도 아려옵니다.

엄마는 나 어릴적 맞지 않으려고 참다 참다 뒷산인 덕산으로 한밤중에 혼자산에 올라가서 숨고 이웃집에 숨는 것도 하루 이틀이지 정말 챙피해서 나중에는 산으로 도망 다니셨습니다.

저는 아버지가 엄마 찾아오라고 심부름 시키면 밖으로 나와서 한밤중에 마을을 돌다가 아빠가 주무시기를 기다려보고 주무시면 조용히 들어가 잠들었습니다.

전방이라고 하는 옛날 슈퍼에 가서 술을 사오라고 하는 것이 거의 술 드신 날의 일정이라 정말 괴로웠습니다. 전방은 집에서 멀리 떨어진 곳에 있었고 현금이 없을때는 외상으로 달고 와야 해서 어린 저에게는 감당이 안되고 괴로운 일중에 하나였습니다.

10년 터울로 막둥이 동생이 태어났는데 술 드신 날에 엄마는 도망가고 안계시고 동생을 업어줘도 울면 어렵게 잠드신 아빠가 깰까봐 울던 동생의 엉덩이를 꼬집기도 하고 포대기에 업어 재웠습니다. 술 드신 날에는 집에서 잠이들 수가 없으니 아버지를 피해서 옆집에 가서 자던 날도 많았습니다.

저의 어린시절은 아버지의 술과 그로 인한 행동으로 삼일이 멀다하고 괴로운 날들이었습니다. 그래서인지 어릴적에는 공부보다는 집안 살림과 가방 들고 결석없이 학교에 다니는 것이 잘하는 것이었고 학업과는 거리가 멀었습니다.

그래서 인지 고등학교는 성적이 부족해서 집에서 먼 학교로 원서를 쓰라고 하셨습니다. 어디서 그런 용기가 나왔는지 내성적이던 제가 선생님께 집에서 가까운 송원여상고를 쓰겠다고 했고 합격을 했는데 야간반으로 배정이 되었습니다.

부모님께는 실망시키지 않기 위해 학비 벌어서 가려고 야간반에 지원했다고 했고 늦게까지 농사짓고 피곤하실텐데 엄마는 저희 집이 동네 끝집이라 버스 종점과도 거리가 먼 곳을 딸을 위해서 귀가하는 시간에 맞춰 나오셨습니다.

그 당시에는 산모퉁이를 끼고 강이 옆에 있고, 좀 지나면 산에 생이집이라고 하여 돌아가신분들을 위해 모셔놓은 공간을 길가에서 끼고 돌아야 해서 엄마가 못나오신 날은 종점에서부터 아니 버스 탈 때부터 우리집 쪽으로 가는 사람이 있는지 없는지 탐색해 보아야했습니다. 인적이 없으면 종점에서 내리자 마자 200미터 된 어둡고 무서운 길을 밤 늦은 시간에 달려서 동네 안쪽으로 진입하면 숨 쉬고 집에까지 가야했습니다.

지금 생각해보면 저도 모르고 늘 불안한 환경이 저를 늘 긴장하게 했고 나도 모르게 심리적으로 우울증과 불안증세를 달고 살았던 것 같습니다.

저와 여동생이 결혼하고 아이를 낳고 친정에 찾아 뵈었을때도 아빠는 엄마를 힘들게 때리고 머리카락을 잡고 놓지 않고 계셨습니다.

두 살 터울인 여동생은 저보다 키도 크고 표현을 잘하는 동생이라 싸우는 부모님을 말리면서 계속 머리카락을 잡고 안 놓으시는 아버지께 큰 소리로 "이혼해 이렇게 살려면 이혼해요" 라고 말하는 여동생의 말에 뒤이어 저도 따라서 "이혼하세요" 라고 소리쳤는데 동생이 말한 소리는 못들으시고, 제 소리만 들으셨는지 그 뒤부터 아버지는 저에게 말을 끊으셨습니다.

저희 자녀를 친정에서 키워주셨기에 직장생활 하면서 수요일에는 꼭 찾아 뵈었는데 믿었던 큰 딸인 제가 이혼하라고 했다고 술을 드신 어느날 두아이를 다 데리고 가라고 했습니다. 다 필요없다고 막무가내시니 당장 내일이면 출근을 해야하는 저로서는 하염없이 눈물만 나오고 계속 친정에 있을 수 없어 큰아이는 두 살이라 손잡고 걸었고 8개월된 딸을 포대기에 싸서 등에 업고서 친정집을 나왔습니다. 산모퉁이를 돌아서 저희 집으로 가는데 하염없이 눈물만 툭툭 흘러내렸습니다. 당장 내일이면 출근해야 하는 딸이 걱정되어서인지 친정 엄마는 얼마 안있어 저희 집으로 오셨습니다.

아버지의 술 드시고 주사부리는 모습을 보고 자라서인지 저는 어릴적 부터 늘 가슴이 벌렁벌렁 긴장되고 아버지가 술드셨던 저녁 시간이 되면 늘 무서웠습니다.

결혼해서 남편에게 부탁을 했습니다. 어릴적 환경으로 제가 너무 힘들게 성장했기에 제 자식들에겐 그런 환경을 주고 쉽지 않아서 부탁을 했습니다.

술먹고 주사를 부리지 않았으면 좋겠다고 했는데 결혼해서 보니 아버지를 피해서 결혼한 것인데 남편은 아빠보다 더 무서웠습니다. 저의 간곡한 부탁에도 불구하고 남편의 태도는 바뀌지 않아서 남편과의 관계는 소원해졌고, 저는 점점 더 외로워졌습니다.

혼자서 외로웠는지 저는 회사일에 더 전념했고 고등학교 야간반에서 시청사업소 일용직으로 다시 대기업인 LG 그룹에 인사하게 된 사연은 고등학교 입학하여 6만원을 받아 학원에 등록하고 보니 반 친구중 몇 명이 학원청소를 하고 있길래 왜 청소하냐고 물었습니다.

학원청소를 하는 댓가로 주산부기타자 수업을 무료로 들을 수 있다고 하니 그 일자리가 딱 제자리였습니다. 타자선생님께 무턱대고 저 타자교실 청소하고 싶어요 말씀드리니 하고 있는 학생이 있다고 거절당했습니다

거절당하고 나니 처음으로 용기가 생겼습니다

나를 거절한 것에 대해 후회를 하게 해드려야지 하면서요.

즉 일주일만에 다른 부기교실에 하던 학생이 그만둬서 제가 할 수 있는 일자리가 생겼습니다. 부기교실은 가장 넓었고 커서 두 명이 같이 했는데 그 친구보다는 내가 더 잘해야겠다는 생각과 총 4명이서 하는데 내가 제일 청소를 잘해야지 라는 처음으로 목표가 생겼습니다.

그래서 추운 겨울에도 고무장갑이 터지고 없으면 직접 밀걸레를 손으로 짜서 장판이 깔린 곳이라 물을 꼭 짜서 닦았습니다. 물기가 조금이라도 많으면 바닥이 더 더러워지기에 몇 번 해보고는 꼭 짜서 닦았습니다. 그렇게 하다보니 성실성을 인정받고 새벽반에 수업하기에 6시에 버스타고 가서 7시 수업할 수 있도록 학원문을 열고 들어갔습니다. 학교가 끝나면 다시 학원으로 가서 학원문을 잠그고 다시 새벽에 나오고 그렇게 반복하여 상고에서 취업을 위해 필수인 주산1급, 부기2급, 한글타자1급, 영문타자 3급을 취득하였고 학교성적은 20% 이내로 기능부장을 거쳐, 3학년때는 생애최초이자 마지막인 학급 반장을 하게 되었습니다. 반장도 반장중에 최고로 잘해야겠다는 목표로 정말 열심히 했고 그래서인지 담임선생님께서 학교로 들어오는 취업 추천중에 저희반에서 제일 먼저 저를 추천해 주셨습니다.

그런데 그때 알았습니다. 15명 각반에서 1명씩 추천받은 학교 자체 면접에서 떨어졌습니다. 기업체 키 조건이 160cm이상에 성적 20%이내 주산, 부기, 타자, ALL인데 저는 키조건이 안되었고 저는 기업체에 취업할 몸이 못된다는 것을 알게 되었습니다. 다시 고시학원에 수강등록하고 공무원 공부를 하던 중 시청사업소에 취업을 하게 되었습니다. 1년 지나가니 일도 많고 급여도 많이 받게 되는 좋은 직장을 찾아 다시 재취업에 도전을 하게 되었습니다. 고진감래라고 했던가요, 부기실 선생님께서 제 소식을 듣고 추천서를 연결해 주셨습니다. 서류 면접에서 4명중 2명이 합격해서 서울 삼창프라자 건물에서 면접을 보게 되었고

나보다는 더 월등하다고 들었던 경쟁자가 면접 장소에 오지 않는 바람에 저는 혼자 면접보고 수습 사원으로 일을 시작하게 되었습니다.

어렵게 들어온 기업체인만큼 8시면 출근해서 사무실 청소를 하고 내 일을 시작하는 습관으로 성실성을 인정받게 되었고, 일에서도 대졸 출신인 남직원들과 바로 경쟁하는 것보다는 여직원 중에서 최고가 되어야겠다는 생각에 남들보다 더 열심히 일하고 주도적인 사회생활을 하게 되었습니다.

2000년도 광주콜센터장으로 신규발령받고 32살에 관리자 역할을 수행하게 되었습니다.

2012년까지 아웃바운드 영업조직 콜센터장 7년을 거쳐 12년 동안 센터장을 하였고, 성실하고 우수한 상담사들과 함께 동고동락하며 일은 힘들어도 가족같이 믿고 이겨내고 그 끈끈한 사람 사는 조직으로 성장하였습니다. 모두가 정들고 그리워하는 센터를 함께했던 상담사들에게 이 자리를 빌어 감사말씀 올립니다.

직장에서도 모든 일에서도 끝까지 포기하지 않는 자에게 귀한 선물이 옴을 알게 되었습니다.

99년도에 눈이 아팠는데 시간이 지나서 안질과 결막염으로 번지다 보니 사무실에 출근을 해서 전산을 보는 업무인데 눈이 시려워서 눈물이 나고 모니터를 볼 수 없었습니다.

휴가를 내고 이주만에 복귀를 하게 되었습니다. 출근하고 이튿날 딸이 감기 기운이 있어 병원으로 가던 중 남동생이 몰던 용달차 문이 고장이 나서 광천터미널 큰 커브를 도는 길에 엄마가 용달차에서 먼저 떨어지셨고, 그 다음 딸이 떨어졌는데 엄마의 가슴위로 떨어지고 시멘트 바닥에 튕겨지게 되었습니다. 차들이 진행하는 위험한 상황에서도 친정엄마는 자신의 손녀딸이 죽겠다 싶으니까 움직이지 않는 몸을 기적적으로 움직여서 손녀를 품에 안아 더 큰 사고를 방지할 수 있었습니다.

그 일로 병원에 가서 보니 딸은 머리에 타박상이 있지만 폐렴이 와서 기독병원에 장기간 입원을 해야 했고, 친정엄마는 그 와중에 딸을 보호하시느라 갈비뼈가 7개가 부러진 상태에서도 불편하시단 말한마디 없이 손녀딸을 병간호하셨습니다.

퇴근후 다른 환자 보호자께서 어머니가 아프신 것 같다고 해서 살펴보니 갈비뼈치료로 입원을 해야 하는 상황이 되었습니다. 나는 안질로 병가가 길어진 상황이고 또 다시 가족 병원입원으로 휴가내는 것이 말이 안 떨어지는 막막한 상태에서 남편에게 전화를 해서 하루만 휴가내고 딸 병간호를 부탁했는데 "그럼 내가 회사 때려치고 병간호할께!!!" 라는 말에 얼마나 답답하고 서러웠는지 펑펑 울게 되었습니다.

과장님께 이러한 문제로 퇴사를 해야겠다고 말씀드리니 지점일은 여기서 알아서 할것이니 가족 병간호하고 출근하러 오라고 하시는 따뜻한 말씀에 얼마나 고맙고 감사했는지… 조직관리를 이렇게 해야 하는 것이구나 하고 깨달았습니다.

업무관리도 우선이지만 사람마음을 알아주시는 고마운 상사님 덕분에 세번째 퇴사를 면하게 되었습니다.

단계별로 성실하게 업무를 수행하고 동료분들의 도움으로 승진에 누락없이 탄탄하게 승진하고 지점 최초로 데스크업무에서 전화 상담과 내사 상담을 분리하여 운영하는 등 차별화된 데스크 운영을 시범적으로 오픈하게 되었고, 입사 12년차가 되던 2000년대 9월1일 콜센터의 센터장으로 발령받게 되어 200명 콜센터 조직을 운영을 시작하게 되었습니다.

그 해 대학에 대한 동경과 풀리지 않는 한으로 대학교를 두드리게 되었고 고등학교 졸업후 저보다 학력이 좋은 직원들을 면접보고 채용하고 운영하다보니 대학이라는 곳이 어떤 곳일지 늘 동경하게 되었고 2000년도 12년만에 만학도로 조선대학교 야간대학에 진학하게 되었습니다.

17년 차이가 나는 어린 후배들과 경쟁을 하기보다는 격려하며 졸업을 목표로 전향하고 나니 스트레스를 덜 받게 되었고 적응이 되어갔습니다.

대학교 3학년때 셋째아이를 임신하게 되었고 배가 불러오고 딱딱한 의자에 앉아공부하다 보니 힘들고 포기할까 해서 교수님께 상담드렸는데, 그때 제나이 35살 늦게 시작해서 포기하면 다시 시작하기 어렵다고 힘들지만 참고 공부했으면 좋겠다는 교수님 말씀에 태도를 바꿔 무사히 4학년을 졸업하게 되었습니다.

경험하지 않은 것은 내것이 되지 않습니다. 저도 경험해보니. 3.5 평균 성적이 어떻게 나오는지 알게 되었고, 대학캠퍼스의 환경을 경험하게 되어 답답한 것이 해결되고 졸업하고 나니 다시 도전 2년을 숨고르기 한 후 콜센터 협의회 세미나에서 교수님의 소개로 석사 공부를 시작하게 되었습니다.

서울에서도 전국에서 토요일 새벽 4시에 출발해서 오는 분들을 보며 다시 동기부여 받고 포기하지 않았고, 늦둥이 딸을 봐줄 사람이 없을 때면 망설이다가 색연필, 도화지 등을 챙겨서 석.박사 통합 과정에 5살 딸을 데리고 수업을 듣기도 했습니다.

방해되지 않기 위해 가장 뒷자리에서 공부했고, 아이가 감기가 있어 콜록 하는 바람에 수업 받으시는 분들이 늦둥이 딸에게 최연소 석박사과정을 듣는다고 저를 위로해 주시고 끈끈한 동기애로 석사과정을 무사히 마무리하게 됩니다.

내게는 뒷머리가 당기고 스트레스가 오고 수업시작한지 얼마 안되어 절차를 모르는 상태에서 교수님께 그만둔다고 얘기하러 간 것이 교수님께서 다음주 과제를 저에게 주셨고 그만두겠다는 말씀도 못하고 예라고 대답하게 되어 어떻게 숙제를 해결할지 막막했는데 선배님께서 후배의 애로사항을 미처 살피지 못했노라고 먼저 손 내밀어 잡아주셨습니다. 그분의 도움을 받고 대학원 생활에 적응해 갔습니다.

팀프로젝트 발표와 과제해결하기 원서 읽기등 내 역량으로는 매우 힘겨운 일이었기에 그때 도움을 주신 노귀순 박사님께 감사말씀을 전합니다.

수료후 졸업까지는 먼 일이라 생각하고 5년을 보낸후 2014년 희망퇴

직후 석사 졸업을 목표로 졸업고사와, 영어시험, 논문 발표를 준비하게 되었고, 짧은 기간이였지만 이때 아니면 졸업하기 어려운 상황인지라 세가지 프로젝트를 동시에 실행되어야 했기에 교수님께 특별승인을 받기 위해 세 번이나 찾아 뵙고 논문준비와 영어시험을 동시에 진행할 수 있는 특별승인을 받게 되었습니다.

모든 일은 간절히 원하는 것은 끝까지 포기하지 않으면 이루어집니다. 될 때까지 한다는 마음으로 임하면 무엇이든 할 수 있습니다.

2013년 센터장에서 해임이 되면서 왜 나에게 이런 일이 생겼을까? 누가 내 이름만 불러도 눈물이 펑펑 쏟아졌고 그러기를 6개월 정도 반복하고 나니 눈물도 줄어들게 되었습니다.

센터장 해임되고 새 해 첫날 너무나 마음이 힘들어 혼자서 눈이 펑펑 내리는 날 무등산에 올라갔습니다. 하염없이 눈물은 흘렀습니다. 그래도 인생을 허투루 살지 않았다고 말씀해주신 한마디에 위로가 되었고 살아갈 용기가 생겼습니다.

무심코 던지는 돌에 개구리가 맞으면 죽듯이 힘들어 하는 사람 옆에 그 누군가가 잡아주는 손, 따뜻한 위로가 새 생명을 살게 만듭니다.

오로지 내 삶의 목표는 그 당시 직장이였기에 2013년 조기 희망퇴직으로 새로운 삶을 준비하기 위해 퇴직을 했지만 군대 다녀온 사람이 자나 깨나 군대 꿈을 꾸며 군기로 번쩍 일어나는 것처럼 저도 그랬습니다. 지금까지도 회사를 다니고 있는 꿈 그런 꿈을 반복해서 꾸다 보니 퇴직처리 되지 않고 휴가로 대처하고 있는 모습의 꿈들이 저를 위로하고는 합니다.

지금 생각해보니 명예 실추되는 것이 그렇게 힘들고 나의 발목을 잡는 일이라고 생각했는데 그 덕분에 저는 건강을 선택했고 지금 정상에서 또 다른 정상을 가기위해서는 반드시 그 산을 내려와야 된다는 사실을 인정할 수 밖에 없습니다.

봉우리에서 다시 다른 산의 정상을 바로 갈 수 없습니다.
산이 깊으면 골이 깊듯이 깊은 곳까지 내려와서 다시 올라가야 합니다.
제가 선택한 길이 그 길이였습니다.
또 다른 곳에서의 삶으로 성공하고 싶었습니다.
퇴직하고 나와보니 1인기업 1인 사업장 이론만 알고 경험을 해보지 못하고 창업을 했기에 2년 6개월 만에 폐업을 하게 되었고 그 곳에서 만난 주변 사장님을 알게 되어 돌아올 수 없는 수렁으로 빠지게 되었습니다.

늘 조직에 사람들과 함께 했던 삶에서 혼자 1인 사장으로 있다 보니 사람이 그리웠고, 엄마보다도 더 잘해주는 분을 만나 그 분을 무조건 믿고 따랐습니다. 신뢰가 가도록 무조건적으로 잘해 주셨습니다.
그분의 추천으로 그렇게 4년동안 무리하게 투자를 했고, 전세금마저도 투자를 하게 되었고 끝내는 월세로 이사를 가게 되었습니다.

95년부터 술주사에 긴장했던 결혼생활이 좋아지기보다는 더 폭력이 심해지고 집안 살림을 던지고, 나뿐만이 아니라 초등학생인 딸에게도 위협을 하려고 한다는 말을 들었을 때 나도 엄마처럼 참고 사는게 능사라 생각했던 것이 어리석었다는 것을 깨달았습니다. 나뿐만이 아니라 딸들에게도 엄마의 대물림을 주게 된다는 것을 주변에 경험하신 분들의 조언을 듣게 되고 딸들에게는 나처럼 그런 인생을 살게 하지 않아야 되겠다고 작심하고 남편이 주사가 있으면 맑은 정신이 있을 때 부탁하고 또 부탁해봐도 매일 술이였습니다. 날이 갈수록 심해지는 폭력적인 행동에 나의 가슴은 오그라들고 늘 긴장되어 가고 이러다 죽겠다는 생각이 들었고, 불안하고 위협적인 상황을 군대 휴가 나온 아들에게 처음으로 얘기했고 아들이 휴가나온 날에 맞춰 가족회의를 하게 되었습니다. 부모님의 현재 상황과 풍랑을 만나 항해중인 배가 뒤집히게 생겼는데, 다 죽을 수는 없으니 잠시 분리해서 잠잠해지면 다시 만나는 것이 서로가 살 수 있는 방법이지 않겠냐고 의견을 물어 대화를 하게 되었습니다.

그 후 2년이 지나서 불안증세가 덜 해지고 자녀들에게도 부모의 굴레를 주고 싶지 않았기에 아빠의 좋은 모습을 자꾸 얘기해주고 제가 불안해하지 않게 되니 식사도 함께 하게 되고 지금은 오히려 더 개성이 강한 5인 가족이 되었습니다.

제가 선택한 길이 처음에는 아픔도 있었지만 분리할 수 밖에 없었던 환경을 극복하고 보니 더 소중하고 귀한 인연으로 서로 떨어져 살지만 남편의 소중함, 자녀들의 소중함을 더 경험하게 되고 더 의논하며 서로 다른 두 갈래길에서 잘 살아가고 있음에 감사합니다.

그것 또한 처음에는 창피하고 피하게 되었지만 지금은 당당하게 얘기합니다.

상처는 밖으로 끄집어 낼 때 치유가 됩니다.

사랑도 표현하지 않는 사랑은 사랑이 아닙니다.

2018년도에 알게 됩니다. 생활하기 위해 무리하게 전세금, 퇴직금까지 투자를 했던 돈이 계속 안나오고 법률구조공단에 상담을 해보니 금융수신 유사행위라는 것을 알게 되었습니다.

어떻게 나에게 이런 일이 생겼는지 원망을 해보고 매달려보아도 잡아놓은 토끼는 밥을 주지 않는다고 주변에 계신 선생님께서 밥을 사주시며 저를 위로합니다.

그것을 받아들이기까지 짧게는 1년 이상이 걸렸습니다.

매일 결제일이 도래되면 돈을 받아야 갚을 수 있는데 돈이 융통이 안되니 피는 말라가고 설상가상으로 어머니마저 췌장암 전이가 되어 항암치료를 하시다 수치가 낮아지고 더 이상 식이와 배변이 안되는 상황이 되었습니다. 암으로써 가장 예후가 안좋다는 췌장암의 최후를 보게 되니 엄마의 고통에 가슴이 옥죄어 왔습니다. 어머니의 황달기가 심해지시면서 저의 성공을 위해 세아이를 봐주셨던 정신적인 지주이신 어머니마저 돌아가시고 나니 세상에 더 이상 살고 싶은 욕망이 없어졌습니다.

빚 때문에 재산을 정리해서 먼저 갚고도 막막해지니 죽음을 앞두고 계신 엄마께 처음으로 빚이 많다고 불효를 하게 되었습니다.

세아이는 제가 엄마이니 살려야 했기에 저를 낳아주신 어머니께 그 순간에 매달려 봤습니다.

그 덕분에 지금까지 포기하지 않고 살아있게 되었습니다.

어머니는 18.12.5일 아침 7시에 돌아가셨고 그 뒤 방황하고 세상을 비관하던 저는 도원대학당 마음공부를 통해 제 잘못이 무엇이었고 왜 이렇게 되었지를 알게 되면서 참회하고 봉사하면서 깨닫게 됩니다.

늘 성공하는 삶으로 살다가 어느날 수렁에 빠져서 삶을 포기하려고 할 때 마음공부를 통해서 다시 깨우치고 밝음 속에 선이 있음을 알게 되고 착하게만 살아야 한다고 생각했던 잘못된 삶을 빛나는 삶으로 바꿔 나가게 되었습니다.

경제적, 가정적, 모든 자존감이 바닥에 떨어져 나를 내세울 수가 없을 때 최원교 대표님의 원교 연혁표를 통해 100세까지 모습을 그렸고 다시 용기를 내어 새 삶을 살 수 있었던 스토리를 듣게 되면서 용기내어 코칭을 받다보니 나도 한때는 그렇게 찬란하고 위대했던 순간이 있었구나 빛나는 순간이 있었고, 나도 다시 할 수 있겠구나 어릴적 그 아픔을 줬던 아버지마저도 다 나를 위한 것이였구나를 느꼈습니다.

그 기억마저도 소중하고 돌아가신 시점에서도 나를 위한 인생의 영양제로 존재함을 감사하며 나로 인해 상처받으셨던 아버지의 아픔마저도 찬란했던 아버지의 인생도 다 이해하게 되었고 아버지 산소에 가서 저의 잘못을 용서를 빌었습니다.

노래도, 기타도 잘치셨고 세상 보다 앞서 가다보니 외롭고 풀리지 않은 인생으로 아파하신 아버지의 삶의 아픔마저도 이제는 다 안을 수 있고 단점보다도 장점이 많으신 또다른 면도 보이기 시작하면서 아버지의 자식으로 세상에 오게 됨을 감사드리게 되었습니다.

　저의 아픈 상처와 치부가 그 누군가에게는 일어날 힘이 되고 힐링이 되고 치유가 된다는 그 말씀에 아픔을 꺼내면서 저도 치유가 되고 백세까지 글을 써서 나의 삶과 어머니의 삶에 대한 흔적을 남기고 사람을 살리는 일에 이런 일도 역할의 쓰임을 알게 되어가고 건강하지 못했던 어린 날에 코로나 백신을 맞고 다시 건강의 소중함을 알게 되는 지금 과유불급하지 않아야겠다는 것을 전합니다.

　몸을 무리하게 쓰지 않고, 배움도 중요하지만 최소한 6시간 이상 수면을 취하고 25분 글쓰고 5분 눈감고 잠자는 누룽지 잠의 지혜를 일상에서도 실천하며, 건강디자이너로 많은 분들이 건강해지시기를 희망합니다.

　목표가 생기는 순간은 자발적으로 움직이며 목표 달성을 위해서 어떻게 하면 달성할 수 있을까 고민하게 되고 도움이 필요한 곳에 도움을 줄 수 있는 에너지가 생깁니다.

　배움을 게을리하지 않고 내가 부족한곳이 있어 힘들어 한 영역이 있듯이 그 누군가도 그 배움을 알지 못할 때 손잡고 가르쳐주는 강사 멘토님들

덕분에 성장하게 됩니다.

제 삶의 원동력은 끊임없는 열정과 배움에 대한 도전 그리고 끝까지 포기하지 않고 성실하게 행동하는 행동력, 디지털 시대에 맞게 남은 시간을 좀더 도움이 되는 삶으로 전환하기 위해서는 기본이 실력이기에 배움을 게을리하지 않고 있습니다.

내가 배웠던 것을 초등학교 4학년인 아이에게 가르쳐서 아이가 이해할 정도로 쉽게 표현하고 능수능란해지는 수준이 되도록 반복해서 하다보면 나도 모르게 더 성장하게 되어가고 배워서 남을 위해서 나눔을 하다 보니 더불어 행복해집니다.

코로나 백신 합병증으로 입원하여 치료중이였는데, 60대 환우분의 말씀이 좌석을 예약하지 못해서 동생도 만날 수가 없었다는 말씀에 제가 스마트폰에서 어플을 어떤 것을 설치해야 하고 어떤 방법과 순서에 따라 예약해야 하는지 코레일톡과 코버스 고속버스 예약하는 방법을 알려드리며 반복적으로 연습을 하게 해드렸습니다.

3일후 퇴원하신다기에 퇴원하시려면 기차표, 버스표 예약하는 것을 해보고 퇴원하시라고 웃으면서 말씀드렸더니 기꺼이 다 하시고 퇴원하시게 되었습니다.

평생 일만 하시고 아침이면 손이 퉁퉁 부어 부기가 가라 앉지 않아 불편하시고 입원과 통원하신 의료비 보험 청구관련해서도 자식들에게 부탁하면 서로 감정이 앞서 불편해진다고 해서 보험금 청구 키오스크 스캔하여 전송하는 방법을 직접하시게 도와드렸습니다. 그저 옆에서 도와드렸을

뿐인데 3개 보험사 16장을 다 전송하여 바로 접수되니 환하게 웃으시는 모습에서 우리가 나를 위해서 타인을 위해서도 배움을 게을리하지 않아야 겠다고 느꼈습니다. 죽는 날까지 배움 성장을 실천하며 함께 나눠야겠다고 생각하게 되었습니다.

지구라는 버라이어티한 학과에 우리가 온 것은 많은 경험을 하고 쌓고 더 성장하여 한 단계 더 성숙해지며 나날이 거듭나라는 이치를 알아가야 합니다.

타인을 위하는 것이 곧 나를 위한 길임을 알고 하루에 선한 행동과 배운 것을 경험하고 실천하며 즉시 행동함으로써 행동력의 변화로 더불어 성장함이 득되고 인류를 발전시키는 이치를 알게 됩니다.

내가 잘나서 이 자리에 있는게 아니라 주위의 정성과 조상님 그리고 현재 함께하는 이웃이 있어 더 멋진 세상과 소통하며 질 높은 삶으로 성장하는 원동력이 됩니다.

배움은 나에게 희망이며 어떠한 경우도 열정과 함께 할 것임을 다짐해 봅니다.

실천하면서 어떠한 경우도 소중하지 않은 사람 없으며 위대한 존재임을 알게 되고 빛나는 인생을 마음공부와 그리고 자신의 마음속 주인공과 함께 함으로써 건강하고 행복한 삶으로 거듭 나시기를 희망하며

천상에 계신부모님과 시간관리의 개념을 가르켜주신 초등학교 은사님이신 윤재호 교장선생님께 감사드립니다.

감사합니다.

Chapter 7

초등부터 배우는
100세
부유하고
풍요로운 인생

김
선
미

Contents

초등부터 배우는 100세, 부유하고 풍요로운 인생코치

김선미

- 이메일 주소   mihooni@naver.com
- 블로그 주소   https://blog.naver.com/mihooni

부산에 살고 있는 23년차 초등학교 교사입니다. 작고 예쁜 바닷가가 있어 바다 친구, 지구 친구와 매일 이야기를 나누고 있습니다.

책 읽기가 중요하다고, 학생들에게는 그렇게 강조했지만 실천은 잘 되지 않았습니다. 2021년 1월부터 우연한 행운(세렌디피티)을 만나, 책 읽고 생활 속에서 실천하기를 시작했습니다. 저의 세렌디피티를 이제부터 저의 작은 친구들과 마음으로 나누고자 합니다.

나에게 삶에서 행복이란 단어를 매일 선물로 주는 든든한 남편과 이쁜 딸 셋에게 사랑의 마음을 전합니다. 그리고 제가 첫 책을 쓸 수 있는 우연한 행운을 주신 최원교 대표님께도 감사의 마음을 표합니다.

제 이야기와 함께 읽으면 좋은 책들을 중간중간 추천해두었습니다.
어 어린이 추천 도서, 청 청소년 추천 도서, 상 성인 추천 도서

학교에서 왜 이런 거 안 가르쳐 줘요?
소중한 자녀들에게 세상의 경험을 빨리 알려주고 싶으신 부모님께

세 아이를 낳고 키우고, 직장생활도 할 만큼 하니 마흔 중반이 되었습니다. 이 나이쯤 되어보니 과거의 내 행동에 대해 반성하고 후회하면서 세상의 이치가 조금 보이기 시작했습니다.

"지금까지 열심히 살았는데, 해 놓은 게 하나도 없네."

"가족들에게 좀 더 예쁜 말로 따뜻하게 해 줬으면, 지금 더 행복할까?"

"그때, 그 친구한테 따뜻한 말 한 마디 건넸어야 하는데……"

"그때, 조금만 참았으면 좋았을텐데……"

"그때, 아파트 갭투자 좀 한 채 사 놓을 걸……"

"그때, 주식 한 주씩 모아났으면, 지금 부자됐을텐데……"

"30살부터 책을 좀 많이 읽었으면 좋았을텐데……"

"30살부터 아침에 일찍 일어나는 습관을 들였으면 좋았을텐데……"

"30살부터 운동 한 가지를 정해서 꾸준히 했으면, 지금은 더 건강했을 까?"

친구들과 함께 이야기를 나누다보면, 위에 나열한 문장은 단골손님입니다. 그리고 이 말을 뒤에 꼭 덧붙이죠.
"왜 학교에서 왜 이런 거 안 가르쳐줬지? 미리 알았으면 훨씬 더 행복하게 살았을텐데."

하. 지. 만. 지금도 늦지 않았습니다.
지금이 가장 빠른 시기이고, 지금이 남은 내 삶의 가장 젊은 날이기 때문이죠.

내일의 나에게 부끄럽지 않도록, 내가 반성하고 후회한 내용을 이 책에 정리해서 지금부터 실천하려고 합니다.

소중하고 이쁜 우리 딸들과 나의 작은 친구들이 내 나이가 되었을 때, 나와 같은 생각과 말을 하지 않도록 지금부터 그들에게 인생의 이야기를 전하려고 합니다.

지금부터 시작합니다.
김선미의 초등학교 때부터 알았으면 훨씬 더 좋았을 사실에 대한 이야기를!!!

학교에서 왜 이런 거 안 가르쳐 줘요?

세상이라는 무대에 한발 한발 나아갈 우리 아이들에게

선생님도 몇 년 전만 해도 우리는 아직 어리기 때문에 학교 공부만 열심히 하고, 친구들과 즐겁게 놀기만 하면 좋을거라 생각했습니다. 하지만, 선생님 아이들이 고등학교 1학년, 중학교 1학년, 초등학교 5학년이 되니 조금은 생각이 달라졌습니다.

코로나로 인해 세상이 바뀌고, 점차 더 넓게 펼쳐지는 공부할 수 있는 학교 밖 학교가 많아져서 경험을 할 수 있는 곳이 더 확장되고 있습니다. 거기에 열 네 살 경제 영재가 된 유튜버 권준 군과 슈퍼개미 김정환 아저씨와 함께 공부하는 딸 13살 김이안 양 등 어릴 때부터 경제적 지식을 갖추어 스스로의 힘으로 어린 부자가 되고 있는 아이들도 등장하고 있습니다.

그래서 선생님도 교실에서 여러분이 평생 직업이 학생인 프로페셔널 스튜던트, 경제적 자유를 가진 사람이 될 수 있도록 도우려고 합니다. 이 책에서는 여러분들이 인생을 살면서 꼭 알고 있어야 할 건강, 잠재의식, 자존감, 인간관계, 끈기있게 해 보기, 셀프 브랜딩, 부자 마인드, 평생 공부하기에 대해 이야기하려고 합니다.

초등학교 5, 6학년이 읽기에도 다소 어려운 내용이지만, 책장에 꽂아두고 생각날 때마다 읽으면 그때그때 조금씩 더 이해하기가 쉬울 거예요.

지면관계로 각 영역별로 자세히 다루지는 못 했습니다. 나이대에 알맞은 관련책을 소개해 두었으니, 그 책들을 참고로 깊이있게 공부하기를 바랍니다.

초등학생일 때부터 인생의 다방면에 대해 생각해보고, 알고 살아간다면 분명 여러분은 건강하고 풍요로운 100세 인생을 살게 될 것입니다.

여러분의 멋진 100세 인생을 응원합니다!!!

건강하게 살고 싶니?
잘 먹고, 잘 누고, 잘 자고, 운동하면 OK!!!

건강해야 가족들과 행복한 시간을 보낼 수 있고,

건강해야 친구들과 신나게 놀 수 있고,

건강해야 내가 하고 싶은 일을 즐겁게 할 수 있습니다.

내가 하고 싶은 일을 해서 다음에 부자가 되었을 때,

건강해야 풍족하게 나의 부를 누릴 수 있습니다!!!

"선생님~~ 왜 이렇게 당연한 말씀을 하세요?"라는 생각이 들지요?

그런데 이 네 가지가 건강하게 살려면 해야 하는 모든 것입니다. 자세히 알고보면 이 네 가지를 모두 지키는 것이 그렇게 쉽지는 않습니다.

첫째, 잘 먹어야 합니다.

내가 먹은 음식이 바로 나를 말해줍니다. 요즘 우리들은 치킨도 먹고,

소고기도 먹고, 파스타도 먹고 먹을 것이 너무 많은 세상에 살고 있습니다. 그리고 코로나로 인해 온라인학습기간 동안 즉석조리식품과 배달음식을 많이 먹고 있습니다. 이런 식품들은 맛은 너무 좋지만, 골고루 영양소를 섭취하는 것은 어렵습니다. 맛은 많이 없지만, 몸에 필요한 영양소를 골고루 담은 음식을 먹어보는 건 어떨까요? 좋은 나물, 채소 등을 내가 좋아하는 예쁜 그릇에 담아서, 하루에 한 번이라도 먹어보면 분명 내 몸이 기뻐할 것입니다.

둘째, 잘 배설해야 합니다.

무언가 음식을 잘못 먹고 난 뒤, 설사 때문에 고생한 적이 한 번씩은 있을 거에요. 내가 먹은 음식대로 내 몸은 솔직하게 반응합니다. 하루에 한 번, 정해진 시간에 배설을 잘 하는 것도 얼마나 축복받은 일인지 모릅니다. 일정한 패턴으로 배설을 잘 하려면 먹는 물의 양도 중요한데요. 세계보건기구(WHO)는 하루 적정 물 섭취량을 8컵(1.5~2L)로 권장하고 있습니다. 직접 마시는 물 이외에도 음식과 음료로 수분이 공급되기 때문에 반드시 8컵 이상 마시지 않아도 되며, 개인에 따라 권장량이 달라지기도 하니 개인별로 조절하면 됩니다.

셋째, 잘 자야 합니다.

우리는 키도 크고 여러 방면으로 성장해야 합니다. 그렇게 하려면 꼭 수면시간을 지키는 것이 좋은데요. 밤 10시부터 새벽 2시 사이에 우리의 몸은 성장호르몬을 분비합니다. 이때 잠을 자고 있으면 우리 몸의 세포는 회복의 시간을 가지는 것은 이미 과학적으로 증명된 사실입니다.

"선생님, 학원 숙제도 너무 많고, 그 시간에 재미있는 유튜브 방송, 텔레비전 방송 꼭 봐야 하는데, 어떻게 그 시간에 자요?" 이렇게 질문하는 여러분의 얼굴이 떠오릅니다. 우리가 다 원하는 남자 180cm, 여자 170cm의 키까지 크고, 뽀송뽀송 피부미인이 되려면 꼭~~ 그 시간에 자야 해요. 늦어도 11시에는 잘 수 있도록, 하루 스케줄 정리를 미리 해 보도록 해 보세요^^

넷째, 꾸준히 운동을 해야 합니다.

하루에 일정한 시간을 정해서 운동을 하면, 우리 몸이 더욱 건강해집니다. 특히 우리는 코로나의 영향으로 온라인 학습과 학원 등 운동이 부족한 생활을 하고 있습니다. 세계보건기구(WHO)에 따르면 세계 인구의 31%가 운동 부족 상태며 해마다 320만 명이 운동 부족으로 사망한다고 합니다. 이 기구는 흡연, 당뇨, 고혈압에 이어 운동 부족을 4번째 세계 사망 위험요인으로 꼽았습니다. 국내 한 조사 결과를 보면, 우리 국민은 하루 평균 144분(2시간24분) 스마트폰을 보고, 158분(2시간38분) TV를 시청한다고 합니다. (출처 : 시사저널http://www.sisajournal.com)

친구와 놀거나 학원이 바쁘다는 핑계로 운동을 미루지만, 건강 유지를 위해 하루 30분, 자신에게 맞는 운동을 정해 해 보는 것 어떨까요?

여러분들이 사는 날까지 건강하게 살려면 '잘 먹고, 잘 누고, 잘 자고, 운동하고' 이 네 가지를 명심하세요. 어린 지금부터 건강하게 살 준비를 해야, 어른이 된 내가 건강할 수 있습니다. 건강이 제일이고, 최우선입니다.

여 《먹을까? 말까? 먹거리 X파일, 권동화, 뭉치》

여 《용선생의 시끌벅적 과학교실 13 소화와 배설, 사회평론 과학연구
소 외, 사회평론》

여 《어린이를 위한 잠자기 전 30분, 예영, 티즈맵》

성 《습관과 먹거리를 바꾸면 건강이 보인다, 박원석, 소금나무》

성 《당신은 뇌를 고칠 수 있다, 톰 오브라이언, 브론스테인》

성 《내 몸 해독의 시작 배변력, 노경아 역, 삼호미디어》

성 《스탠퍼드식 최고의 수면법, 니시노 세이지, 북라이프》

생각하면 생각대로, 말하면 말대로
잠재의식에 문 두드리기

말하는 대로 / 말하는 대로 / 될 수 있다곤 믿지 않았지 / 믿을 수 없었지 / 마음먹은 대로 / 생각한 대로 / 할 수 있단 건 거짓말 같았지 / (중략)

말하는 대로 / 말하는 대로 / **될 수 있단 걸 눈으로 본 순간** / **믿어보기로 했지** / (중략)

주변에서 하는 수많은 이야기 / **그러나 정말 들어야 하는 건** / **내 마음속 작은 이야기** / 지금 바로 내 마음속에서 / 말하는 대로 / 말하는 대로 / 말하는 대로 **될 수 있다고** / 될 수 있다고 / **그대 믿는다면** / **마음먹은 대로** / **내가 마음먹은 대로** / **생각한 대로** / 그대 생각한 대로 / **도전은 무한히** / **인생은 영원히** / 말하는 대로 / 말하는 대로 / 말하는 대로 / 말하는 대로 /

이 가사는 2011년 무한도전 가요제에서 이적 아저씨와 유재석 아저씨가 함께 부른 '처진 달팽이'의 [말하는 대로]라는 노래의 일부분입니다. 이 가사는 유재석 아저씨가 신인 시절에 길었던 무명시절의 이야기를 소재로 만들어진 노래라서 조금 더 유명해졌다고 해요.

교실에서도 "저 이거 해 볼래요!"라고 항상 도전적이게 이야기하는 아이, "저 이거 못 해요!"라고 말하는 아이를 쉽게 볼 수 있어요. 솔직하게 고백하지만 저도 사람인지라 뭐든지 해 보려는 아이가 이쁘게 보이는 게 사실입니다.

그런데 알고보면 이 이야기는 선생님과 다른 친구들을 위한 긍정적인 표현이 아니랍니다. 자기가 한 이야기가 자신의 잠재의식에 하나하나 새겨지고 있다면, 우리는 이제부터 어떻게 이야기하는 게 좋을까요?

잠재의식이란 의식이 접근할 수 없거나 부분적으로밖에 의식되지 않는 정신 영역을 말하는데요. 사람의 의식은 현재의식과 잠재의식으로 나누어져있습니다. 잠재의식은 사람의 심장 박동과 혈액 순환을 통제하며, 소화, 동화, 배설 등을 조절할 수 있고, 결코 잠자거나 쉬는 일이 없이 24시간 언제나 작동하고 있습니다. 그리고 사람의 내면에는 그 자신의 지성보다 훨씬 뛰어난 지성과 힘을 가진 잠재의식이 자리하고 있습니다.

미국의 사상가 랠프 월도 에머슨(Ralph Waldo Emerson)은 이렇게 이야기합니다. "사람은 하루 종일 자신이 생각하는 바로 그것이다." 이 이야기는 자신이 생각하는대로 내가 만들어지고 있다는 이야기입니다.

자, 그럼 우리는 이 잠재의식에 어떤 일을 해 주면, 더 멋진 나로 변신할 수 있을까요? 잠재의식의 대가 조셉 머피(Joshep Murphy)는 그의 책 [잠재의식의 힘]에서 이렇게 말하고 있습니다.

1. 좋은 일을 생각하면 좋은 일이 생깁니다.
2. 잠재의식은 명령 그대로를 받아들이기 때문에, 내가 한 말을 그대로 실현시키기 위해서 작용합니다.
3. 나는 선택할 힘을 가지고 있기 때문에, 건강과 행복을 선택할 수 있습니다.
4. 나의 현재의식은 '문지기'입니다. 현재의식은 잠재의식이 부정적 인상을 받아들이지 않도록 지키는 역할을 합니다. 긍정적이고 도움되는 것만 선택하세요.
5. 다른 사람의 암시와 말은 당신을 해칠 힘이 전혀 없습니다. 친구가 하는 자신에 대한 나쁜 말을 마음에 두지 마세요.
6. 잠재의식에는 농담이 통하지 않습니다. 잠재의식은 무엇이든 실현해 버리기 때문에, 생각없이 던지는 한 마디가 나에게 큰 피해를 줄 수도 있습니다. 절대 "나는 공부를 잘 할 수 없어.", "나에게는 항상 왜 나쁜 일만 일어나지?" 등의 부정적인 말은 하지 않는 것이 좋습니다.
7. 잠재의식의 힘으로 "나는 무엇이든 할 수 있다."라는 말로 공포심을 극복해 보세요.
8. 우리의 마음으로 무한한 자연의 힘을 사용해 보세요. 항상 내 가족과 친구들이 행복하고 잘 될 수 있도록 우리의 마음을 사용하세요.
9. 항상 내 자신의 생각으로 스스로 판단해서 행동하세요.

10. 나는 잠재의식의 선장이자 내 운명의 지배자입니다. 긍정, 행복, 건강의 인생을 선택하세요.

11. 나의 현재의식이 진실이라고 생각하며 믿는 것은 무엇이든지, 잠재의식이 그대로 받아들여 실현시킵니다. 항상 좋은 것만 생각하고 믿으세요.

여러분~

자신이 원하는대로 모두 실현됩니다.

오늘부터 내가 이루고 싶은 모습, 긍정적인 모습을 상상하며, 항상 좋은 말만 하는 하루를 보내길 바래요^^

프리썬쌤의 추천도서

어 청 《커피 한잔의 명상으로 10억을 번 사람들, 나라원》

성 《잠재의식의 힘, 조셉 머피, 미래지식》

나는 나를 사랑합니다

내 인생의 주인공은 바로 나입니다.

내 인생의 가장 좋은 친구는 바로 나입니다.

누구도 내 인생을 대신 살아주지 않습니다.

그래서 나는 나를 사랑해야 합니다.

하지만 내 자신을 이해하고 사랑하는 사람은 의외로 많지 않습니다. 이때 필요한 것이 자존감입니다. 자존감(Self-esteem)은 말 그대로 자신을 존중하고 사랑하는 마음입니다. 학교에서 공부하고, 학원에 다녀오고 열심히 하루를 보낸 나에게 자기 전에 꼭 칭찬을 해 줍시다. 이 칭찬들은 앞에서 이야기한 잠재의식의 문을 두드려, 나에게 긍정적인 도움이 될 것입니다.

"☆☆야, 오늘 학교에서 열심히 공부한 것 칭찬해!"
"☆☆야, ◎◎랑 놀 때 양보한 것 칭찬해!"

그리고 나는 내 자신의 감정을 충분히 알아차리고 있어야 합니다.

우리 마음에는 여러 감정이 왔다갔다 합니다. 평소에 엄마에게 혼나면 생기는 감정, 친구와 싸우면 생기는 감정 등을 일기 등에 잘 기록해두면 도움이 됩니다. 미리 내 감정을 잘 알고 있으면, 갑자기 친구와 싸우더라도 지혜롭고 편안하게 넘어갈 수 있습니다.

하지만 이때 내 감정을 잘 관리하지 못 하면 친구들과 금새 불편한 관계가 될 수 있습니다. 실제로 자신의 감정과 욕구가 무엇인지를 잘 알지 못하는 사람은 걸핏하면 친구들에게 화를 내면서 자신의 감정을 쏟아낸다고 합니다.

친구가 나를 화나게 하는 이유를 나에게 줬다고 해도, 화를 내는 것은 나 자신입니다. 그리고 화를 내는 소리를 가장 먼저 듣는 사람은 바로 나 입니다. 화를 낸다고 모든 일이 해결되지 않아요. 화가 날 때는 바로 오른손과 왼손을 모아 보세요. 예로부터 손바닥을 자극하면 마음이 온화해진다고 알려져 있습니다. 어떤 형태라도 좋아요. 자신이 편안한 방법으로 두 손을 모아 보세요. 화가 확 올라오는 그 순간이 넘어가면, 다시 편안한 평소의 나의 모습을 볼 수 있을 거예요.

항상 이야기 해 주세요. 머리도 쓰담쓰담하면서요.

"☆☆야, 나는 내가 참 좋아. 나라서 참 고마워."

이 이야기를 듣고 있는 나의 잠재의식도 흐뭇하게 미소짓고 있을 것입니다.

프리쌤의 추천도서

어《어린이를 위한 감정 조절의 기술, 방미진, 위즈덤하우스》

청《청소년 감정코칭, 최성애, 조벽, 해냄》

성《관계에도 연습이 필요합니다, 박상미, 웅진지식하우스》

따로 또 같이,
혼자서도 괜찮아, 함께 하면 더 좋아~

올해 6학년 수업할 때, 특히 여학생들에게 가장 강조하는 이야기.

학교에 오고 갈 때, 혼자서도 씩씩하게 다니기!

교실에 절친이 한 명도 없으면, 다양한 친구들과 더 두루두루 사귀기!

좀 더 컸을 때, 혼자서 밥도 먹고, 영화도 보고, 여행도 혼자서 다녀보기!

그때를 위해서 지금부터 먼저 연습하기!!!

요즘은 좀 더 독립성이 중요한 시대랍니다. 학교와 사회의 다양한 사람들 사이에서 서로의 다름을 인정하고, 서로를 존중하면서 살 수 있는 개인들이 필요한 사회이지요.

심리학자들은 인생을 사는데 내 마음을 편하게 털어놓을 수 있는 친구 5명, 공통의 관심사를 가지고 교류하는 친구는 15명이 필요하다고 했어요.

이 친구들과 함께하는 것이 좋은 이유는 친구들과 함께 연결되면서, 또 다른 세계를 접할 수 있기 때문이지요. 인생은 나와 잘 통하는 친구를 만들어 가는 과정이라고 했습니다. 이 이야기를 들으면 "나는 친구가 잘 생기지 않는데, 내가 이상한 사람인가봐ㅠㅠ"라고 생각이 드는 사람이 있을 거예요.

그런 생각이 들면, 이렇게 먼저 이야기해 보세요.

"나에게는 '나라는 듬직한 친구'가 있지. 나라는 친구와 함께 즐겁게 생활하다보면, 내 마음 알아주는 친구가 '짠'하고 나타날거야."라구요. 사실 40살이 넘은 선생님도 마음 터놓을 친구가 없는 것 같아 한번씩은 외로운 기분이 든답니다. 이런 생각은 보통의 어른들도 느끼는 감정이에요.

외로움을 느끼는 나를 먼저 다독이고, 씩씩하게 혼자 다니는 연습을 해 보면, 내 주변의 친구들이 정말 고마워질 거예요.

새롭고 다양한 친구를 사귀는 것은 나의 미래에 투자하는 것입니다. 친구들을 통해 서로 도움을 주고 받을 수 있기 때문이지요. 이때, 내가 작은 일이라도 먼저 도움을 주는 사람이 될 것이라고 생각해 보세요. 먼저 베풀 때, 좋은 친구들이 더 생기기 때문이지요.

항상 새로운 친구를 사귀는 곳에만 관심을 두지 마세요.

원래 친했는데, 요즘은 잘 놀지 않는 친구들을 소중하게 생각하고 먼저 연락해 보세요. 느슨한 관계의 친구들과도 연결을 계속하는 것도 참 중요하답니다.

친구들을 만날 때, 70퍼센트의 시간은 친구의 이야기를 듣고 이해하는 데 쓰고, 나머지 30퍼센트는 나의 이야기를 하는 데 써 보세요. 개인적인 성향이 더욱 강해지는 이 시대에 더욱 필요한 것이 '공감'과 '경청'이라는 것이랍니다. 친구들의 이야기에 귀를 기울이고, 공감하게 되면 내 경험과 생각도 더 풍부해지게 되어있어요.

세상에는 참 배울 점이 많은 사람들이 많습니다. 그 사람들 중에 내 친구도 포함입니다. 세상에 모든 사람과 물건이 스승이 될 수 있습니다. 친구의 좋은 점은 배우고, 친구의 나쁜 점은 그렇게 하지 말아야지 생각하고 받아들여 봅시다.

친구들을 보면 내 미래도 보인다면, 친구를 사귈 때 좀 더 신중해지겠지요?

실제로 유명한 학자들의 연구에 따르면, 가까운 가족과 친구끼리는 행복한 감정은 우리가 생각하는 것보다 훨씬 더 전염이 잘 된다고 합니다.

이와 비슷한 내용으로 가족과 친구끼리는 비만, 흡연, 우울한 감정도 전염이 잘 된다고 하네요. 그럼 내가 친구를 만날 때, 기왕이면 좋은 기운을 주는 사람이 되어 내 주위의 사람들을 모두 행복하게 만들면 좋겠지요?

내가 행복하면 내 친구들도 함께 행복해집니다!!!

프리썬샘의 추천도서

어 《어린이를 위한 친구 관계의 기술, 정우진, 위즈덤하우스》

어 《우리 친구 맞아?, 이남석, 창비》

어 《관계에도 연습이 필요합니다, 박상미, 웅진지식하우스》

성공하고 싶니?
열정을 가지고 끈기있게 해 볼까?

꾸준히 일기만 잘 써도 성공한다?

꾸준히 팔굽혀펴기만 잘 해도 성공한다?

꾸준히 약속만 잘 지켜도 성공한다?

우리는 교실에서 여러 가지 활동들을 하고 있습니다. 작지만 반복되는 활동들의 연속이죠. 어른들이 말씀하시는 루틴과도 비슷한 의미일 거예요.

그럼 교실에서의 루틴을 한번 생각해 볼까요?

일기쓰기, 독서록 쓰기, 자기 자리 청소하기, 과제 제출, 시간표에 맞게 교과서와 준비물 챙기기, 그리고 알림장에 내일 과제와 준비물 적고 챙기기 등이죠. 이런 루틴들은 귀찮지만, 교실에서 꼭 해야만 하는 일들입니다.

또 수학시간에 모르는 문제의 등장, 고학년에게 자주 나오는 동영상 제작, 미술도 잘 못 하는데 꼭 완성해야만 하는 미술작품 등. 머리가 지끈 지끈거리면서 하기 싫은 일이 생기면 여러분은 어떻게 하나요?

이럴 때, 우리들은 해결해내겠다는 마음을 먹고 끝까지 해 내거나, 중간에 포기를 하는 두 가지 중의 하나의 결정을 합니다.

그릿(Grit)이라는 단어가 있어요. 이 단어는 IQ, 재능, 환경을 뛰어넘는 열정적 끈기의 힘이라는 뜻이랍니다. 교실에서의 사소한 루틴들이 하기 싫을 때, 수업시간에 나를 당황스럽게 하는 과제들이 내 능력으로 해결하기에 어려울 때, '할 수 있다.'라는 생각을 가지고 꾸준히 노력하는 사람이 최종적으로 성취감과 행복감을 느낄 수 있습니다. 그 과정에서 필요한 것이 그릿(Grit)이라고 할 수 있지요.

"나는 원래 IQ가 낮아."

"나는 원래 수학을 잘 못 해."

"나는 집이 가난해서 다양한 경험을 하지 못 해서, 못 할 수 밖에 없어." 라고 이야기하는 사람도 있을 거예요.

'지능이 성적에 주는 영향은 15-20퍼센트 정도이다'라는 연구결과와 아주 뛰어난 영재가 보통 수준의 IQ를 가진 사례들을 보았을 때, 꼭 선천적인 IQ, 재능, 환경이 성공을 이끌어낸다고는 말하기 어렵습니다.

나는 수학을 잘 못 한다고 생각하는 학생이 있을까요? 그럼 그날 배운 내용을 15분씩 딱! 하루를 목표로 복습을 해 보면 어떨까요? 그리고 또 하루, 또 하루, 15분 복습을 해 보는 거예요. 처음에는 아마 수학실력이 금방 좋아지지 않을 거예요. 하지만, 매일하는 수학 복습 15분이 일주일이 쌓이고, 한 달이 쌓이면 아마도 어느 순간 수학에 대한 자신감이 반드시 생길 거라고 확신합니다.

여기서 프리썬쌤의 꿀팁! 오늘 도저히 15분 복습시간을 못 내는 날이 있으면, 딱 5분이라도 하세요. 우리의 뇌는 원래 하던대로 돌아가려는 힘이 아주 강하답니다. 하루를 하지 않으면, 그 뒷날에 하기는 더욱 힘들 거예요.

이 그릿을 짧은 기간에 기르기는 어렵습니다. 부모님과 선생님의 도움을 받아 꾸준한 노력으로 스스로를 발전시켜보는 것을 어떨까요? 초등학교에서의 작은 성공이 쌓이면, 분명 여러분의 인생은 자신의 목표에 훨씬 가까운 곳으로 가고 있을 거예요.

☆☆☆의 15분 수학 복습 (실행하고나면 ○표시하기)

날짜	10/1	10/2	10/3	10/4	10/5	10/6	10/7
실행							
날짜	10/8	10/9	10/10	10/11	10/12	10/13	10/14
실행							
날짜	10/15	10/16	10/17	10/18	10/19	10/20	10/21
실행							
날짜	10/22	10/23	10/24	10/25	10/26	10/27	10/28
실행							
날짜	10/29	10/30	10/31				
실행							

프리썬샘의 추천도서

어 《어린이를 위한 그릿, 전지은 글, 비즈니스북스》

성 《그릿 Grit, 앤젤라 더크워스 글, 비즈니스북스》

나는 세상에 하나 밖에 없는 명품 브랜드!!! 내 브랜드로 1일 1포스팅하기

나는 세상에 하나 밖에 없다.

나라는 존재는 충분히 가치가 있다.

나는 인생이라는 시간을 통해 계속 만들어지고 있다.

SNS로 나의 브랜드도 만들 수 있다.

브랜드라는 말은 옛날 유럽에서 가축에 낙인을 찍어 주인이 누구인지를 표시하는 것에서 시작되었다고 합니다. 요즘은 보통 유명한 디자이너나 메이커의 이름을 앞에 붙인 상품을 말합니다.

그런데, 우리가 브랜드가 될 수 있다고요?

그렇습니다. 요즘은 1인 기업가의 시대입니다. 개인 한 명이 사장, 직원이 되어, 자신이 가장 자신있는 상품을 판매하는 형태가 1인 기업이지요. 셀프 브랜딩 전문가가 한 이야기, "왜 셀프 브랜딩하냐구요? 내 자신을 많은 사람들에게 알려서, 돈을 많이 벌려고 하는 거지요."

교실에서 다양한 아이들을 만납니다. 그 아이들 중에서는 자신이 좋아하는 것이 뚜렷한 아이도 있고, 무난하게 살아가는 아이도 있습니다. 자신만의 색깔이 뚜렷한 아이들은 친구들이 그 아이를 기억하는 것도 분명합니다.

□□하면 ☆☆☆!라고 친구들의 입에서 이야기가 나옵니다.

어른이 되어 자신만의 영역에서 일을 할 때도, 고객들이 나를 확실하게 기억하면 훨씬 도움이 많이 되겠지요? 이제 내 자신이 상품이 될 수 있다는 의미는 이해가 되지요?

우리 청소년의 퍼스널 브랜딩은 어른의 퍼스널 브랜딩과는 차이가 있어야 합니다. 내가 좋아하고 원하는 분야의 적성과 진로를 먼저 찾아야 합니다. 그렇게 하기 위해서는 평소에 내가 좋아하는 분야의 경험을 많이 해야 합니다. 아는만큼 보이고, 또 그 경험들이 미래의 나를 브랜딩하는 것에 큰 도움이 되기 때문이죠.

가장 먼저 자기 소개 문장 만들어 봅시다. 다른 사람에게 나를 알려주는 가장 간단하면서 명료한 문장으로요. 먼저 좋아하는 물건이나 분야를 넣어봅시다.

나는 식물을 좋아하는 ☆☆☆입니다.

나는 만화 그리기를 좋아하는 ◎◎◎입니다.

나는 일상의 생활을 담는 동영상 만들기를 좋아하는 ◆◆◆입니다.

두 번째, 내가 친구들이나 미래의 나의 고객들을 위해 할 수 있는 일에 대해 한 문장으로 적어봅시다.

나 ☆☆☆는 친구들이 식물을 보면서 행복해질 수 있도록 돕겠습니다.

나 ◎◎◎는 만화를 보면서 친구들이 웃을 수 있도록 돕겠습니다.

나 ◆◆◆는 내가 만든 동영상을 보면서 친구들이 일상의 소소한 행복을 느낄 수 있도록 돕겠습니다.

세 번째, 내가 하고 있는 문장 만들기, 동영상 제작, 만들어 놓은 작품들을 꾸준히 다양한 분야의 SNS를 통해 하루에 1개씩 업로드합니다. 어른들이 일반적으로 쓰는 SNS는 네이버 블로그, 인스타그램, 유튜브, 틱톡 등이 있습니다.

요즘 청소년들에게 인기가 많은 틱톡에 직관적이면서 짧은 영상을 올리는 것도 아주 좋은 방법입니다. 이때 중요한 점은 SNS에 올릴 때, 꾸준히 하루에 한 개씩 올리는 것입니다. 또 **더 매력적인 것은 꾸준한 SNS 노출을 통해, 수입도 얻을 수 있다는 것입니다.** 다음에 기회가 되면 **SNS를 통해 돈 버는 방법을 꼭 알아보세요^^**

상대방에게 자신의 소개를 직접 듣는 것 뿐 아니라, 요즘은 인터넷 검색만으로도 사람을 검색하고, 상품을 검색하는 시대이기 때문에, 우리들도 미래를 꾸준히 준비해 보는 건 어떨까요?

프리썬샘의 추천도서

어《하고 싶은 것이 뭔지 모르는 10대에게, 김원배, 애플북스》

청《청소년 퍼스널 브랜딩 법칙, 백윤서, 바이북스》

성《퍼스널 브랜딩에도 공식이 있다, 조연심, HCbooks》

돈을 사랑하라!!! 부자 마인드를 배워라!!!

돈이 곧 힘이다!

돈을 사랑하라!

돈을 모르면 돈의 노예가 된다.

우리는 부자로 살 자격이 있다.

부자가 되기로 마음을 먹었으면, 부자가 될 행동을 하라!!!

돈을 사랑하고, 부자가 되라고 이야기를 하니, 부모님이 돈은 나쁜 길로 가는 지름길, 부자는 나쁜 사람이고 뻔뻔한 사람이라고 말씀하셨다는 사람이 있을 거예요.

선생님도 어릴 때부터, 돈을 밝히는 사람은 맑지 않은 사람, 혹시 돈이 생기더라도 아끼면서 쓰고 저축하면서 쓰는 것이라고 배웠습니다. 또 돈은 한 달에 한 번 내가 열심히 일해서 나온 월급이 수입의 전부라고 알고 있었습니다.

하지만, 이제 세상이 달라졌습니다.

워렌 버핏 할아버지는 "잠자는 동안에도 돈이 들어오는 방법을 찾아내지 못한다면, 당신은 죽을 때까지 일을 해야만 할 것이다."라고 이야기했습니다.

부자가 되면 나와 내 가족에 대한 시간을 자유롭게 통제할 수 있다.

부자가 되면 자본주의 세상에서 누릴 수 있는 것을 행복하게 다 누리면서 살 수 있다.

부자가 되면 주위 사람에게 베풀면서 살 수 있다.

부자가 되려면 돈이 나를 위해 일하게끔 해야 한다.

밥 먹고, 잠 잘 때만 빼고 쓰러질만큼 일 한다고 결코 부자가 될 수 없습니다. 그럼 나는 부자가 되기 위해, 지금부터 무엇을 해야 할까요?

첫 번째, 부자가 될 마음준비, 즉 부자 마인드를 갖추고 있어야 합니다.

로버트 기요사키의 [부자 아빠 가난한 아빠]에 나온 내용을 기초로 소개합니다.

- 구매-내가 어떻게 하면 그런 걸 살 수 있을까?
- 교육-공부 열심히 해서 좋은 투자대상을 찾아라
- 리스크-무엇보다 리스크를 관리하는 법을 배워야 한다.

- 자산-우리집은 부채이며, 그것이 가장 큰 투자가 되면 곤경에 처하게 된다.
- 절약-몇 푼이라도 투자할 곳을 찾았다.
- 가치관-돈이 곧 힘이다.
- 시간-시간이 곧 돈이다. 시간을 통제하면서 생활하자.
- 기부-돈은 나누면 나눌수록 더 크게 돌아온다.

두 번째, 부자 마인드를 갖추고 난 뒤에는 부자가 될 행동을 시작해 봅시다.

- 용돈기입장을 꼭 기록하자.
- 먼저 내 용돈을 꼭 필요한 곳에만 쓰고 모아보자. 종잣돈은 미래의 부자가 될 든든한 버팀목이다.
- 부모님과 함께 우리집 경제상황에 대해 이야기를 나누어보자.
- 돈을 관리하고 불리는 방법과 능력에 대해 유튜브 등에서 검색해서 틈틈이 공부하자.
- 돈을 버는 법, 돈을 지키는 법, 돈을 불리는 법에 대해 생각하고 알아보자.
- 금융 지식을 독학하려면 최소 1, 2년이 걸린다. 절대 급하게 생각하지 말고 천천히 다지면서 공부를 해야 한다.

선생님은 여러 재테크 수단 중에 가장 접근하기 쉬운 것이 주식이라고 생각합니다. 텔레비전과 유튜브에서 자주 등장하는 존리 선생님은 이렇게 이야기합니다. "투자하기에 늦은 때란 없습니다. 분명한 것은 오늘이 내일보다 유리합니다." 한 살이라도 어릴 때, 지금 바로 투자를 시작해서 우리의 삶을 바꿀 수 있습니다.

우리 생활에서 기업과는 긴밀한 관계가 이루어지고 있습니다. 아침부터 일어나서 비누로 얼굴을 씻고, 우유와 씨리얼을 함께 먹고, 컴퓨터로 숙제를 합니다. 주식이란 우리가 함께 하고 있는 기업의 미래에 함께 하는 것입니다.

갑자기 주식투자에 대한 이야기가 나오니, 다들 당황스러울 것입니다. 이제 경제는 우리 생활과 뗄레야 뗄 수 없는 관계이기 때문에, 주식투자를 포함한 여러 투자분야에 대해 공부하고 오늘부터 한 가지, 한 가지씩 준비해서 여러분들이 어른이 되었을 때, 웃으면서 생활할 수 있었으면 합니다.

여기에서 자세한 이야기를 더 나누기는 힘드니, 선생님이 도움받았던 책을 소개하려고 합니다. 그 책을 통해서 처음부터 기초를 다지는 경제 공부를 하기를 바랍니다.

여러분의 풍요롭고 풍족한 미래를 위해 응원합니다!!!

프리쌘샘의 추천도서

📖《열두 살에 부자가 된 키라, 보도 섀퍼, 을파소(21세기북스)》

📖《세금내는 아이들, 옥효진, 한국경제신문사》

- 어 《열네 살 경제 영재를 만든 엄마표 돈공부의 기적, 이은주, 위즈덤하우스》
- 어 《슈퍼개미 김정환에게 배우는 나의 첫 투자 수업 1, 2, 김정환 · 김이안, 트러스트북스》
- 어 《부자 아빠 가난한 아빠, 로버트 기요사키, 민음인》
- 어 《강방천&존리와 함께하는 나의 첫 주식 교과서, 강방천 · 존리, 페이지2》

수능이 끝났는데, 평생을 공부하라구요???

수능이 끝나고 20대부터 본격적인 공부는 시작된다.

대학을 가지 않고도 내가 공부할 곳은 너무나도 많다.

평생 공부해야 한다.

2020년 코로나가 시작되면서 우리는 학교에 직접 가지 않고 온라인으로 학교 수업을 했습니다. 모든 회사가 재택근무를 하고, 많은 어른들은 회사를 그만두고, 프리랜서로 일하기 시작했습니다.

거기다 코로나가 끝나면, 오히려 진짜 위기가 시작된다고 합니다. 이 코로나로 세상의 변화가 5년쯤 앞당겨졌다고 합니다. 이 변화에 빨리 대응하지 못 하는 사람은 5년쯤 뒤처지는 것이 되는 것이지요.

기업들은 사람이 할 일을 로봇과 AI가 대신할 수 있는 자동화 시스템을 갖추고 있습니다. 그리고 대기업은 대학을 갓 나온 신입사원보다 회사와 관련있는 경력을 많이 가지고 있는 사람들을 뽑기 시작했습니다.

여기서 많은 사람들은 인간이 하던 일을 로봇이 대신 하고, 일자리가 점차 줄어드는데, "이제 나는 무슨 직업을 가지고 살아가지?"라는 고민을 하고 있습니다.

지금부터 여러분들도 함께 생각을 해야 합니다.
고등학교 졸업하고 대학 나와서 직업을 가지겠다는 생각은 잠시 접고, "이제 나는 무슨 공부를 하면서 살아가지"라는 고민을 함께 해야 합니다.

책 [프로페셔널 스튜던트]의 실린 유명한 분들의 이야기를 함께 나누고자 합니다. 이 이야기를 보고 생각을 많이 해 보는 하루가 되었으면 합니다.

- 한국 학생들은 하루에 15시간 학교와 학원에서 열심히 공부를 하는데, 미래에 필요치 않을 지식과 존재하지도 않을 직업을 위해 소중한 시간을 낭비하고 있다." -앨빈 토플러, 2008년 9월 아시아태평양포럼(서울)에서
- 2030년 세계 대학의 절반이 사라진다. 4년 동안 발이 묶여 공부하는 지금의 대학 모델은 사라질 것이다." -토머스 프레이, 2013년 Futuristspeaker.com에서
- "미래의 수혜자는 기술을 적극적으로 받아들이는 사람들이 될 것이

다. 전문적인 일을 하는 사람이라면, 또 직업을 유지하고 싶은 사람이라면 더 그렇다. 평생교육을 넘어 '직업이 학생(Professional Student)'이 되어야 한다." –제이슨 솅커, 2020년 10월 〈중앙일보〉 인터뷰에서

프리썬쌤의 추천도서

어 《어린이를 위한 진짜 공부머리 독서법, 서예나, 푸른날개》

청 성 《프로페셔널 스튜던트, 김용섭, 퍼블리온》

Chapter 8

마음속에 숨은
희망을
이제야 보았습니다

최
서
린

Contents

최서린

• 이메일 주소 catheryn1112@naver.com

• 블로그 리드인잉글리쉬

• 인스타 @catherynchoi

한다쌤으로 활동하고 있고, 빨강 머리앤 덕후이자 엄마표 영어로 입시를 치룬 23년차 다둥이맘입니다.
영어요리, 북아트, 바느질 등 아이들의 오감을 살리며 수업을 진행해온지 26년이 되었구요, 영어가 좋아서 영어 선생님이 되었답니다.
독서와 영어를 통하여 꿈을 찾고 삶을 이끌어가기를 바라는 마음에서 리딩포유리드인를 운영하고 있습니다.

프로필 경력

   (전)오성식영어클럽주임

   (전) 이큐빅 영어교육이사

   현대백화점,홈플러스,롯데마트 문화센터 유초등부 다수 강의

   (전) YWCA 청주한국어 강사

   (현)리딩포유리드인대표

   (현)영어온라인컨텐츠 윙글즈 충남&전북 본부

   (현)영어온라인컨텐츠 윙글즈 영어교육전문강사

프로필 자격증

   (한국외대&미국미주리교육대학원) 테솔

   한국어강사2급

   아동요리지도사 1급

   독서지도사

   초등 수학지도사

   영어아동요리지도사 1급

   영어독서지도사 1급

   하브루타지도사 1급

   칼스태보지도사 2급

   건강관리지도사

   바디릴리즈 지도사

누구나가 아닌 나로 산다

우리에겐 누구나 가슴에 묻어둔 이야기들이 하나씩 있다. 겉으로 보기엔 모두 행복해 보여도 사람 사는 이야기가 다 거기서 거기라는 걸 반 백 살을 살아보니 알게 되었다. 나에겐 유독 인색했던 우리엄마 김 여사!! 난 엄마를 김 여사라고 부른다. 걸걸하고 풍채가 좋은 우리 엄마는 여느 엄마와는 많이 다른 분이셨다. 어려서부터 엄마와 시간을 보내기 보다는 문앞에서 엄마를 그리워 한 날이 더 많았고, 졸업식과 입학식 그리고 중요한 시험을 보는 날에도 난 늘 혼자였다. 김 여사는 여자로서 자신의 삶을 사는 대신 엄마의 역할은 포기 한 셈이다. 모든 불행의 원인을 아버지의 탓으로 돌리고 결국 가정 또한 포기 하셨다. 그래서 난 외할머니 댁에서 나의 청소년기를 보내야했다. 중학교 2학년 때 부터 모든 걸 혼자 결정하고 책임 져야했다. 고등학교 입학 원서를 쓰려던 날 이모들이 오셨다. 그리고 인문계 고등학교를 가려하는 나에게 실업계 고등학교를 가라고 현실적인 얘기를 하셨다. 그 당시 공부를 잘 하고 집안 형편이 안 좋은 친구들의 선택은 이모들의 말처럼 실업계 고등학교를 가는 게 일반적 이였으니 놀라운 일은 아니었다. 다만 내 의지와 상관없이 내 꿈과 미래가 바뀐다는 것이 싫었다. 그리고 그 때부터 친척들 사이에서 난 당찬 아이가 되었다.

그 후 나는 인문계 고등학교에 진학했고 대학에도 갔다. 아르바이트와 장학금을 받아가며 정말 악착같이 살았다. 그토록 원했던 취직도 해서 서울의 한 무역회사에 다니게 되었다. 그런데 무역회사의 일은 나와 맞지 않았다. 교수님의 추천으로 간 것이기에 그만두는 것을 망설였지만 난 과감히 사표를 쓰고 고향인 대전으로 내려왔다. 그리고 몇 달 뒤 한 조그만 영어학원의 선생님이 되었다. 아이들이 좋았고 가르치는 것이 즐거웠다. 외국인선생님과의 교류가 즐거웠고 무엇보다도 아이들의 발전하는 모습에서 뭔지 모를 희열을 느꼈다. 사춘기아이들의 마음을 보듬어주고 꿈에 대해 함께 이야기 나누는 것이 좋았다. 나이가 어려도 사랑을 많이 받은 아이들은 사랑을 줄줄 알았다. 자존감 또한 높았다. 사랑 받는 것이 어떤 느낌 인지를 나는 아이들을 통해 알게 되었다. 지금은 어른이 된 그때의 아이들!! 가끔이지만 연락을 해 주는 그 녀석들이 난 여전히 고맙다.

학원 일이 익숙해지고 안정적인 삶을 살면서 나만의 가정을 이루고 싶다는 생각이 들었다. 지독한 외로움에서 벗어나 행복하게 살고 싶어 진거다. 그리고 그해 겨울 난 결혼을 했다. 행복한 결혼생활을 꿈꾸었던 나의 기대와는 달리 결혼 6개월 만에 시어머님이 교통사고로 돌아가셨다. 설상가상으로 연세가 많으신 시아버지는 치매와 파킨슨씨병에 걸리셨다. 그렇게 치매 시아버지와의 삶이 시작되었다. 쉽지 않았다. 텔레비전 드라마에 나오는 이야기들은 정말 아무것도 아니었다. 시아버지는 밤이면 밤마다 나가서 길을 잃었다. 동네 지구대 경찰관들이 우리 집 전화번호를 외울 만큼 갈수록 증상은 심해졌다. 결국 현관문에 특수 열쇠를 설치하고 나서야 이 문제는 해결 할 수 있었다. 그렇게 6년을 모셨다. 그 사이 나는 두 아이의 엄마가 되었고 시아버지를 모시는 동안 난 내 의지로는 도저히 할 수 없는 일들이 많아 매일 새벽 기도를 했다. 일요일이면 교회에 가서 목 놓아 울었다. 시누이들과 문제가 생길 때 마다 내편을 들어주지 않는 남편을 원망하는 대신 내 마음의 그릇을 넓혀 달라고 기도했다. 내가 한 선택에 책임지게 해 달라고, 지혜와 용기를 달라고 울부짖었다. 이기적인 남편의 행동들에 원망이 가득 했지만, 자신의 아버지와 관계가 좋지 않다는 걸 알았기때문에 그가 나중에 후회 할 일을 만들게 하고 싶지 않았다. 그래서 그의 몫까지 내가 더 열심히 했는지도 모른다. 하루하루가 눈물로 얼룩졌던 그 긴 시간들은 늦여름 장맛비와 함께 끝이 났다. 호상 이였다. 시아버지는 평소처럼 아침 점심 그리고 간식까지 잘 드시고 오후에 소리 소문도 없이 시어머님 곁으로 가셨다. 모두들 84세인 시아버지가 복이 많아 그리 된 거라고 하셨다. 슬퍼하기보다는 기뻐하는 분위기였다. 그런데 옆에서 모시고 살았던 나는 복잡 미묘했다. 심지어 허탈하기까지 했다. 더 잘 해드리지 못했던 것에 후회를 했다. 미운정도 없을 줄 알았는데 내 마음을 나도 알 수가 없었다.

힘든 마음을 추스르고 이젠 두 아이들에게 집중하며 내 미래를 준비하려던 그때, 셋째 아이가 생겼다. 남편은 시아버님이 주신 선물이라며 좋아했지만 난 사실 두려웠다. 이제 겨우 내 시간이 생기나 했는데 임신이라니. 게다가 둘째도 아직 어려서 감당 할 자신이 없는데 어쩌란 말인가. 남편의 설득 끝에 결국 셋째를 낳았다. 육아는 그 야말로 전쟁이었다. 아이들을 키우는 일에만 집중하기엔 나의 미래가 보이지 않았다. 그래서 낮에는 육아를, 밤에는 방통대에 편입하여 공부를 했다. 조금씩 삶에 활력이 생겼다. 방통대를 졸업하고 다시 한국외대 교육대학원 시험을 보았다. 면접이 까다로워 큰 기대는 안했다. 도전하는 데에 의의를 두며 본 시험에서 나의 예상과 달리 합격을 했다. 그러나 합격의 기쁨도 잠시였다.

그 당시 난 집에서 영어공부방을 운영하고 있었다. 주5일 동안 수업을 하고 금요일 저녁엔 서울로 올라가 대학원 수업을 듣는 일이 결코 만만하지 않았다. 경제적으로도 힘들긴 마찬가지였다. 큰 아이가 발레를 전공하는 중이어서 나에게 들어가는 돈을 최대한 아껴야했다. 숙박비를 아끼려고 수업이 끝나면 학교 근처 찜질방에서 밤을 보냈다. 새벽에 일어나면 리포트를 쓰고 PC방에 가 프린트를 한 뒤 다시 수업을 들으러 학교로 갔다. 지방에서 올라오는 이는 우리 반에 나 하나였다. 나이도 내가 제일 많았고 외국에 나간 경험도 없었다. 모두들 내가 중도 포기 할 거라 생각했다. 하지만 난 무사히 모든 과정을 마쳤다. 그리고 미국 자매결연 학교인 미주리 교육대학원 연수에 참여할 기회 또한 얻게 되었다. 내 아이들과의 주말시간을 포기하고 들었던 과정이기에 부족하고 서툴러도 정말 열심히 한 결과였다. 미국에 가기위해선 아이들과 몇 달을 떨어져 있어야 했다. 남편과 아이들을 설득하고 미국으로 갔다. 난생 처음 간 미국에서의 학교생활은 상상 그 이상 이였다. 좋은 경험과 성적을 얻고 돌아왔다. 그 뒤로 영어

교육을 하는 나의 목적과 나만의 교육철학이 더 확실해졌다.

　나의 공부방은 곧 입소문을 탔고 대기인원이 생겼다. 통장잔고의 앞자리 수들이 변했다. 공간이 좁아져서 더 넓은 집으로 이사했지만, 아이들이 자라면서 자신들의 사생활 보호를 원했다. 그래서 아예 공부방 전용 아파트를 얻어 집과 일터를 분리했고 나만의 아지트이자 교실이 생겼다. 수업은 언제나 재미있고 즐거웠다. 내 아이들이 영어를 좋아하고 잘 하는 것이 자연스런 홍보가 되었고, 그렇게 난 억대 연봉 반열에 들어섰다. 주변의 대형학원에 다니는 아이들 보다 우리 아이들 실력이 더 좋았고 아이들이 영어를 좋아하는 것이 가장 뿌듯했다.

　모든 것이 순조로웠고 내 아이들도 잘 자라주었다. 내가 아프다는 사실만 빼고는 말이다. 과로와 만성피로로 암 직전 단계에 이르렀다. 모든 것을 내려놓았다. 그 동안 일구었던 공부방을 접었고 건강에만 매달렸다. 우연히 참석한 면역 건강 세미나! 그 곳에서 통역을 하게 되었다. 그 것을 계기로 건강관리사와 운동코치 전문가가 되었다. 건강을 되찾으니 세상이 달라보였다. 가르치는 일은 운동이나 영어나 별반 다르지 않아서 이 또한 즐겁게 했다. 하지만 영어 강사로서의 정체성을 잃지 않기 위해 짬짬이 성인 대상의 기업체 강의도 했다. 그것이 다시 공부방을 시작할 수 있는 계기가 되었는지도 모른다.

　건강은 점점 좋아졌다. 운동과 올바른 생활습관으로 건강이 회복되니 아이들과의 수업이 그리웠다. 내 아이들은 다 자랐고 다시 공부방을 할 명분도, 할 용기도 없던 차에, 집 근처 대형학원에서 일 할 기회가 생겼다. 아이들을 보니 설레었다. 젊은 선생님들과의 교류도 흥미로웠고, 프랜차이즈 학원의 시스템도 알 수 있게 되어 좋았다. 토요일마다 나만의 특강을 할 수 있다는 게 가장 신나는 일이었다. 4명으로 시작한 토요특강 반은 24명으로 늘었고 아이들의 실력도 좋아졌다. 문제아 반을 맡았던 나는 그 다음 해에 우수한 반으로 아이들을 보낼 수 있게 되었다. 2년차가 되던 해에는 우수한 반 위주의 수업을 하였다. 전년도와 다르게 구성된 특강 반에서의 호응 또한 좋았다. 다만 아이들이 매번 같은 말을 내게 하곤 했다. "선생님이 학원 차리시면 안돼요, 예전 특강 그대로 하시면 안돼요?" 대형학원 이다보니 원장님이 두 분이셨는데, 나의 교육철학과 맞는 원장님께서 그만두시는 바람에 나는 내 의지와 상관없는 수업들만 해야 했다. 재미있고 다양한 수업을 시도하며 즐거운 수업을 했던 나의 특강도 중등부를 맡으며 수능대비만 해야 하는 상황에 놓이게 되었다. 더 이상 수업이 재미있지 않았다. 그리고 다시 건강에 이상 신호가 왔다. 난 결국 학원을 그만두었다.

쉬면서 지인들을 만났고, 코로나로 인해 다시 공부방이 활성화 되고 있음을 알았다. 큰 욕심 없이 나만의 수업을 할 수 있다면 다시 시작 할 수 있을 거 같았다. 올 해 2월 20년을 살았던 지역을 떠나 낯선 곳으로 이사를 왔다. 그리고 공부방을 개원했다. 전단지나 어떤 홍보 없이도 아이들은 늘어가고 있다. 아이들의 웃음소리와 함께 실력이 쌓여가고 있음에 힘이 난다. 우리는 살면서 많은 선택을 해야 한다. 그리고 그 선택들이 모여 지금의 나를 만들어 가고 있다. 힘든 결정을 내려야 할 때 마다 누구나가 아닌 내가 되고 싶은 것을 생각한다면 그 답은 명료해진다. 나는 누구나가 아닌 나로 살아간다.

인생은 부메랑이다

우리는 어디엘 가든 자기소개를 한다. 자기소개에는 자신이 하는 일, 장점 그리고 소망을 담아 말한다. 나의 자기소개에는 꼭 빠지지 않는 멘트가 있다. 그건 바로 다둥이 맘 이다. 세 아이의 엄마로 살아왔고 세 아이의 엄마로 살아가는 일이 가장 의미 있고 행복한 일이기에 난 항상 힘주어 말한다. '다둥이 맘'이라고.

세 아이가 어릴 때에는 젖을 먹이며 행복했고, 유치원생이 되어서는 스스로 일어나 등원 준비하는 것에 기뻐했다. 초등학생이 되어서는 시간 관리 잘 하는 것에 감사했고, 중학생이 되어서는 감사할 줄 아는 마음에 흐뭇했다. 고등학생이 되어서는 꿈이 있음에 고마웠고, 대학생이 되고 사회생활을 하는 지금에는 자신의 말과 행동에 책임지며 살아감에 기특하다.

사회생활을 하는 첫째는 엄마인 나보다 동생들의 감정과 고민에 더 신경 쓴다. 대학생인 둘째는 수험생인 동생에게 입시 선배로써 현실적인 정보와 조언을 한다. 마냥 어리기만 할 줄 알았던 셋째 일명 자유로운 영혼은 가족들의 생일과 깜짝 이벤트 담당이 되었다.

우리 아이들이 어릴 때 가장 좋아했던 "YES DAY"도(하루 종일 예스만 해주는 특별 한 날) 이젠 큰 아이가 동생들을 위해 해주고 있다. 누가 가르치지 않아도 자연스럽게 알게 되고 배우게 되는 것이 있는 것 같다. 책으로 배우며 익히는 것 보다 체험으로 얻어지는 게 더 많은 것처럼 말이다. 세 아이들이 자라서 이젠 서로가 서로에게 멘토가 되어주고 있다. 자신들의 어려웠던 일들을 나누며 격려하고 때론 호통을 치기도 한다. 외롭게 자라온 나로서는 이 보다 더 흐뭇한 일이 없다. 세 아이들이 건강하고, 가족을 소중히 여기며 감사와 사랑을 표현하는 아이들로 자라준 것 보다 더 큰 보상은 나에게 없다.

작년에 우리 가족은 참 힘든 시간을 보냈다. 고3이였던 둘째에게 많은 일들이 있었기 때문이다. 둘째는 모범생으로 학교생활에 전혀 문제가 없던 아이였다. 그런데 갑자기 스트레스가 몸으로 오기 시작했다. 수능 시험을 100일 앞두고 안 다닌 병원이 없었다. 검사를 하고 나면 결과는 매번 같았다. 아무 문제없다는 것. 본인은 인정하지 않았지만 원인은 극심한 스트레스였다. 나중엔 심한 탈모까지 왔다. 그렇게 백일이 지나고 수능 시험 날이 되었다. 새벽부터 온 가족이 출동하여 응원을 했다. 나 역시 점심 도시락을 정성스럽게 싸서 편지와 함께 보냈다. 시험이 시작 되었고 30분 만에 낯선 번호로 전화가 왔다. 순간 느낌이 쎄 했다. 내 예감은 적중했다. 아이가 호흡곤란이 와서 시험을 포기하고 나왔으니 데리러오라는 전화였다.

다행히 아이의 상태가 응급차를 부를 정도는 아니었다. 안도의 한숨을 쉬고 아이를 근처 병원으로 데리고 갔다. 진찰을 받고 수액을 맞추는데 아이가 울기 시작했다. 내 맘도 무너져 내리고 있었지만 침착해야만 했다. 그리고 말했다. "규야 괜찮아. 네가 얼마나 힘들었으면 나왔겠어? 괜찮아." 아이의 마음이 먼저였다. 누구도 본인 보다 더 힘든 사람은 없을 테니까. 우리 식구 누구도 그 일에 대해서 말을 꺼내지 않았다. 초중고 12년을 다니면서 단 한 번도 문제를 일으킨 적 없던 아이의 대형 사고를 우리는 담담히 받아들인 것이다. 집안 분위기는 어두웠다. 내색을 하지 않을 뿐 모두 둘째를 걱정했다.

올 1월 각 대학교 합격자 발표가 나면서 아이의 얼굴엔 점점 생기가 돌았다. 수능 시험점수가 반영되지 않는 국공립 대학 두 곳을 4년 장학생으로 붙은 것이다. 친구들도 만나기 시작했고 말수도 조금씩 늘어갔다. 아이는 다시 자신감을 찾았다. 탈모증상은 전문가의 도움을 받아 치료했고, 우울증으로 찐 살도 식이요법, 수영 그리고 걷기를 하며 뺐다. 이제 두 달 후면 둘째는 해병대에 입대한다. 코로나로 인해 학교생활을 하지는 못했지만 동아리 친구들을 만나고 취미로 하는 작곡도 쌓여 미니음반 계약을 했다. 주말에는 아르바이트를 하며 본인의 용돈도 번다. 더 놀라운 것은 자신의 용돈으로 지체 장애우를 후원하기 시작했다는 것이다. 정말 놀라운 일이 아닐 수 없었다.

가족 모두가 믿어주고 응원한 덕분에 둘째아이는 힘듦을 이겨냈고 성장했다. 가정은 가장 작은 사회집단이다. 가정에서 소통이 잘 되는 아이들은 사회에서도 소통이 잘 된다. 사랑과 관심을 받고 자란 아이들은 나눔의 즐거움을 안다. 나는 종종 아이들이 어떤 문제로 고민할 때 이렇게 말하곤 한다. "인생은 부메랑이야, 어떤 일이든 너희들이 던진 대로 언젠가 다시 너희에게 돌아온다는 걸 잊지 마." 나의 아이들이 자라서 누군가의 멘토가 된다면 내 인생의 부메랑도 나에게 돌아오는 거겠지. 오늘도 난 멘티에서 멘토가 될 나의 아이들을 응원한다.

Thank you로 배우는 영어 문해력

나는 26년차 창의융합 영어교육 전문가이다.

아이들은 나를 한다쌤 또는 캐서린이라고 부른다. 한다쌤은 "어떤 일이든 한다면 한다"는 의미에서 학생들이 나에게 지어준 별명이다. 난 이 별명이 맘에 들어 독서수업을 할 때는 한다쌤으로, 영어수업을 할 때는 대학교 1학년 때부터 써온 나의 영어이름 Catheryn(캐서린)으로 불린다.

몇 해 전 나는 YWCA에서 외국인들에게 한국어를 가르친 경험이 있다.

한국어가 배우기 어렵다는 건 한국 사람만 빼고는 다 아는 사실이다. 한국어를 가르치면서 문화와 역사 때론 야사까지 가르쳤다. 분기별로 농촌체험과 음식 만들기를 하며 한국의 식생활 문화도 자연스럽게 알려주었다. 지역 축제에도 참여해 전통 놀이도 하였다. 한국에 처음 온 외국인들에게 가장 쉽게 한국어를 익히게 방법은 생활 속에서 함께하는 거였기 때문이다. 그때 알았다. 언어는 학습적인 것도 중요하지만 문화와 함께 배울 때 더 효과적 이라는 것을! 영어를 가르칠 때도 최대한 오감을 활용하려 노력한다. 나이에 상관없이 학생들은 활동적이고 참여하는 수업을 할 때 흥미와 실력이 늘어간다는 것을 이제는 당당히 말 할 수 있다. 이제 모든 교육들이 일방적으로 가르치고 듣기만하는 수동적 수업이 아닌 참여중심의 능동적인 수업으로 바뀌고 있다. 교육이 티칭의 시대에서 코칭의 시대로 바뀌고 있는 것이다.

영어교육 종사자로써 요즘 핫한 문해력 이야기를 하지 않을 수 없다.

문해력과 독해력은 영어교육자들에게는 익숙한 단어이다. 독해력 (Reading Comprehension)이란 글을 읽고 내용을 이해하는 능력이고, 문해력 (Literacy)이란 라틴어 'literaus'에서 나온 말로 글을 읽고 의미를 이해하는 능력이다. 독서교육사전에서는 "글을 통해서 의미를 구성하기위해 사회적 맥락에 요구되는 방식으로 읽고 쓸 수 있는 능력과 의지"로 설명해 놓았다. 다시 말해 독해력은 글자의 뜻과 내용을 이해하고 파악하는 능력이고, 문해력은 그것을 바탕으로 작가의 의도를 파악하고 해석하는 능력인 것이다.

그렇다면 문해력과 독해력 이 두 가지 능력은 어디에서 오는 것일까?

이미 짐작 했겠지만, 그건 독서력(Reading Ability)에서 온다. 독서력은 독서에서 길러지는 어휘와 생각하는 경험에서 나오는 것이다. 독서력이 곧 문해력 인 셈이다.

영어 문해력을 기르는 구체적인 방법을 내신과 수능시험 준비에 맞추어 이야기하려한다.

그리고 다음과 같이 표현해 보았다. "Thank you로 배우는 영어 문해력"

T: Training(훈련하기)

H: Habit(습관만들기)

A: Asking(질문하기)

N: Notice(관심하기)

K: Knowledge(배경지식 넓히기)

You: You tube 활용하기

1. Training (훈련하기)

영어 문해력을 기르기 위해선 듣기훈련과 읽기 훈련을 해야 한다.

듣기훈련은 소리 언어로 다양한 어휘들을 익히는 것이다. 영어에 흥미를 주기에 최적화된 방법이기에 듣기훈련은 중요하다. 듣기를 통해 독서에 흥미를 주었다면 다음엔 파닉스와 싸이트 워드 학습을 병행하면서 글자를 읽을 수 있는 기초를 만들어 준다. 읽기의 기초가 쌓이면 읽기독립을 훈련해야 한다. 레벨별 읽기독립훈련용 책들과 디딤돌 책들을 사용하여 읽기 기술을 발달시켜 주어야한다. 낭독 즉 소리 내어 읽기와 Shadowing(쉐도잉), 쉽게 말해 원어민 따라 읽기로읽기독립 훈련이 끝나면, 비문학 읽기를 통해 사고력 훈련을 한다. 사고력 훈련이 끝나면 마지막으로 이해력의 차이를 만드는 메타인지 독서를 훈련해야한다. 생각열기와 본질적인 책 읽기로 길러진 메타인지 독서법은 고난이도 독해문제를 푸는 데 꼭 필요한 독서법 훈련이다. 영어 수능시험 문제의 70%는 지문을 읽고 질문에 답하는 것이고, 30%는 듣고 문제푸는 것을 감안해 볼 때 듣기와 읽기 훈련은 정말 중요하다.

흘려듣기로 듣기 훈련 → 파닉스와 싸이트워드 학습으로 읽기기초 훈련 → 낭독과 쉐도잉으로 읽기로 읽기독립 훈련 → 비문학읽기로 사고력 훈련 → 본질적인 책 읽기로 메타인지 훈련

2. Habit(습관만들기)

습관들이기는 위에서 말한 훈련해야 할 내용들을 나이에 맞게 꾸준히 해야 한다.

입시준비는 고등학생이 되어서 한다는 생각을 버려라. 영어는 언어로 배워서 학습으로 연결시킬 때 그 효과가 크다.

취학 전: 흘려듣기

초1~초3: 원서읽기

초4~초6: 단어 어휘 확장하기

중1~중3: 비문학 지문 전략적으로 읽고 요약하기

3. Asking(질문하기)

비판적 사고를 기르기 위해서는 질문을 하면서 책을 읽는다. 엉뚱한

질문도 받아주고 대답 할 때 까지 기다려 주자. 질문하기는 독서뿐만 아니라 의사소통에도 아주 중요한 요소이기에 알맞은 질문을 할 수 있도록 연습하자.

4. Notice(관심하기)

질문은 관심으로부터 시작된다. 내 아이의 관심이 어디에 있는지 아이와의 대화를 통해 자주 살펴본다. 부모님의 대화법이 아이들 사고력의 출발지점이다. 자주 소통하자.

5. Knowledge(배경지식쌓기)

아는 만큼 보이고, 느낀 만큼 공감 할 수 있다. 비문학과 문학을 적절히 읽자.

우리의 일상과 관련된 비문학 읽기는 삶을 살아가는 지식과 정보를 얻는 중요한 방법이다.

비문학 읽기가 어렵다고 피하지 말고 낮은 단계부터 차근차근 읽자.

6. You(You tube 활용하기)

유튜브를 활용해 아이들의 입맛에 맞는 자료를 활용하자. 뉴스, 신문, 드라마, 만화영화, 강연, 낭독 등 자료는 많다. 아이들이 선택하고 즐기게 하자. 유튜브 시청은 이제 아이들의 일상이다. 못 보게 하기보다는 학습의 도구로 이용하는 센스를 발휘하자.

영어 노출이 덜 된 아이들과 문해력이 부족한 아이들에게 그 공백을 메울 시간을 주자. 천천히 가더라도 제대로 갈 수 있도록 기다려주자. 기다림은 희망의 다른 이름이라고 이기주 작가는 말했다. 부족하니까 채울 게 많은 아이들에게 고마워하자. 문해력은 넓은 의미에서 공감, 소통, 이해하는 능력이다. 이것들의 뿌리가 되는 감사함을 생활화하자.

이제 Thank you로 영어 문해력을 시작해보자.

말공부

요즘 나는 말공부를 시작했다.

처음엔 점점 변화하는 아이들과 소통하고 싶어서 시작하게 된 말공부가 이젠 나를 알아가는 공부가 되어가고 있다. 아이들을 가르치는 선생님으로써, 학부모를 상담하는 교육 전문가로써 그리고 엄마로써 나는 많은 말을 듣고 또 말해야 한다.

말은 몇 초 만에 세상 밖으로 나오지만 그 한마디 한마디에는 그 사람의 경험과 생각이 담겨있다. 그래서 말은 말하는 사람을 닮는 것이다. 상담을 오래하다 보니 이제 사람의 목소리만 들어도 그 사람의 성격을 파악할 수 있다. 얼굴에만 이미지가 있는 것이 아니다. 목소리에도 이미지가 있다. 그리고 그 이미지는 중요하다.

한때 나는 발음이 부정확하고 빨리 말하는 습관을 고치려고 스피치 학원에 다닌 적이 있다. 첫 수업에서 알았다. 나의 빨리 말하는 습관의 원인은 내가 말을 할 때 내 이야기를 듣지 않고 말하는 것이라는 걸. 자신이 말을 할 때도 자신의 목소리를 들어야 한다고 강사님은 말씀하셨다. 그 이후로 난 내가 하는 말을 들으며 이야기한다. 빨리 말하는 것 같으면 속도를 늦추고, 목소리 톤이 높게 느껴지면 톤을 조금 내려 말한다. 타고난 성격을 완전히 바꿀 수는 없지만 변화는 할 수 있는 것처럼, 나의 말 습관도 계속 변화하고 있다. 우리는 경청의 중요성을 잘 알고 있지만 자신의 목소리를 경청하는 사람은 많지 않다. 목소리는 타고나는 것이긴 해도 연습에 의해서 얼마든지 바뀔 수 있다는 것을 나는 이 때 배웠다. 우리가 피부와 몸매를 관리하듯 목소리도 관리가 필요하다. 자신에게 맞는 목소리를 찾고 정확한 발음을 위한 연습을 한다면 우리는 모두 매력적인 목소리를 갖게 될 것이다. 목소리는 말하기에 있어서 중요한 부분임을 기억하자.

말하는 기술을 배우면 말을 잘 할 줄 알았다. 사람들과의 대화에도 문제가 없을 것 같았다. 하지만 나의 소통에는 문제가 있었다. 소심하고 예민한 성격이 한 몫 했지만, 가장 큰 문제는 나를 바로 알지 못하는 것이었다. 문제의 원인을 나로부터 찾기보다 상대방에게서 찾으려하니 답이 보이지 않았다. 진담과 농담을 구분하지 못해 오해하는 경우가 생기고 그러다보니 대화하는 게 힘들었다. 그냥 들어주는 척만 하다 그 대화의 내용은 기억조차 나지 않았다. 그땐 참 막막했는데 이제는 그 때의 그 막막함이 나에게 가르침을 준다. 나는 유머감각이 없는 사람이다. 그것을 인정하고 나니 농담과 진담이 구분되지 않을 경우 주변의 반응을 살핀다. 가끔 농담을 가장한 진담을 이야기하는 사람들이 있어서 제대로 이해하지 못한 표현은 웃으며 가볍게 물어본다. 상대방의 의도를 파악해야 하니까. 그리고 그 사람의 말 습관을 알아두면 다음 번 대화가 편해지니까.

내가 생각하는 최고의 말하기 기술은 자신을 바로 알고 상대방의 말 습관을 인정해 주는 것이다. 말하기 방식의 다름을 인정하고 나면 상대방을 돋보이게 하는 말하기 기술인 '질문'을 하기가 쉽다. 질문을 통해 상대방의 이야기를 꺼내주고 들어줄 때, 우리는 자신의 말 그릇 속에 그 사람을 담게 되는 것이다. 말은 곧 사람이다. 나는 말로 영향력을 끼치는 사람이 아닌 사람과의 관계를 돈독히 할 수 있는 그런 큰 말 그릇을 만들고 싶다. 말 때문에 외로워하지 않고 말 덕분에 사람을 얻는 사람이고 싶다. 사람이 꽃보다 아름다운 이유를, 사람의 향기를, 말에서 느끼고 싶다. 마음에서 나온 말을 하고 마음에서 나온 말을 듣고 싶다. 어른답게 말하고 성장하기 위해 나의 말공부는 오늘도 계속된다.

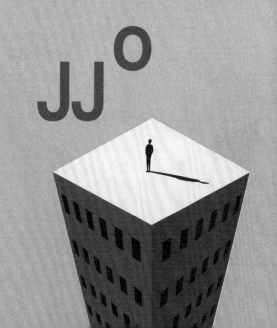

Chapter 9

파산의 위기와
병의 시련을 극복한
내면치유자

장 선 영

Contents

장선영

불가항력의 재난으로 파산의 위기에 빠진 가족들을 위해 처녀시절 새벽기상 과 심상화로 위기를 이겨낸 살아있는 자기계발서다. 결혼 후 임신부터 지금 까지 10년동안 책육아, 엄마표영어 10년차인 육아맘이자, 사랑나비 블로그 Here and now를 운영하며, 자신의 경험담을 나누고 있다. 어린 시절 겪었던 감정의 억압으로 인해 몸이 아팠던 자신을 치유했다. 몸은 자연치유로, 마음 은 내면치유의 과정을 통해 마음이 치유되면 몸도 건강해짐을 겪어낸 산증인 이자, 자동차 전복사고시 겪은 임사체험을 통해 타인의 어려움을 이겨낼 수 있도록 안내할 사명감을 가지게 된 '진로독서 내면치유 코치'이다.

- 이메일 주소   tjsdud7456@naver.com
- 블로그 주소   https://blog.naver.com/tjsdud7456
- 인스타 주소   https://www.instagram.com/tjsdud745600
- 유튜브 주소   현실남매 나비엄마
  https://www.youtube.com/channel/UCmI6QB5xmNtqo-cBcpjeRuw

• 이력

-前 그랜드호텔 일식조리사 근무

-前 나드리화장품 헤르본 사업부 3개월 2천만원 영업매출 달성

-前 LG 사내협력사 사무직 6년 근무

-엄마표영어, 책육아 10년 경력

-10년간 그림책부터 영어그림책,육아서,심리서,자기계발서,고전 등 1만권 독서

-반복독서와 다독, 노래 부르기가 취미

-아이들의 눈빛을 따라 유튜브 크리에이터와 싱어송라이터에 도전 중!

-상담심리학 전공

-사회복지사 2급, 사회복지사 1급, 진로코칭지도사 2급 보유

- Money rethink 워크숍 수료, 동료상담자 워크숍 수료, 그 외

  다양한 심리상담과 심리코칭 수료

망조 든 집은 된장 맛이 쓰다

"이상하다… 올해 담근 햇 된장인데 왜 이렇게 쓰지?!" 엄마가 옥상 된장 항아리에서 된장을 퍼오며 말씀하셨다. 된장을 찍어서 맛을 보니 세상에나 된장이 아니라 한약 썩은 맛이 났다. 물로 혓바닥을 몇 번이고 행구어 내었다.

그 뒤로 내가 살아 내어 온 인생길은 그날 맛보았던 썩은 된장 맛보다 쓰고 독했다. 나는 살아남기 위해서 쓴맛이 느껴질 때보다 더 독하게 살아낼 수밖에 없었다. 사느냐 죽느냐 둘 중 하나였다. 적어도 나의 인생 전반전은 그러했다.

그 날 내가 맛본 썩은 된장 맛은 그 후 내 삶에서 벌어질 일들의 복선이었다.

파산이라는 지옥 종착역

논농사로 집 사고, 땅 문서를 갖게 되고, 동생 학비를 마련하고, 노부모 봉양과 자식을 키우셨던 아빠 엄마는 더 많은 돈을 벌기 위해 표고버섯이라는 특수작물 농사로 변환 확장하게 되었고, 그 일로 인해 우리는 파산이라는 종착역에 다다랐다. 표고버섯을 키울 수 있는 종균을 파는 회사에서 받은 종균을 참나무에 구멍을 뚫어 집어넣고 2년간 묵힌 후 버섯이 자라나기 시작하면 스프링클러로 물을 뿌려주고, 구석구석 바람이 통하게 비닐하우스를 열어 바람이 통하게 해주며 나무를 이리저리 돌리고 굴려주며 버섯이 잘 자라게 환경만 조성해준 뒤, 재배된 버섯을 따서 팔면 수익이 나는 구조였다. 그런데 그 참나무가 종균이 왜 잘못되었는지 알 수 없는 이유로 모두 썩고 말았다.

투자금액의 손실을 막기 위해 문제있는 종균을 판매한 업자를 고소하고 진상규모를 조사하기 위해 조사에 착수하고 난 판결은 5:5였다. 자연재해도 아닌 불가항력의 상황으로 일어난 사건이기에 판사 입장에서는 애매한 사건이라 법원에서는 종균을 판매한 업자도 잘못이 없고, 한국농업인 협회에서 표고버섯을 재배하는 방법을 배운 그대로 재배하셨던 부모님의 재배방식도 문제가 없다는 결론이었다. 표고버섯을 재배하기 위해 투자한 금액에서 수익이 나지 않은 손실분은 오롯이 엄마아빠의 빚이 되고야 말았다. 현금 2억에 대출 2억 모두 손해를 본 것이었다. 지금으로부터 20년 전에 4억의 화폐가치는 지금과 또 다르다. 4억을 벌어도 모자랄 판에 4억을 잃었으니 부모님은 주저앉고야 말았다. 하루가 멀다하고 서로를 탓하며 싸우기 바빴다. 싸움은 돈 잃고 땅 잃고 집 잃고 건강까지 잃게 만들었다. 그렇게 정신마저 피폐해져 갔다.

나는 지금 그것을 끄집어내어 내가 살아내었던 과정을 통해 지금 이 순간에도 죽어가는 누군가의 가슴에 사랑의 불씨를 건네고 있는 중이다.

실업난과 경제위기 속에서도
취업 성공한 이야기

　고3시절 수능시험에 대한 압박감은 강했지만, 나는 왜 공부를 해야 하는지, 내가 뭘 좋아하는지, 어떤 일을 해야 내가 지치지 않고 만족하며 직업을 가질 수 있는지 알지 못했다. 중, 고등학교 선생님들 중 단 한 분도 진로상담에 대해서 신경써주지 않으셨다. 그렇게 소리 없는 방황속에서 수능을 망치고 낮은 점수에 맞춰서 대학을 갈지 말지 고민하는 과정에서 엄마는 '아는 것이 힘'이라고 하시며, 표고버섯 작농의 실패로 파산의 길로 빠르게 달리던 과정이었지만 자식공부만큼은 시켜야 한다고 하셨다. 빚 내서까지 대학을 보내주신 엄마에 대한 보답으로 시험기간에 만큼은 밤을 새워 최대한 열심히 공부를 했었다. 모든 학과 학생들이 서로서로 컨닝 페이퍼를 만들어 시험을 모면하는 데에는 내가 만들어준 컨닝 페이퍼가 한 몫 톡톡히 했었다. 나는 평소에는 바짓가랑이 찢어질 만큼 끝장나게 놀다가도 시험기간만 되면 벼락치기를 아주 잘했다. 그때도 희한하게 책값은

안 아껴서 전공과목 책들은 빠트리지 않고 모두 구비했었다. 기숙사에서 밤새워 공부하고 암기한 정리노트를 들고 매점으로 가서 축소복사를 해서 친한 친구들에게 뿌렸다. 나는 그때나 지금이나 배워서 남주는 사람이다. 시험 전날까지도 술 마시고 놀던 친구들은 내가 정리해준 축소복사 종이를 가지고 시험장에 들어가곤 했었다. (물론 이런 방식을 지금은 지양한다.)

그 은밀한 컨닝 페이퍼의 제조자가 나라는 걸 알리 만무한 학과교수님은 시험 시간 내내 암기 공부한 내용을 성실히 적어내는 내 모습을 보고 학과에서 유일하게 조기취업의 영광을 주셨다. 교수님의 추천서로 대구에 있는 그랜드 호텔의 일식조리부 요리사로 입사를 한 것이었다. 지금이나 2004년이나 취업은 안되고 실업난은 많은 경제위기의 상황이었다.

연속되는 위기 속에서도 성실하거나 혹은 순간의 몰입으로 열심히 산 사람은 작은 행운을 쥘 수 있다. 지금 위기를 겪고 있는가? 그렇다면 꾸준히 성실할 자신이 없다면 순간의 몰입으로 하루를 채워보아라. 그때의 뿌듯함이란!

행동으로 실행한 사람만이 맛볼 수 있는 짜릿함의 결정체다.

자기계발 셀프 책육아
How to 양서 한 권 깊게 읽기

　호텔에서의 업무강도는 뭐랄까…?! 멋 모르고 자란 아들녀석이 군입대를 해서 훈련소에서 완전행군을 하다가 엄지발톱이 처음 빠진 고통이랄까? 인생의 큰 흐름을 타는 시련의 맛뵈기에 불과할지라도 맷집이 지금보다는 작았던 21살의 나에게는 생소한 펀치로 인해 입술이 터진 피맛을 보던 순간이었다.

　하루 18시간의 강도 높은 노동은 다찌에 서서 일식 초밥을 쥐는 나의 행복한 상상을 조금씩 연기가 사라지듯 흩어지게 만들었다. 그리고 어느 날 함께 일하는 동료이자 인생 선배이신 주방 찬모님들의 인생 조언으로 퇴사를 하게 되었다. 주방을 나가서 더 넓은 세상에서 더 많은 가능성을 펼쳐보라던 그 이모님의 주옥같은 말씀들이 없었다면 지금의 내가 있었을까?!

진실된 말을 건네는 사람은 사랑이다. 그 사랑의 언어를 제대로 알아들으려면 마음의 빗장을 풀고 선선한 바람이 불어오도록 이완시키면 된다. 그게 다다. 그러면 온 몸을 감싸안은 듯한 시원함에 날이 선 직관이 힘을 발휘할 것이다.

못 믿겠는가? 그렇다면 다음의 나의 경험담을 다시 눈여겨 보길 바란다.

호텔의 퇴사를 염두에 두고 고민할 즈음 고등학교 동창으로부터 연락이 왔었다. 자신이 지금 LG에 근무하고 있는데 나도 입사할 수 있도록 도와줄테니 서울로 와서 만나자는 것이었다. 1년의 근무 후 퇴직금을 받고 퇴사했던 나는 그 친구를 만나던 날 납치를 당할 뻔했었다. 다단계회사에 빠져서 사람들을 끌어들이던 그 시절의 친구는 순수하던 여고생의 눈빛을 모조리 잃어버린 악령들린 듯한 눈빛으로 득달같이 나를 노리는 낯선 사람과 함께 나를 끌고 가려고 했었다. 잘못 걸렸다는 직관과 더불어 나는 그 자리를 도망치듯 빠져나와서 택시를 타고 이동했다. 그리고 자취를 시작해서 강남역 나드리화장품 본사 헤르본 사업부에 영업직으로 취직을 했다. 신입들의 23살 말랑말랑한 머리에 보물지도라는 책을 읽히셨다. 목표의식이 분명해지자 나는 수습기간 보름 후 3개월동안 영업매출을 2천만원 달성하게 되었다. 호텔에서 하루 18시간 근무하고 최저임금에도 못 미치는 한달 월급 84만원을 받다가 똑같이 18시간 근무 후 석 달 동안 받은 내 월급 1,700만원은 23살 나에게 기적이었다.

그때 읽은 보물지도는 책을 깊게 읽는 큰 교훈을 남겨주었다. 의식과 잠재의식 모두에게 영향을 주는 것은 양서 한 권을 깊게 읽는 것에서부터 비롯된다. 학창시절 일년에 책 한권을 겨우 읽을까 말까 했던 나도, 시험기간에만 벼락치기를 해서 위기를 모면하고 남에게 퍼 주기 좋아하던 나도 인생에 있어 중요한 변환점에서는 늘 책이 함께했다. 좋은 책 한권으로 인생의 터닝포인트를 맞이할 수 있다면 읽지 않을 이유가 없지 않은가?

찾아야 한다. 그 변화의 시작을 일으킬 당신 인생의 인생책을!

Q. 당신의 인생책은 무엇인가요?

다단계에 빠진 그 원망스러운 친구와의 일로 대기업에 한이 맺힌 걸까? 그 즈음 나는 LG에 입사하겠다는 꿈을 품었다. 빽도 없고 방법도 몰랐으면서 무턱대고 일단 나는 LG에 무조건 입사한다는 말을 내뱉었다. 그리고 정확히 1년 후 나는 잡코리아에 등록된 LG 사내협력사 사무직을 채용한다는 내용을 보게 되었고 지원하고 면접을 보고 그 자리에서 바로 채용이 되었다. 운과 기회는 언제 어떻게 찾아올지 모른다. 그 운과 기회를 잡는 것은 내 몫이고 이 글을 읽는 당신의 몫이다. 열려 있으라. 우주가 당신에게 주는 기회가 들어올 수 있도록. 이완하라. 창문이 열려 있어야 바람이 들어오듯이 당신의 채널이 부드럽게 이완되어 있어야 우주와 온 세상으로부터 수신되는 그 신호를 알아차릴 수 있다.

2007년 4월 7일 온 세상에 핀 철쭉꽃이 나를 축복이라도 해주듯이 나는 LG 사내업체로 첫 출근을 했다. 그 곳에서의 생활은 잠시의 경제 호황기와 겹쳐서 성과급과 명절위로금을 두둑이 받으며 회사에서 지원하는 안온한 복지생활과 더불어 평안한 나날이 이어지고 있었다. 하루 온종일 서서 중노동에 가까운 일만 하던 첫 취업과는 딴판이었다. 삼시세끼 모두 회사에서 공짜 밥을 먹었고 회사 통근버스로 출퇴근을 하니 교통비가 절약되었고, 회사 복지서비스로 헬스장도 한달에 3만원이라는 저렴한 값에 이용할 수 있었다. 그때 모은 종잣돈이 나의 원가족이 겪은 파산이라는 인생의 지옥에서 지상으로 튀어오를 수 있는 스프링 역할을 해주었다.

돈은 있다가도 잃을 수 있고 없다가도 생기는 것이다. 돌고 도는 것이 돈이라는 말이 왜 있겠는가?! 하지만 명심해야 할 것은 그 돈이라는 것이 쓸 때는 가치있게 기꺼이 사용하고, 그것이 떠나갔다가 나에게 다시 되돌아 왔을 때 감사한 마음으로 이 돈이 나에게 오래도록 머무르기를 간절히 바라야 한다. 그래야 돈과 함께 오는 운이라는 녀석이 나에게 오래도록 머무를 여지를 줄 수 있기 때문이다.

내면의 목소리를 처음 들었던 날
(feat. 대학 가을축제 미인대회)

역기능 가정에서는 집안의 수치심을 제일 약하고 만만한 존재에게 던진다. 일반적인 유형의 역기능 가정에서뿐만 아니라, 학교나 단체생활 속 사람들의 말의 패턴을 살펴보면 거의가 그렇다. 자신이 지금 왜 공허한 상태인지 자각하지 못하고 내면에서 올라오는 부정의 메시지들을 자신을 들여다보는 도구가 아니라, 약하고 만만한 사람에게 투사하는 행위는 자기 자신에게 전혀 도움이 되지 못한다. 내 마음속에서 일어나는 부정의 메시지들의 근원을 찾는 것이 중요하다.

나의 일화를 하나 소개하자면 나는 어린시절 집안에서 부정적 감정의 하수구 역할을 도맡게 되었다. 자의없이 제일 어리고 약한 존재이기에 그럴 수밖에 없었다. 어릴 적 사진을 다시금 꺼내 보아도 유아 비만이거나 사진을 보지 못할 정도로 못생긴 아이가 아니었음에도 불구하고, "돼지야, 모과보다 못생긴 게 그만 좀 먹어." 라는 말들을 서슴없이 내뱉는 가족들에게 무력하게 그 말을 듣고만 있어야 했다. 그래서인지 나의 자아상은 낮았다. 그런 내가 어렵사리 들어간 대학에서 어느 날 조교언니에게 가을축제에 미인대회가 열리는데 거기 출전해 보라는 제안을 받았다. 당황스러웠지만 스무 살 나이의 패기와 호기심은 한번 도전해보자 라는 결론으로 도달했고, 참가신청서를 작성하게 되었다. 미인대회 당일에 무대에서 할 자기소개와 장기자랑에서 부를 노래만 연습하고 있었다. 대회 당일에 나는 기호 1번으로 무대에 서게 되었다. 사전 회의 시 나의 자기소개 후 무대를 내려갔다가, 1번~9번까지 자기 소개가 끝나고 나면 다시 기호1번부터 올라와서 장기자랑을 하기로 사전약속이 되어있었다. 대회가 시작되었는데 사회자가 나에게 자기소개를 시키고, 느닷없이 장기자랑을 시켰다. 사전약속한 계획대로 일이 진행되지 않자 수많은 관중들이 보고 있는 무대 위의 나는 당황하게 되었다. 머릿속이 새하얗게 되었고, 어떻게 해야 이 사람들을 웃게 해줄 수 있을 지부터 머리가 돌아가기 시작했다. 미리 연습한 노래는 이미 머릿속에서 지워진지 오래였다. 당황한 나머지 나는 성대모사를 하겠다고 했고, 달려라 하늬에 나오는 홍두깨선생님의 부인의 목소리를 내며 "밥 드서유 두깨씨~" 하며 돼지 멱따는 소리를 하고 있는게 아닌가… 무대 밑에서 나를 바라보던 친한 친구들의 얼굴에 놀람의 기색이 역력하고 모르는 관중들은 빵 터져서 웃기 시작했었다. 그리고 내가 머리와 가슴이 따로 놀고 있는 이 상황을 어찌 수습해야 할지 당황해하고 있는 내 옆에서 사회자는 더 당황하고 있었다.

상처입은 영혼의 무의식은 이렇게 수많은 사람이 있는 와중에 망신을 당할 일을 만들고야 만다. 이것이 무의식을 정화해야 하는 이유이다.

그리고 그 무대의 계단에서 내려오면서 나는 난생처음 20살의 나이에 내 내면의 소리를 듣게 되었다.

'이건 아니야. 이건 아니야.'

'나는 분명 그 말을 하려고 했던게 아니었는데… 나는 분명 노래를 하기로 되어있었는데, 노래하려고 말하려고 했는데 입이 움직이지 않았어. 내 머리는 분명 노래를 하려고 했다고. 이건 뭐지?!'

내 가슴에서 울려 퍼지는 그 알 수 없는 소리를 들으며 나는 계단을 서서히 내려왔다.

그리고 15년이라는 오랜 시간이 지나서야 그 소리가 어떤 소리인지 마이클 싱어의 '될 일은 된다.' 라는 세계적인 베스트셀러 책을 읽으며 알게 되었다.

나는 그날 처음으로 내면의 목소리를 들었고 나의 무의식의 소리를 알아차렸다는 것을.

자동차 전복사고를 통해 겪은 임사체험

스무 살에 대학 기숙사에 들어가서 생활하게 되었다. 낯선 대학 친구들과 친해지기 이전에 서먹한 시절에 나는 도서관에서 '지선아 사랑해' 라는 책을 읽게 되었다. 그리고 이 책은 보물지도처럼 내 인생에서 큰 사건을 끌어당겼다.

나는 친구들과 바다를 보고 돌아오던 경북 청송 산길에서 사고가 났다. 중앙선을 물고 졸면서 오던 맞은편 운전자의 차를 피하기 위해 우리가 탄 차를 운전하던 친구가 차를 급히 꺾었다.

뒷좌석 중간에서 벨트를 메지 않은 채 잠들었던 나는 앞유리창으로 튕겨 나가서 즉사하는 사고는 피할 수 있었지만, 우리는 다같이 저수지로 굴러 떨어지는 사고가 났다.

메마른 저수지의 물과 물풀이 뒤섞여 있었고, 그것은 8미터 높이의 저수지를 굴러 내려오던 우리가 탄 차의 충격을 흡수해 주었다. 그리고 온 우주의 축복 덕분에 우리가 탄 차는 뒤집힌 채가 아니라 바퀴가 바닥에 착지하는 정상 모습으로 착지하게 되었다.

그 해의 극심한 가뭄으로 저수지 물이 성인 가슴 높이만큼 메말라 있어서 차가 다행히 폭발하지 않았다. 차가 구르면서 양옆 유리창이 와장창 모두 깨졌고, 깨진 유리창을 넘어 차에서 5명 모두 간신히 탈출할 수 있었다.

그리고 그 날의 교통사고를 통해 잠시 잠깐의 임사체험을 겪었다. 삶과 죽음의 경로를 지날 때 나는 파산한 집, 어긋나는 인간관계, 밑 빠진 독에 물 붓듯 어렵사리 번 돈을 갖다 드리면 그 순간뿐인 끝나지 않던 돈의 결핍이 내가 삶을 더 영위하고자 하는 희망을 끊어 놓기에 충분했었다.

그런데도 나는 죽음이 아니라 삶으로 돌아오고 있었다.

온통 흰 빛만이 있었다.
아무것도 없었다. 나라는 존재의 형상도, 그 어떤 모습도, 소리도, 그 무엇도 없었다.
그저 존재의 각성 상태. 그 뿐이었다.
내가 그것이었고, 그것이 나였다.

그 몇 초의 생경한 찰나의 자각속에서 나는
'여기가 어디지? 왜 아무것도 없지? 나는 뭐지? 왜 목소리도 모습도 없는 거지?…' 라고 이 하얀 도화지처럼 펼쳐진 무아(無我)같은 존재의 상태에 대한 의문을 의식적으로 갖는 순간!

귓전에서 꽹과리가 쳐지는 듯한 굉음과 함께 감각을 느끼며 정신이 차려졌다. 나는 머리통이 부서질 듯 천장에 부딪혔고, 엉치뼈는 넘어졌을 때 돌뿌리에 부딪히는 듯한 통증을 느끼며 현실의 감각을 느끼게 되었다.

차가 저수지로 굴러 떨어지는 동안 차 안에서 나는 '사물놀이가 지금 옆에서 펼쳐지고 나는 잠들어 있다가 깨어나는 중인가?!'라는 착각이 들 정도로 큰 꽹과리 치는 듯한 소리에 정신이 차려지고 있었다.

그 소리는 다름아닌 유리창이 다 깨져가고 있는 소리였다. 나와 친구들은 그렇게 삶과 죽음의 경계에서 함께 있었다.

청소년 기본법에서는 만 9세 이상~만 24세 이하의 사람을 청소년으로 분류하고 있다. 나는 내 인생의 첫 사춘기이자 늦은 방황을 25살에 그 친구들과 함께 했었다. 그리고 죽음의 기로에서, 방황의 종착지에서도 친구들은 말없이 함께 해주었다. 피 토하듯 절규하는 나의 울음을 묵묵히 받아내어 주던 그 친구들이 내 인생의 큰 스승들이자 도반들이었다.

요즘은 성인이 된 사람들이 묵은 화인 분노를 해결하기 위해 심리코칭을 받는데, 20대 초,중반에 나는 그것을 친구들에게 받은 셈이다. 상대방의 말과 울음을 묵묵히 받아내주는 것은 자신안에 덜 운 울음이 없거나 적어야만 들어줄 수 있다. 그렇지 않으면 울음이 불편해서 들어주기 어렵다.

스승은 어떤 형태로 오든지 구분이 없다. 나의 뺨을 때리고 간다면 그 사람은 내 인생에 있어 가장 큰 스승이다. 신은 그렇게 시련이라는 사건으로 나를 깨우는 스승으로 사람을 보내신다. 그것을 잘 알아차려야 한다. 그리고 그렇게 귀한 인연으로 만난 사람을 온 마음 다해 섬겨야 한다. 나는 나의 늦은 사춘기 속 방황을 통해 그것을 배웠다.

허리디스크 파열로 인한 대수술을 받은 엄마의 병간호를 하며 철이 들다

무너지는 부모님을 보며 내 가슴도 무너져갔다. 모르는 사람들을 붙잡고 화장품을 팔아서 벌었던 돈들도, 18시간동안 호텔을 뛰어다니며 어렵사리 벌었던 월급 84만원도 부모님의 휘청거림을 바로잡기 위해 나는 모두 갖다 드렸었는데, 그 돈과 나의 정성이 무색하리만큼 큰 언성과 함께 공중으로 흩어져 버렸다.

외부의 상황이 어떻든 나까지 무너질 수 없어서 휘청거림은 있었지만 최선을 다해서 살았다. 어금니 꽉 깨물고 살아내었다. 새벽 4시 50분에 일어나 한시간 동네를 조깅하고, 출근버스를 타고 회사일을 마치고 오면 저녁시간에 5시간동안 다시 책상에 앉아서 인강을 듣고 공부를 했었다. 치열한 날들의 연속이었고, 나와의 싸움이었으며, 철저히 혼자였다. 뼛속까지 울려퍼지던 외로움은 나를 휘청거리게 만들 때도 있었지만, 그래도 희망을 놓을 수 없었다. 아빠의 횡포에 시달리고 있을 엄마만 떠올리면 주저앉을 수 없었다.

그 무렵 일만 하다 골병이든 엄마는 허리디스크가 파열되어 다리를 절며 느리게 느리게… 걸었다. 1분이면 걸어 갈 수 있는 거리를 엄마는 10분이 걸렸다. 걸음마하는 아기를 기다리는 엄마는 아기의 아장아장 귀엽고 경쾌한 그 발걸음을 기다려 줄 수 있지만, 마음 급했던 나는 엄마의 절뚝거림을 보기 싫어서 다리를 끌며 걸어오던 엄마의 모습을 차마 외면하고야 말았다. 엄마를 번쩍 들어 안고서 집으로 뛰어 들어 가고 싶었다. 어쩌다 우리 가족이 이렇게 됐을까?! 신을 향해 쌍욕을 퍼붓고 싶었다.

엄마의 허리디스크 파열은 일상생활을 이어갈 수 없게 되었고, 수술을 받게 되었다. 정밀 검사 후 신경을 다 덮은 디스크를 긁어내고 주먹만한 철심을 허리뼈 사이에 끼워 넣는 대수술을 해야 한다는 의사의 말에 내 심장은 함께 멈추는듯 했다. 엄마의 고통을 외면하고 싶었던 내 머리통을 때리고 싶었다. 함께 고생했던 날들이 머릿속을 스쳐 지나가며 그럼에도 불구하고 나를 낳아 고생만 시키는 부모에 대한 말할 수 없었던 원망이 남아 있던 철없던 내가 시근이 들게 되는 사건이었다.

엄마는 의사의 말대로라면 5시간만에 수술실을 빠져나왔어야 했는데, 6시간이 다 되어서야 응급헌혈로 버티며 겨우 바퀴 달린 수술침대를 타고 수술실에서 빠져나올 수 있었다. 시체처럼 창백했던 엄마의 얼굴을 잊을 수가 없다. 수술 전날 새벽녘에 흐느끼던 엄마의 울음소리를 보호자 간이

침대에서 들고는 병상으로 올라가 엄마를 끌어안아드렸다. "평생 죽을 만큼 일만 했는데, 이제 병든 몸뚱아리 뿐이다."하시며 설움에 복받쳐 흐느끼던 엄마의 가녀린 어깨를 나는 꼬옥 안아드리는 것 밖에는 방법이 없었다. 그리고 나의 전부인 엄마를 위해 내가 할 수 있는 순간의 최선들이 모여 지금의 내가 있고, 위기를 기회로 만들어 낼 수 있는 원동력이 되어주었다.

6시간의 수술시간동안 피를 너무 많이 흘려버린 엄마는 영양실조 상태였다가 3일이 지나자 조금씩 생기를 되찾아갔다. 퇴근 후 횟집 앞에서 버스를 내리면 나는 성성한 전복을 두 마리 사 들고 엄마가 회로 드시고 입맛을 회복할 수 있도록 까만 봉지를 신나게 흔들며 병실로 들어서곤 했었다. 그러면 햇살보다 더 밝은 얼굴로 엄마는 나를 맞이하셨다. 뭐하러 이 비싼 전복회를 사가지고 오느냐며 나무라시면서도 전주가 고향이던 엄마는 어릴 적 그 비싼 회를 맛보았던 그 달콤한 맛을 떠올리며 눈빛을 반짝이셨다. 초장에 찍어서 꼬들꼬들한 전복회를 드시며 엄마는 조금씩 몸도 마음도 회복되어 가셨다.

하루는 엄마의 얼굴이 꼬질꼬질해 보여서 수건에 물을 따뜻하게 적셔서 허리수술 후 보호대를 차고 있어 세수를 하기 위해 허리를 굽히지 못하는 엄마를 위해 수건 세수를 시켜드렸다. 쑥스러워하는 엄마의 얼굴을 구석구석 닦아드릴때 뽀얗고 환하게 빛이 나던 엄마의 얼굴은 엄마의 젊은 날 두텁게 화장으로 가린 얼굴보다 더 아름답게 빛났다. 세상에서 제일 예쁜 우리 엄마의 얼굴이었다.

엄마가 웃으면 아이는 온 세상이 밝아진다. 명심하자. 인생에서 기분 좋은 것만큼 중요한 것은 없다. 기분 좋은 안테나는 즐겁고 행복한 일들을 인생에 끌어당긴다.

나는 안테나다. 큰 시련이라는 파도가 몰아치면 뒤집어지지 않기 위해 배를 더 크게 만들었고, 나의 도량이 조금씩 넓어지고 깊어질 때마다 더 큰 시련이 와서 내 온영혼을 다 뒤흔드는 듯했지만, 나는 흔들릴지언정 뒤집어지지 않았다. 정체된 듯했지만 결코 포기하지 않았다. 힘들 땐 쉬어 가야 한다. 그래야 지치지 않고 끝까지 갈 수 있다. 인생은 살아낸 자만이 그 느낌을 표현할 수 있다. 먹어보지 않고 그 맛을 어찌 알겠는가?

삶을 절대 포기만 하지 마라. 그러면 어느새 당신도 당신이 맛본 인생의 맛을 되새기며 마침내 표현할 날이 온다. 지금의 나처럼.

인생은 오미자다. 그 새콤달콤 오묘한 맛을 즐기자.

결혼은 불공정거래가 아니다

    중학교를 졸업할 때까지도 나는 오빠가 학교에서 받아온 츄리닝이 무릎에 구멍이 날때까지 입고서 집에만 있던 아이였다. 그렇게 자의반 타의반으로 절약모드가 자동으로 베어있던 내 모습을 보며 아빠는 열심히 공부해서 인문계 사립고등학교로 진학한 나를 칭찬해 주시며 학생에게는 거금인 15만원을 흰 봉투에 담아 주신적이 있었다. 바르게 살면 기쁜 일이 생긴다는 삶의 교훈을 아빠는 돈으로 표현해 주셨다.

    내가 성인이 되어서도 열심히 사는 나의 모습을 오랫동안 봐오셨던 분들이 계셨다. 한 분은 지금의 남편을 소개해 주신 분이고, 다른 한 분은 빌딩 부잣집에 나를 맏며느리로 소개해 주시려고 벼르고 계시던 분이셨다.

    나는 두 갈래의 선택지 중에서 지금의 성실하지만 상대적으로 가난했던 남편을 선택했고, 서로가 서로의 성장을 위해 인생의 도반으로 살아가고 있다.

결혼 후 들었던 김미경 스타강사님의 강연 중 결혼은 서로가 서로를 키워갈 수 있는 두 사람이 만나서 하는 것이라고 하신 말씀에 무릎을 쳤다. 결혼은 젊은 나이에 하는 경우가 태반인데, 대한민국 평범한 서민은 젊을 때 돈이 없는 게 정상이고, 집이 없어서 집을 사기 위해 열심히 돈을 벌고 모으며 사는게 정상적인 신혼생활이니, 제발 드라마 속 신데렐라를 꿈꾸는 헛된 꿈을 깨라고 독설을 설파하시던 모습이 지금도 뇌리에 박혀있다. 그리고 시댁에서 집을 사줘서 남편 버는 월급의 반 이상을 육아용품을 사는 것에 돈을 쓰던 옆집 아줌마가 나는 더 이상 부럽지 않게 되었다.

지하 단칸방에서 월세로 결혼생활을 시작하신 김미경 인생선배 강사님의 말씀은 지금도 내 가슴에 온기로 남아 있다. 그리고 나 또한 그런 삶을 선택하고 살아온 나 자신에 대한 뿌듯함을 느꼈다.

어쩌면 드라마속 이야기가 나에게도 펼쳐질 수 있었겠지만, 지옥의 문에서 왕자님을 만난 신데렐라가 아니라, 나는 내 삶을 스스로 만들어 나가는 창조자의 삶을 선택하고 그 길을 걸어왔고 지금도 걸어가고 있는 중이다.

삶의 수많은 선택의 순간에서 무엇이 더 나은 선택이라고 말할 수는 없다. 단지 선택과 실행만이 있을 뿐이다. '무엇이 옳다 그르다, 좋다 나쁘다, 선하다 악하다'라고 구분 짓는 것은 우매한 인간의 사량심의 분별일 수 있음을 잊지 않길 바란다.

부모님의 불화를 보면서 나는 나를 존중해주는 사람이자 내가 성장시킬 수 있을 만한 사람이 배우자가 되면 좋겠다고 생각했었다. 이게 배우자 기도가 될 줄을 그때의 나는 몰랐다. 술 담배하는 아빠가 싫어서 술 담배하지 않고 성실한 사람이면 하고 바랐다. 바라면 이루어진다. 딱 내가 원하던 남자가 지금의 내 남편이니 원하는 것이 있다면 자기 자신을 어떤 사람이라고 스스로 규정짓기 이전에 우주에 전송하라. 자신의 존재급에 메이지 말고 무의식이 규정해 놓은 낡은 신념이 그려 놓은 자신의 자아상을 지우고 존재급을 끌어올려라. 존재급을 끌어올리는 최고의 수단은 독서임을 잊지 말기 바란다.

간절한 바람을 마음에 담아 소원을 빌어라. 우주는 다 듣고 있다. 당신의 염원의 소리를. 나는 존재급이 낮아서 잘못 끌어들인 일들이 참 많았다. 심지어 최근에도 그런 일들이 있었다. 하지만 어쩌랴. 삶은 시행착오의 연속인 것을. 그러니 수눅들 필요 없다. 그저 우주에 당신의 염원을 전송하고 하루를 온전히 살아내라. 그리고 그 염원이 다시 되돌아올 때 그 운과 기회가 내 삶에서 창조될 수 있도록 그저 열려 있어라. 이완하라.

경계성 간암, 경추디스크 협착증, 중증 화병을 치유하다

엄마가 철심을 심는 허리디스크 수술을 하고 일을 많이 한 두 손목에 손목터널증후군이라는 병으로 수술을 번갈아 두 손목 다 받는 동안 그 과정에서 나 또한 많이 아팠다. 충격적인 사건들의 연속에서 울지 못하고 얼어붙은 억압된 감정들로 인해서 나는 경계성 간암, 경추디스크 협착증, 중증 화병이라는 신의 선물을 받게 되었다.

돈에 이어 건강마저 잃으면 다 잃은 것이다. 잃고 나서야 깨달았다. 무(無)로 돌아와 봐야만이 있을 때의 소중함을 알게 되고, 없음이 결코 없음이 아님을, 우리는 모두 개별적인 삶의 체험을 통해 공(空)에서 와서 공(空)으로 돌아감을 찰나의 자각들로 배우는 것이라는 것을. 나는 잃고 나서야 배웠다. 그리고 또 한가지 배운 것은 잃어본 사람만이 일어설 수 있다는 것이었다.

1) 간에서 종양이 발견되다

둘째를 낳았을 때 간에서 종양이 발견되었다. 지름 0.8mm의 종양과 더불어 작은 종양들이 군데군데 있는데 큰 것 하나가 모양이 정상세포가 아닌 악성에 가까운 모양이라고 의사는 신생아의 모유수유를 중단하고, 143으로 급성으로 높아진 간수치를 낮추기 위해 약물을 투여하고 운동을 하라는 지시를 내렸다. 나는 첫아이가 17개월 무렵에 겪었던 폐렴으로 인해 자연치유를 책으로 공부했었고, 의사의 권위적인 태도에 굴복하지 않았다.

의사선생님께 약은 먹지 않고, 모유수유는 계속 할 것이며, 추적검사를 통해 나의 상태를 확인하겠다고 말씀드렸다. 그리고 최대한 임신기때와 비슷하도록 마음을 평안히 가지려고 노력했고, 나를 보며 환하게 미소 짓는 두 아이들의 웃는 얼굴을 보며 기쁜 마음에 물들 수 있었다. 그리고 약없이 나는 1년을 보낸 끝에 경계성 혈관종양으로 의사는 일단락 결론 짓고 지금도 1년에 한번씩 정기검진만 하고 있다.

약은 먹지 않지만 기분 좋은 감정의 노선을 벗어나지 않기 위해 노력한다.

2)경추디스크 협착증

감정의 억압으로 인해 무기력한 아이였던 나는 늘 어깨와 목이 구부정한 자세였다. 다년간 좋지 않은 자세와 자동차 전복사고는 내 몸에 경추디스크 협착증을 남겼다.

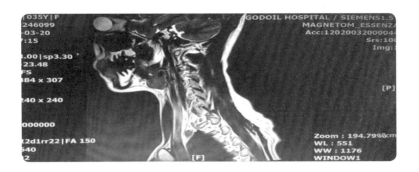

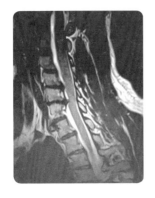

　　　　　　　　　　　　MRI 정밀검사에서 이와 같은 사진을 받
았다. 의사선생님의 견해는 1~10단계의 통
증범위에서 2020년 3월 20일 나의 상태는
7~8사이이고 경추가 역C자로 휘어있으며,
눌려진 디스크가 머리에서 상,하반신으로 흘
러내려가는 신경을 누르고 있어서 마비증상
이 심각할 것이라고 설명해 주셨다. 현실은
정말 그랬다. 나는 오른손 손가락에 마비증상이 있었고, 오른 팔로 내려가
는 신경에 전기가 흐르는 듯 불규칙적으로 지릿한 불쾌하게 아픈 신경통
에 시달리고 있었다.

　　의사선생님께서는 이러다 디스크가 파열되면 응급수술을 해야 되니
마비증상이 다시 한번만 더 나타나면 무조건 병원으로 구급차를 타고 차
량이동해서 오라고 당부의 말씀을 해주셨다.

　　경계성 종양이 발견되었을 때와 마찬가지로 나는 한달치의 약을 처방
받았지만 지금까지 한 알도 먹지 않고 일상생활을 영위해 나왔다. 단지 기
분 좋은 노선을 벗어나지 않으면서 나 자신에게 사랑의 언어를 건네었다.
내 치유의 모든 것은 이렇게 단순했다.

3)중증 화병을 치유하다

둘째 아이는 아들이다. 둘째가 9개월이 되던 어느 날 모유수유를 하던 나는 젖이 부족함을 느꼈고, 내가 먹은 것이 없어서 젖이 안나온다는 것을 알았다. 먹을 수 없었고 먹으면 모조리 다 토하게 되었다. 머리가 깨질 듯 아팠고 이유없이 무기력했다. 이웃아주머니의 도움으로 한의원을 소개받아 갔었고, 진맥을 짚어 보시던 선생님은 젊은 새댁이 이렇게 맥이 안잡힐 수가 있냐며 체열카메라로 전신촬영을 해보자고 하셨다. 검사결과는 충격적이었다.

50~60대 아주머니들이 고부간의 갈등, 신랑의 바람이나 사업실패 등의 굴곡 깊은 사연들로 감정이 쌓이면 심장부위에 빨간 점 한두개가 찍힐 만큼 체열카메라에 감지되어 찍힌다고 하셨다. 그런데 내 몸은 한의사 경력 30년동안 이런 몸은 처음 본다고 하시며 결과사진을 보여주셨다.

아래 왼쪽 사진이 정상적인 체열패턴의 사진이고, 오른쪽 사진 두 개가 중증 화병 진단이 났던 나의 사진이다.

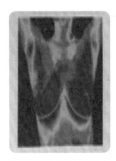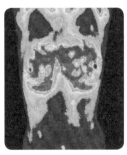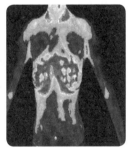

정상 패턴의 체열 사진 VS 나의 중증 화병 진단이 난 흉부, 복부 체열 사진

어린 시절의 억압된 감정들은 온 몸에 고통의 발자국을 남겼고, 마음에는 트라우마라는 이름의 각인을 남겨두었다.

나는 왜 이런 시련의 삶을 선택해서 내 부모에게 태어난 것일까? 문득 어린 시절 아빠에게 "나를 왜 낳았어?!!" 라고 울부짖으며 말하던 내가 떠올랐다. 욱하는 마음에 벌떡 일어난 아빠는 차마 어린 딸을 때리지 못하고 집밖으로 나가시던 아빠의 뒷모습을 보며 '안맞아서 다행이다' 라는 안도감과 함께, 진정 나는 왜 이런 부모를 선택해서 이 세상에 온 것일까?! 라는 물음표가 내 마음속에 늘 함께 했었다.

그리고 그 물음표는 나에게 온 두 아이를 통해 느낌표로 변해갔다.

아이가 부모의 상처를 비추기 위해 부모의 아픈 마음을 치유해 주기 위해 내려온 천사같은 영혼이라는 것을 나는 두 아이를 통해 깨우쳤고, 매 순간 지금도 배우는 중이다.

전쟁이 끝나면 평화가 오고, 투쟁이 끝나면 평온이 오듯이 나의 전쟁 같았던 인생 전반전이 끝나고, 치열한 자기계발과 전투적인 몰입육아 기간이 지나고 나니 모든 것이 좋다. 아이들의 사랑으로 나는 치유되었다.

신랑의 광장증후군과 만성비염을
치유의 길로 이끌어주다

신랑과 소개로 만나 빨리 가까워졌던 데에는 심리학이라는 공통분모가 있었다. 우리는 마음의 작용에 대해서 대화를 나누다가 서로를 친근하게 느끼게 되었다. 신랑은 대학생때 수업을 듣기 위해 안쪽 자리에 앉게 되었다가 갑작스러운 마음의 조바심을 느끼게 되었고, 순간 화장실이 급하다는 느낌과 더불어 숨쉬기가 어려울만큼 마음의 압박감을 이기지 못하고 강의실을 쫓기듯 빠져나왔다고 했다. 또 한번은 학교를 가기 위해 버스를 타고 가다가 동일한 증상이 나타나서 버스에서 내려서 진정을 하고 한참 뒤에야 다른 버스를 타고 학교에 갈 수 있었다는 자신의 경험담을 들려주었다.

결혼 후 평일에는 회사에 가야 해서 긴장모드였다가 금요일 저녁부터 주말내내 긴장이 풀린 신랑은 비염증세와 함께 독하디 독한 비염치료제를 먹고 3~4시간 가량을 기절한듯 잠만 자는 모습을 보이곤 했었다. 그리고 나는 그런 신랑의 모습을 보며 의구심을 갖게 되었다. 도대체 왜 저럴까?

나는 임신을 하고 두 아이를 키우며 읽었던 수많은 육아서와 심리서를 통해 알게 되었다. 신랑 또한 어린시절에 겪은 감정의 억압으로 인해 지금 몸은 성인으로 자랐어도 마음은 어린 내면아이가 아파하고 있다는 것을.

그리고 나는 이 사람을 돕기 시작했다. 환절기마다 비염으로 코를 훌쩍거리던 남편을 위해서 코세척 대형 주사기를 사서, 볶은 소금과 물을 미지근하게 데운 후 코를 세척할 수 있도록 방법을 알려주었다. 처음에는 쉽지 않았다. 소금물이 콧속 부비동을 넘어가 머리로 살짝이라도 올라가면 그 느낌은 말로 설명하기 힘들만큼 고통스럽다. 아주 조심스럽게 진행해야 한다. 코에 소금물을 천천히 쏘면서 입을 아~ 벌리고 입으로 숨을 내뱉으면서 코를 세척해야 된다.

신랑은 이 방법을 3년 이상 했을 때부터 초등기부터 지속되었던 만성 비염에서 서서히 해방될 수 있었다. 그리고 체온을 늘 따뜻하게 유지하라고 알려 주었다. 우리 몸의 건강을 유지하고 지키는 것의 방법은 아주 간단하고 쉽다. 그 단순하고 쉬운 방법을 하느냐, 하지 않느냐 이 차이가 건강과 병의 갈림길을 만든다.

심리적 압박감으로 자다가도 심장이 쿵쾅거려서 새벽에 깨서 거실을 걸었던 신랑이다.

대학생때 겪었던 일들이 광장증후군 증세라는 것을 내가 말해주자 신랑의 반응은 슬픔으로 시무룩했었다. 그리고 그 아픈 마음을 끌어안아주는 날들이 지속되자 지금의 신랑은 압박감을 느낄 때마다 화장실에 소변을 보러 자주 가던 광장증후군 증세를 보이지 않는다. 신랑은 이렇게 내가 제시해준 자연치유 방법과 내가 건네준 사랑의 힘으로 질병을 이겨낼 수 있었다. 그리고 늘 고마운 마음을 나에게 표현해 준다.

독하게 읽어야 독서다

그동안 열심히 삶을 살아내느라 비교적 책을 읽은 양이 적어서 지금부터는 책을 많이 읽어서 성장해야 할 단계에 있는 사람이 있고, 반면에 그동안 많이 읽어서 이제는 그만 읽고 삶의 경험들을 통해 머리를 비우고 성장을 해야 할 단계에 있는 사람도 있다.

당신은 전자인가? 후자인가?

그 어떤 유형이라 하더라도 책은 성장을 위한 최선이자 최고의 도구이다. 선독서이든 후독서이든 꼭 해야할 것은 임계점을 돌파할 때까지 꾸준히 읽는 것 그것 뿐이다.

그러면 어느 순간 씨앗을 뿌린 후 찬바람을 맞아도 싹이 나는 보리처럼 밟아도 밟아도 더 강하게 자라나는 보리싹처럼 튀어져 나오는 새순의 글들이 당신의 머릿속에 맴돌 것이다.

쓰지 않고는 못배길 정도로 당신의 머릿속에 떠오르는 글귀를 남기면 그 새로난 신작로를 통해 누군가는 또 조금은 쉽게 더 빠르게 걸어갈 수 있다.

그것이 성장이고 성공이다.

성공이란 성장을 하며 실패한 이야기들을 공유하는 것이라고 생각한다. 나는 성공의 사례들만 읊조리는 사람들을 경계한다. 삶은 결코 성공의 가도만을 달리도록 신이 조작해 놓지 않음을 수많은 실패와 시련을 통해 배웠기 때문이다.

절대 얕은 글에 속지 말자. 글로 순수한 사람들을 속이지 말자. 적어도 나는 글로 사람을 속이고 재단하거나 판단하지 않겠다 결심했다. 그리고 있는 그대로의 내 모습과 나의 경험들을 경건한 마음으로 나눌 것이다. 그 실패담과 쓰라림이 지금의 고통을 겪는 누군가에게는 희망이 되고 삶을 포기하지 않게 할 작은 불꽃이 될 것임을 믿기 때문이다.

실패는 얼마든지 해도 된다.

삶을 절대 포기는 하지 말자.

그림책 읽어주기와 반복독서의 위력

책은 읽고 염소처럼 씹어 먹는다는 기세로 읽어야 한다. 그러다보면 어느순간 책을 놓는 순간도 올 것이다. 그럴 땐 밖으로 나가 삶의 오색찬란함을 온 몸으로 겪어내면 된다.

뱃속에서부터 책을 많이 들었던 두 아이는 잠들기 전에는 무조건 책을 읽어달라고 하는 책을 사랑하는 아이들로 자라나고 있다. 책을 싫어한다면 있을 수 없는 일이다.

가령 책을 기피하고 멀리하는 아이들이더라도 베갯머리 독서로 꾸준히 읽어주면 가랑비에 옷 젖는지 모르게 아이도 어느새 책을 사랑하는 사랑스러운 아이로 변모해 있다. 못 믿겠는가? 그렇다면 일단 잠자리에서 읽어주어라. 실행해 본 사람은 안다. 그리고 당당히 말할 수 있다. 책의 힘을. 진정한 힘은 당당함에서 나온다. 내가 그 순간에 얼마나 충실했느냐?! 내 양심의 소리에 얼마나 귀 기울이며 선심을 다했는지는 다른 누군가가 아닌 나 자신이 제일 잘 안다.

나는 두 아이에게 책을 읽어주다가 목에서 피가 난 날들이 수태 많다. 특히 첫아이가 일찍부터 책의 바다에 빠져서 밤낮없이 책을 읽어달라고 요구할때는 하루 종일 책에 나오는 문장들로 하루를 말하고 있었을 정도 였으니, 목에 칼이 꽂혀 있는듯 아팠다.

아이들에게 쉬운 단계의 그림책과 영어그림책을 읽어주며 나는 치유되어 갔다. 그림책 속의 아름다운 그림은 아픈 내 영혼을 어루만져 주었고, 내가 아이에게 읽어주던 그 목소리는 나의 잠재의식에게 사랑의 언어를 건네고 있었다.

인간의 잠재의식은 주어가 없다고 한다. 다른 사람을 비난하면 나의 잠재의식은 내가 나를 비난하는 것을 듣고 있는 셈이다. "OO는 나쁜 사람이야."라고 말하는 것은 내가 나를 나쁜 사람이라고 비난하고 있는 것이다. 타인을 향한 비난이 어디서부터 비롯된 것인지 근원을 들여다봐야 한다.

나의 잠재의식을 바꿀 수 있었던 것은 아름다운 그림책을 아이들에게 반복해서 읽어주면서부터 시작되었다.

그당시 하루에 그림책을 150~200권씩 읽어주었다. 한 면에 그림 한 장과 한 줄의 글이 들어 있는 것이 좋은 그림책이다. 책 읽어주기를 많이 요구하는 아이에게 그 많은 책을 읽어줄 수 있었던 것은 일단 글밥이 적어서 가능했고, 그렇게 많은 양을 읽어주다 보니 아이는 자연스레 18개월에 한글을 읽었고, 다독을 하며 한글을 깨우치고 21개월에 묵독을 하며 읽기 독립의 꽃이 피워졌음을 몸소 보여주었다.

나는 목이 아팠지만 아이에게 책을 조금 더 읽어주고 싶어서 목에 좋은 것이 무엇일까 고민하다가 9번 구은 귀한 소금인 구죽염을 사서 사탕처럼 빨아먹었다. 소금 한 알이 그리 귀할 줄이야. 그렇게 빨아먹고 나면 구죽염 특유의 구운계란의 쾌쾌한 냄새만 빼면 세상에서 가장 감사한 약이었다. 나오던 피도 멈추고 세상 고운 목소리로 책을 읽어줄 수 있었던 원동력이 구죽염이었다. 지금도 우리 가족은 봄 가을 간절기와 독감이 유행하는 한겨울, 에어컨 바람에 목이 칼칼한 여름날 등 사계절 내내 인후염에 통증이 느껴진다 싶을 때는 묻지도 따지지도 않고 구죽염부터 빨아먹는다.

양약도 물론 꼭 필요한 순간에는 써야 한다. 약 자체가 나쁘다는 것은 아니다. 단지 꼭 필요한 순간에 적은 약으로도 약효가 잘 들도록 우리가 입고 있는 이 몸이라는 녀석을 위해 귀한 것, 좋은 것을 먹고 들이자는 취지이다.

이 삶의 다양한 경험을 향유할 수 있도록 감각을 느끼게 해주는 이 몸이 나는 너무 감사하고 소중하다.

몸이 아플 때에는 몸이 주는 신호에 귀를 기울이고 내면의 목소리를 듣는 자세를 기르도록 하자. 그러면 병원에 갈 일은 줄어들고 어느새 건강하고 활력 넘치는 삶이 펼쳐질 것이다.

노후대비와 부동산투자
두 마리 토끼를 잡기 위해서

예전에는 신랑과의 의견의 차이가 커서 대립하던 날이 많았었는데, 요즘은 한마음으로 중도의 길을 걷자고 서로를 다독이고 있다. 한 분야에 올인하는 것이 나쁘진 않다. 전방위적으로 열려 있는 것도 나쁘진 않다. 그 말은 바꾸어 말하면 모든 선택이 좋다는 뜻이다. 서로 다름이지 옳고 그름의 잣대로 세상을 이분법으로 봐서는 안된다는 뜻이다. 나는 적어도 집은 살아가기 위해 꼭 한 채는 있어야 한다고 생각하는 사람이다. 그리고 대한민국이라는 땅에서 돈을 버는 수단으로 부동산만큼 좋은 수단이 없다는 것도 경험을 통해 배웠다. 그런데 나는 그렇게 수단과 방법을 가리지 않고 돈을 벌었다면 수단과 방법을 또 가리지 않고 선한 일을 행하는데 써야 한다고 생각한다. 그래야 세상이 돌아간다고 믿으니까. 그래서 나는 그 임계점을 돌파하기 위해 노력하고 있고, 기부하고 있는 기부금액을 점진적으로 늘릴 수 있도록 지금도 묵묵히 걸어 나가는 중이다.

전문가가 되려면 10년의 시간을 투자하고 한 길만 걸어야 한다고 한다. 그런 면에서 나는 10년간 돈 공부하며 돈을 모았고 부동산에 투자 중이며 제일 큰 주축인 가정생활과 육아에 큰 비중을 두며 안정적인 자산을 형성중이다. 노후 대비 통장은 10년 불입을 마쳤고, 부동산은 우상향 상승 중에 있다. 자산소득은 소득으로 보면 안된다는 견해도 있기 마련이지만, 어디까지나 생각은 다름이지 틀린게 아니다. 나는 안정적인 기반을 먼저 마련하고 공격성 투자를 지향해야 한다고 생각한다.

탈무드 속 유대인의 경제교육을 보면 결핍과 가난의 고통을 어릴 때부터 철저히 교육시킨다. 유대인의 경제교육의 뿌리는 유대인의 역사에 있다. 긴 세월동안 떠돌이 생활 속 가난한 생활은 유대인들이 돈을 벌 궁리를 하게 한 초석이 되었다. 이 세상의 모든 고통의 총합보다 빈곤의 고통이 더 무겁고 끔찍하다는 교훈을 민족 흑역사에서 배운 것을 유대인들은 아이들이 어릴때부터 가난이 죄라는 것을 가르치며 철저히 경제교육을 시킨다. 워런 버핏부터 마크 저커버그까지 유대인들이 억만 장자가 된 데에는 그만한 이유가 담겨 있었다.

자신의 가치관에 맞는 인생의 큰 그림을 그리고 그 보물지도를 보며 자신의 배를 잘 핸들링 하길 바란다. 어떤 파도가 몰아쳐도 그 시련을 딛고 일어설 방법을 강구하고, 의연하고 초연한 자세로 삶의 고비들을 지혜롭게 넘어가길 바란다. 우리는 우리가 타고 있는 배의 선장이자, 내 삶이라는 드라마의 주인공이다. 명심하자. 사람은 믿는 대로 자신의 세상을 창조하는 초강력 자석 안테나다.

가족 바로 세우기

　지극히 이기적인 것이 결국 이타적인 것이다. 어린 나이에 힘들게 번 돈을 가족들에게 주었을 때의 보람은 내 것을 채우지 못한 기회비용의 박탈감과 함께 왔다. 친구들이 차를 사서 운전하고 연인들과 여행 다닐 때 나는 모은 돈을 부모님께 드렸고, 버스를 타고 다니며 주말마다 고향으로 가서 농사일을 거드는 노동을 했다. 아이러니하게도 그때는 고생이라고 여겼던 일들이 지금은 인생의 큰 공부였고 수행이었으며 노동으로 인한 배움의 장이었다.

　무조건적인 베풂은 희생으로 인한 분노를 남긴다. 나는 내 것을 아껴서 나누었는데 알 수 없는 원망감이 꼬리를 물고 늘어지자 그것의 원인을 알기 위해 시간을 거꾸로 돌려 보았고, 결국 내 것을 채우지 못했음에 대한 분노였음을 자각하게 되었다. 자본주의 사회인 대한민국에서 가정주부로 아이를 양육하며 살아간다는 것은 돈이 없는 것보다는 돈이 있음으로 아이를 받쳐주는 것이 중요하다. 우리는 도인이 아니다. 도를 닦아가는 마음 수양이 필요한 사람으로 현실에 발을 담그고 이상향을 가슴에 품은 수행자이다. 여기서 가치관의 혼란으로 우리는 때로 부부싸움을 하고 말다툼을 벌이고 타인과의 생각차이로 언쟁을 벌이거나 인간관계가 끊어지는 경우도 생긴다. 하지만 한가지 분명한 것은 이런 우매해 보이는 삶의 사건들마저도 그런 경험을 통해서 배움을 깨달아가고 지혜를 알아차리라고 만들어 놓은 신의 계획이라는 것이다.

모든 역경과 고난은 삶의 경험을 통해 배우는 배움의 도구이다.

나는 작은 아들 키우기 전에 큰아들부터 잘 키워야겠다는 생각을 한 적이 있었다. 그리고 그 큰아들 잘 키우기 이전에 나부터 잘 커야겠다고 생각했다. 그래서 아이들에게 책을 많이 읽어주면서도 내 책 또한 많이 읽으려고 노력했다.

세상은 뿌린 대로 거두기 마련이다. 콩 심은 데 콩 나고 팥 심은 데 팥 난다는 속담이 왜 있을까?! 진리이기 때문에 몇 백년에 걸쳐 계승되어 오는 것이다.

가족의 심리학에는 가족이라는 울타리를 성인이 되어 결혼을 하고 나면 분리를 해야 한다고 규정하고 있다. 미국은 자녀가 16살만 되어도 성인처럼 존중을 해준다. 아이는 부모의 소유물이 아니다. 아이에게 어릴 때부터 경제교육을 시키고, 아이는 자신의 노력으로 얻은 재화를 통해 편의도 겪고, 게으름을 피우면 돈의 결핍으로 인한 불편도 겪어보게끔 자녀를 강하게 키워야 한다.

나는 초등학교에 입학 후 8살에 처음으로 우체국에서 통장을 만들었다. 그리고 명절과 때때로 주시는 친인척의 돈과 부모님이 주시는 용돈을 모았다. 15만원~20만원이 모여지면 그동안 갖고 싶었던 물건을 샀다. 책상이 갖고 싶어서 첫책상을 그렇게 돈을 모아서 샀다. 롤러블레이드라고 하는 지금의 인라인스케이트를 갖고 싶어서 모은 돈으로 샀다. 외출복 사는 돈이라도 아껴서 땅 한평 더 사려고 알뜰살뜰 때로는 억척스럽게 삶을 일구어 내시던 엄마에게 한겨울 한파에도 끄떡없을 것 같은 보드라운 털이 달린 무스탕 한 벌을 사드렸다. 바람을 다 막아주는 무스탕을 입고 해맑게 웃으시던 엄마의 얼굴이 나를 또 성실하게 살아가게 해주는 원동력이 되었고, 내 힘으로 삶을 일구어 나갈 수 있는 자양분이 되어주었다.

위기를 뚫고 헤쳐나갈 수 있는 모든 것의 초석은 사랑이다.

삶을 대하는 자세는 진실되고 성실해야 한다. 자신의 땀과 노력으로 삶을 살아가야 한다. 남의 것을 댓가없이 달라고 요구하는 것은 정당한 방식이 아니다. 그것은 엄연한 갈취이자 눈에 보이지 않는 폭력이다.

반대로 상대방이 달라고 말한 적 없는 것을 남에게 주면서 타인이 자신의 뜻에 따라 조정되어지길 바라며 주는 것은 사랑이 아니라 그것은 거래이다. 돈과 물건으로 사람의 마음을 사려고 하지 말자. 사람은 물질적인 것 이전에 사랑을 느껴야 움직이는 고귀한 존재이다.

진로코칭과 내면치유의 길로
안내해 드리겠습니다

나는 지난 10년간 아이들과 1만권의 책을 읽었고 천리 길을 여행했다. 영,유아용 그림책부터 영어그림책, 육아서, 심리서, 경제경영, 자기계발, 고전의 순차로 읽었으며 마음에 와 닿는 책은 반복해서 읽었다. 좋은 책을 반복해서 읽으며 좋은 문장이 삶에서 꽃 피울 여지를 두었고, 아이들이 좋아하는 것을 뒤따라 걷다 보니 어느새 천리 길을 여행하게 되었다. 그리고 그것은 나의 육아기간이 차별화된 육아가 되어 나만의 독서교육 노하우와 지혜로 남아 있다.

엄마표영어라는 명목으로 어느 순간 과한 욕심이 고개를 들었던 날들도 있었고 나만이 옳다는 오만함의 함정에도 빠진 적이 있었다. 수치심에 고개를 들 수 없을 것 같던 그런 날들이 뒤돌아보니 모든 과정들의 하나였다. 성공과 함께 맛 보았던 그런 실수들이 시행착오로 인한 큰 배움의 연속이었다. 그리고 이제는 내가 겪었던 성공과 실패의 경험을 나눌 준비가 되었다.

남녀노소 누구에게나 필요한 성향파악과 적성에 대한 사전조사가 앞으로의 진로를 설정함에 있어 시간, 돈이라는 소중한 자원을 절약하게 해준다. 수능점수로 점수에 맞는 학과와 학교를 가는 것은 옛날 방식이다. 진로에 대한 구체적인 계획을 세우기 전에 자신에 대한 성향파악이 필요하다. 꾸역꾸역 직장을 다니다가 은퇴 후 인생 2막을 사시려는 분들, 나 자신의 정체성에 대해 늘 혼란을 겪으며 여전히 소리없는 방황을 하고 계신 분들이 너무 많다. 내가 예전에 그랬던 것처럼…

소크라테스가 말했다. "너 자신을 알라." 나 자신에 대해 스스로 깨닫는 것은 심오하고도 깊은 통찰이 필요하다. 자신의 정체성을 찾기 위한 길을 좌표없이 가다보면 너무 많은 시간과 자원이 낭비된다. 그 시간을 단축하고 자원을 절약하며 하루라도 빨리 자신의 성향을 파악하고, 하루라도 일찍 자기에게 맞는 일이 무엇인지를 찾는 것은 중요하다.

자기 일은 따로 있다. 자신이 좋아하는 일을 해야 즐기면서 할 수 있다. 그래야 오래 할 수 있고, 한 길을 10년 이상 가야 그 분야의 전문가가 될 수 있다. 학위와 대학졸업장보다 중요한 것은 경험치로 인한 통찰과 지혜이다. 어떤 일이라도 같은 일을 반복해서 한다는 것은 수행이고 그 매일의 반복적인 행동속에 숨은 자신만의 생의 배움을 깨닫기 위해 우리는 이 지구별이라는 행성에 소풍 나온 어린아이이다.

신이 주신 고난과 역경이라는 숙제를 나는 나에게 주어진 삶 속에서 풀이과정을 거쳤다. 그리고 앞으로의 인생 후반전은 전반전에서 넘어지고 무릎 깨져가며 깨달은 통찰의 지혜들을 지금 이 순간에도 힘든 과정에 있는 사람들과 나누고 싶다.

　전복사고를 겪고도 죽지 않은 나 자신을 보고 의아했다. 그리고 시간이 흘러 '신은 사명자를 살려주신다는 것'을 깨달았다. 내가 짊어졌던 시련의 상처 크기만큼 그것이 나에게 주어진 사명이라 여기고, 나에게 남은 생의 시간동안 신의 모습을 한, 또 다른 타인들을 섬기고 돕고 싶다.

JJ°

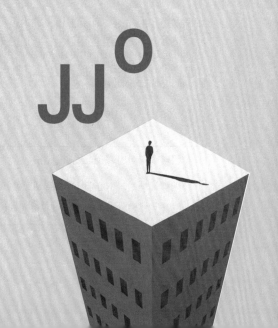

쪼가 있는 사람들의 결단

1판 1쇄 인쇄 | 2021년 10월 1일
1판 1쇄 발행 | 2021년 10월 7일

지은이 | 최원교, 유순호, 장예진, 김보은, 김미경, 오수빈, 김선미, 최서린, 장선영

펴낸이 | 최원교
펴낸곳 | 공감

등 록 | 1991년 1월 22일 제21-223호
주 소 | 서울시 송파구 마천로 113
전 화 | (02)448-9661 팩스 | (02)448-9663
홈페이지 | www.kunna.co.kr
E-mail | kunnabooks@naver.com

ISBN 978-89-6065-310-8 03320

* 큰나 홈페이지 주소 keunna.com

* 백디와 백친의 100세인생 오픈채팅방
  https://open.kakao.com/o/gHF0MEuc